북한 사람 이해하기

북한에서는 왜
민주화운동이 일어날 수 없는가

북한 사람 이해하기

감희 지음

차 례

북한의 비명: 위협과 공갈의 언어

북한은 2020년 6월 한 탈북단체의 대북전단 살포를 이유로 남북관계를 적대관계로 몰아가며 긴장을 고조시켰다. "민족반역자이며 인간쓰레기인 탈북자들을 찢어 죽여라", "생명보다 더 귀중한 우리의 최고 존엄에 도전해 나선 특대형 도발자들을 능지처참할 의지로 온 나라가 들고 일어났다."[1] 이는 당시 북한이 남한을 향해 쏟은 위협과 공갈의 언어다. 북한은 연일 "최고 존엄과 관련된 문제에서는 단 한 치의 양보도 타협도 모르는 것이 우리의 칼날 같은 기질"이라면서 과시적인 정치행보를 이어갔다. 절대 권력을 장악하고 북한 내부를 휘두르던 무자비함을 외부 세계를 향해서 거침없이 휘둘렀다. 왜 북한은 이처럼 막말을 쏟아내며 그동안 상대적으로 좋아보였던 대남관계를 한순간에 적대관계로 되돌렸을까? 왜 '최고 존엄'의 신성함까지 들먹이면서 상대를 향한 적대감과 증오심을 이렇게까지 드러내 보였던 것일까?

---

1   "북한노동신문 '최고 존엄에 대한 도발자들 능지처참, 징벌'", 《조선일보》, 2020.6.13.

이에 대해서는 다양한 논리적 분석이 제기된다. 고착상태에 빠진 남북미 관계와 대북제재로 인한 어려움, COVID-19 사태로 인한 위기설, 내부를 단속하기 위한 책략 등 다양한 요인이 이야기되었다. 북한이 취한 행동의 배경에는 미국과 남한에 보내는 메시지가 분명히 있었다. 그러나 그 메시지만큼이나 중요한 것은 북한 내부를 통치하기 위한 책략이 강력하게 깔려 있었다는 사실이다. 불안한 정치경제적 상황에서 북한 내부에 깊숙이 퍼져 있는 불평불만과 한류 열풍, 친한(親韓) 정서를 일시에 없애고 체제 불안을 안정화시키고 싶은 북한 지도부의 생존 열망이 다분히 내재되어 있었던 것이다.

지금의 북한은 1990년대 북한 위기를 겪기 이전과 같은 사회가 아니다. 북한은 여전히 세계에서 가장 억압적인 공포정치를 관철하고 있지만 상당한 틈새가 생긴 것만은 사실이다. 강고하게 구축되었던 공포와 억압의 국가 시스템은 겉으로 보기에는 그대로일지 모르지만 빈사상태의 경제와 굶주림, 아사 등으로 인해 실상은 고요한 균열의 흐름을 타고 있다. 장마당 경제체제의 일상화, 정신주의를 우선하던 도덕적 가치에서 '돈이 최고'인 물질적 가치로의 전환, 생존만큼이나 중요했던 충성경쟁의 종언과 돈벌이 경쟁시대로의 진입, 직접적으로 주민들을 감시통제하고 처벌하던 중간 계층 엘리트의 해이와 변심, 다양한 통신기기를 활용한 바깥정보에의 노출, 해외에 파견된 인력과 중국 국경지역의 사람들 및 탈북민을 통해 흘러들어오는 한류와 기독교 등으로 인해 '무균사회'라고 자찬하던 북한이 거침없이 바깥세계에 감염되고 있는 것이다.

특히 탈북민들을 통해 감염되는 한류의 집단효과는 놀랍다. 많은 탈북민들은 북한에 있는 가족과 일상적으로 교류하면서 외부 세계에 대한 정보, 특히 남한사회의 경제적 풍요와 자유, 매력을 날것대로 전달한다. 그들은 북한의 가족이 일생 동안 허리가 휘도록 일해도 손에 쥐어볼 수 없는 거액의 돈을 주기적으로 송금한다. 상표를 제거한 남한의 좋은 옷, 외제 브랜드의 각종 생필품도 보내준다. 아름다운 남한의 경관, 해외관광지에서 카메라에 담은 행복한 순간, 몰라보게 변한 자유롭고 세련미 넘치는 탈북민의 모습과 남한에서 꽃피는 가족의 일상을 다양한 수단을 통해 북한으로 보내고 있다.

지금은 가동을 멈췄지만 개성공단을 통한 한류의 감염 역시 엄청났을 것이다. 개성공단의 보위부와 안전부 요원들, 그리고 그곳에서 일하던 노동자들은 남한사회가 어떠한지, 남한 사람들의 삶이 어떠한지 알기 위해 의식적으로 노력할 필요가 없었다. 그들은 매일같이 공단 현장에서 남한의 풍요로움과 세련됨, 자유의 현실을 접할 수 있었다. 그들이 만나는 남한 사람들의 훤칠하게 큰 키와 깨끗한 피부, 좋은 옷과 좋은 음식, 자유롭고 여유 있는 생활 모습은 그들이 꿈꾸었던 지상낙원을 펼쳐 보이기에 충분했다. 그들은 매일 간식으로 제공되는 초코파이를 먹으며 그 달콤함에 사로잡혔고, 간단한 대화를 통해 간간이 남한의 일상을 접하면서 유혹에 빠져들었다. 아름다운 공단의 가로수와 포장도로, 밝은 불빛은 북한과는 다른 삶이 남한에 존재한다는 사실을 알려주었다. 위쪽으로는 중국 국경을 통해, 아래쪽으로는 개성공단을 통해, 그리고 해외파견 인력과 내부의 다양한 통신기기를 통해 친한 정서와 한류 열풍이 북한 방방곡곡 각계각층 사람들에게 스며들고 있다. 그뿐만 아니라 일상생활의 결핍과 절박함을 중심으로 불평불만과 비방이 함께 유통되고 있다. 북한에서 광범위하게 소비되는 한류 열풍과 친한 정서는 일상의 저항으로서의 의미를 함축하고 있다.

2020년 6월, 북한은 대북전단 살포를 빌미로 북한 내부의 안전을 위태롭게 하는 한류 열풍을 소멸하려 했을지도 모른다. 남북관계 파탄의 발단처럼 보였던 대북전단은 사실 북한 사람들에게 거의 아무런 영향을 미치지 않는다. 대북전단 관련 단체는 북한 사람들의 알권리를 이야기하면서 북한 사람들이 외부 정보를 몰라서 김정은을 따르며 노예처럼 살고 있다고 주장한다. 그러나 오늘날의 북한 사람 대부분은 외부 세계에 대해 무지하지 않다. 그리고 북한의 현실에 대해 무비판적이지도 않다. 이미 많은 사람들이 외부 세계의 문물에 감염되어 있다. 김정은과 소수의 지배계급 역시 이 사실을 인지하고 있다. "적대세력들의 악랄한 책동 속에서 산전수전을 다 겪었으며 주변 세계를 다 목격하고 들을 것도 다 들은 인민"(≪로동신문≫ 논설, 2010.5.3)이라고 시인한다. 절대 권력은 이 도도한 열풍을 결코 잠재울 수 없다는 사실을 잘 알고 있다.

그럼에도 불구하고 지배계층은 공포통치를 통해 북한 사람 대부분을 종신권력의 부역자처럼 보이도록 조작하는 방법에 탁월하고 유능하다. 북한 사람들이 북한체제의 실체를 인식하고 외부 세계의 풍요와 자유를 동경하며 변화를 열망할지라도, 북한체제의 특성상 저항세력으로 응집될 수 있는 기반은 절대적으로 부재하다. 전체주의 폭력은 북한 사람들의 저항의식을 차단할 수 있는 강력한 처방을 잘 알고 있다. 북한 당국은 대북전단 사태를 기회 삼아 저항의식을 차단하기 위한 일환으로 남한사회에 대한 대결의식과 적대감, 탈북민들에 대한 섬뜩한 보복열기를 고취하며 북한 내부를 웅크리게 하려는 것처럼 보인다. "태어나지 않은 것보다 못한 너희 것들을 낳은 것을 네 어미들조차도 저주하며 뼈아프게 후회할 것이다", "미친개는 사정을 보지 말고 몽둥이로 조겨대야(두들겨 패야) 하는 것처럼 이따위 인간쓰레기들을 모조리 박멸해 치워야 후환이 없다"[2] 등과 같은 섬뜩한 막말을 내놓는 정치행보는 내부의 북한 주민들을 향한 위협이자 공갈이다. 북한의 외마디 비명이다. 이러한 현상이 나타나는 것은 이성을 잃은 협박의 강도만큼이나 최고 존엄의 권위가 형편없이 구겨졌다는 의미가 아닐까? 북한 주민들의 공공연한 불평불만과 일탈로 인해 내부가 매우 불안하다는 다급한 신호가 아닐까? 북한사회에 스며드는 한류 열풍과 친한 정서가 뜨겁고도 깊숙하다는 징조가 아닐까?

'장군님 식솔'의 사회주의 대가정

북한은 가족국가다. 김일성 시대에는 '사회주의 대가정'으로, 김정일-김정은 시대에는 '장군님 식솔'로 혁명가족의 혈맥을 이어왔다. 인민들로 하여금 "이밥에 고깃국 먹고 비단옷 입고 기와집에 살게 하려는" 김일성의 평생의 약속은 유훈정치를 통해 "부흥번영의 이상사회에서 살게 하려는" 김정은의 약속으로 계승되었다. 김정은은 장군님 식솔의 아버지다. 아버지 장군님은 인민을 자식처럼 사랑하고 먹이고 입히고 돌본다. 인민은 가는 길이 힘들고 험난해도 웃으며 장군님만을 따르며 자식의 도리를 다해야 한

---

2   "'탈북자 찢어 죽여라', '우리 이성 잃어' 北 연일 막말 협박", 동아닷컴, 2020.6.10.

다. 혁명가족의 충효의 도리를 다해야 한다.

장군님 식솔은 장군님이 원하는 것, 장군님이 명령하는 것, 장군님이 시키는 것만 해야 한다는 절대 계율이 있다. 핵심은 일생 동안 "내가 하고 싶은 것"이 아니라 "해야만 하는 것"을 해야 한다는 것이다. 장군님을 따라 행동해야 하고, 말해야 하고, 침묵해야 하고, 웃어야 하고, 울어야 하고, 열광해야 한다. 인간폭탄이 되어 죽기까지 장군님을 따라야 한다. 절대 계율을 거스르는 인민은 어떠한 운명을 맞을지 권력의 2인자 김여정이 직접 선언했다. 탈북민들을 향해 "민족반역자", "들짐승보다 못한 인간추물", "오물", "똥개"라고 막말을 하며[3] 모조리 "찢어 죽여야 할 쓰레기"들로 규정했다. "우리의 정신적 기둥인 최고 존엄을 건드렸다. 얻다 대고 감히! 다른 것이라면 몰라도 이것만은 절대로 용서나 기회가 있을 수 없다"[4]라는 장군님 식솔의 절대 계율을 외부 세계에 천명했다.

장군님 식솔의 삶은 그 자체가 미스터리다. 그들의 언어와 몸짓은 모순덩어리여서 해독하기가 어렵다. 그들은 아주 어린 시절부터 어른들이 가르쳐주는 국가의 언어를 따라 하며 친사회적인 행동을 모방한다. 그들은 식량위기로 수십만 명이 굶어죽고 온 나라가 고통 속에 있는 순간에도, 굶주림으로 인해 비쩍 마른 몸에 허기를 느끼면서도 행복하다고 노래한다. 세상에 부러운 것 없다고 노래한다. 수십만 명의 인민이 굶어죽는데 수십억의 국고를 들여 거대한 건물을 송두리째 무덤으로 만들고 우상의 기념물들

---

3   "'쓰레기' '똥개' … 갈수록 거칠어지는 '김여정의 입' 배경은", 뉴시스, 2020.6.4.
4   "북한은 왜 미국은 놔두고 남한에만 적개심을 불태울까?", KBS, 2020.6.10. www.kbs.co.kr.

을 건축하는 장군님을 오직 한마음 충효일심으로 따르겠다고 열광한다. 천만의 총폭탄이 되어 장군님을 결사옹위하겠다고 궐기한다. 우리가 장군님 식솔의 이야기를 제대로 읽어내기 쉽지 않은 것은 이 때문이다.

김일성-김정일의 죽음 앞에서 남녀노소 할 것 없이 마치 친아버지가 죽은 것처럼 진심어린 슬픔을 표현하는 사람들을 어떻게 이해해야 할까? 김일성-김정일의 동상 앞에서 머리 숙여 참배하는 사람들의 굳은 얼굴은 무엇을 말하는 것일까? 최고인민회의에서 똑같이 검은색 정장을 착용하고 똑같이 검은색 가방을 들고 모든 사람이 똑같이 굳은 자세로 논쟁과 이견 표명 없이 최고 존엄의 '말씀'을 만장일치로 통과시키며 열광하는 모습을 높은 정신주의적 행동이라고 말할 수 있을까? 북한 사람들의 친사회적 행동화를 발현하는 정신세계는 무엇일까?

한양대 문화인류학과 정병호 교수는 2000년 3월 초 평양에서 음악교육으로 유명하다는 유치원을 찾았던 일화를 소개하고 있다.[5] 당시 30여 명의 아이들이 양팔을 벌리고 어깨를 으쓱대다가 일제히 몸을 앞으로 쑥 내밀고 고개를 갸웃거리면서 "행복 넘쳐요, 행복 넘쳐요" 우렁찬 목소리로 합창을 했다. 정말 행복에 겨워 어쩔 줄 모르는 표정이었다. 정병호 교수는 "나는 기가 딱 막혔다. 행복은 무슨 행복이란 말인가. 지금도 먹을 것이 없어서 이 땅 어디인가에서는 아이들이 굶어 죽어가고, 바로 저 노래를 부르고 있는 아이들조차도 제대로 먹지 못해 마르고 핏기 없는 얼굴들이 여럿 보이는데"라고 황당한 심정을 토로한다. "모두가 놀랍도록 완벽한 연기를 하고 있거나, 아

---

5   정병호, 『고난과 웃음의 나라』(파주: 창비, 2020), 61쪽.

니면 진짜로 그렇다고 믿고 있을지도 모른다. 어떻게 그럴 수 있을까?" 의문을 던진다. 장군님 식솔은 우리와는 다른 관점에서 '행복'을 보고 느낄지도 모른다는 것을 전제로 두고 이들의 '행복'과 '장군님'은 도대체 어떤 관계인지, 왜 장군님을 '아버지'라고 부르는지에 대해 궁금해 한다. 그 관계는 단순히 반복학습의 결과가 아니라 역사적·사회적·문화적으로 다져진 의미연결체계를 갖고 있을 것이며, 그들 나름대로의 도덕원리에 바탕을 둔 정신주의적 표현일 것이라고 말한다.

정병호 교수는 북한에서 도덕적인 원리에 바탕을 둔 장군님 식솔의 국민의식은 사소한 일상 속의 거듭되는 경험을 통해 다져진다고 보고 있다. 북한에는 나라의 구석구석까지, 자그마한 가정집의 벽면까지 빠짐없이 김일성-김정일-김정은의 초상화와 동상, 벽화, 글씨로 도배되어 있다. 최고 존엄에 대한 찬양 일색의 노래, 영화와 드라마, 그림으로 가득 차 있어 사람들로 하여금 늘 장군님의 존재를 의식하게 하고 장군님과 함께 살아가고 있다고 느끼도록 만든다. 장군님이 다녀간 다양한 생활현장의 사소한 흔적을 통해 그의 은혜를 직접 보고 듣고 확인할 수 있도록 한다. 매년 주기적으로 장군님의 생일을 축하하는 불꽃놀이, 군중무용(무도회) 등 거대한 축제를 통해 특별한 시간을 갖는다. 생일선물로 받는 술 한 병, 초등학교 학생들이 선물 받는 사탕과자, 그리고 명절용으로 배급받은 쌀로 만든 떡 같은 것을 통해 고단한 일상 속에서 사소한 기쁨을 맛보기도 한다. 이런 모든 상징작업을 통해 끈끈한 '국가적 가족관계'로부터 벗어날 수 없는 '인민'이 되도록 한다.

북한 사람들은 일생 동안 매일의 일상 속에서 상징적인 작업을 통해서만 장군님과 하나의 '가족관계'로 연결되는 것이 아니다. 훨씬 더 강력한 감시 통제와 처벌체계에 의해 '대가족관계'에 종신토록 묶인다. 그들이 강력한 현실정치에서 경험하는 '무서운' 장군님 표상과 상징의 정치행위가 만들어 내는 '자애로운' 장군님 표상은 통합되지 않는다. 분열적인 인격을 지닌 장군님은 북한 사람들의 의식체계 역시 분열시킨다. 뚱뚱하게 배가 나온 장군님은 어디에나 편재해 있다. 어디에나 있는 '아버지의 눈'은 굶주리고 비쩍 마른 가족의 말 한마디, 행동 하나하나를 살피고 있다. 그들이 "하늘에 올라갈지라도 거기 계시며 … 새벽 날개를 치며 바다 끝에 거할지라도 거기에 계시는"[6] 아버지다. 밤이든 낮이든, 언제 어디에서든, 어느 누구도 결코 장군님의 그 '눈'을 피할 수 없다.

어디에서나 인민과 함께 있고 두루두루 살피는 '아버지의 눈', 피하려야 피할 수 없는, 도망가려야 도망갈 수 없는, 장군님과 끈끈한 관계를 맺고 있는 인민에게 장군님은 어떠한 분일까? 장군님은 그들에게 존재적·역사적·문화적 의미를 부여할 만큼 자애로운 정신적 지주일까? 북한 사람을 종신토록 묶어놓은 '대가족관계'는 그들의 집단 정체성에 어떠한 영향을 미칠까? 인민들이 보여주는 충효일심의 친사회적 행동화는 정신주의적 표현일까? 생존과 안전을 위한 전술로서 '하는 척하기', '순종하는 척하기'의 단순한 모방일까? 그들에게서 나타나는 의식적·무의식적 차원의 '순응'과 '속이기'의 모호한 경계를 판단할 수 있을까?

---

6   성경 시편 139편 8~9절.

영화 〈태양 아래〉가 보여준 것들

〈태양 아래〉는 2016년 비탈리 만스키 감독이 만든 다큐멘터리다. 감독은 자신의 할아버지와 아버지가 살았던 사회주의에 대한 관심이 많았기 때문에 북한이라는 사회주의 국가의 일상을 카메라에 담고 싶었다. 북한 사회주의가 어떻게 작동하고 있는지 때 묻지 않은 한 소녀의 삶을 통해 보여주고 싶었던 것이다. 감독은 러시아와 북한의 지원을 받아 평양에 머무르면서 인물을 물색했고, 북한 당국은 다섯 명의 어린이를 후보로 제시했다. 비탈리 만스키의 선택은 여덟 살짜리 진미라는 소녀였다. 그는 주인공 소녀만 본 것이 아니었다. 진미 가족의 생활조건까지 고려했다. 진미 아버지는 기자이고, 어머니는 식당에서 일하며, 진미의 가족은 낡고 비좁은 아파트에서 조부모까지 함께 지내고 있었다. 감독은 다큐멘터리 제작을 위해 진미의 가족과 그녀의 친구들, 이웃들과 1년 동안 지냈다.

비탈리 만스키 감독의 계획은 실행 초기부터 어긋나기 시작했다. 촬영 당일 현장에 간 감독은 멘붕 상태에 빠졌다. 사람들만 빼고 모든 것이 달라져 있었던 것이다. 진미 아버지의 직업은 공장 노동자로 바뀌었고 조부모는 사라졌다. 진미 가족이 사는 집은 기존의 비좁은 집 대신에 주체사상탑이 보이는 평양의 최고급 아파트로 바뀌었다. 현장에는 요청하지도 않은 현지 조연출들까지 나와 있었다. 당초 평양의 평범한 생활상, 인간이 사는 이야기를 카메라에 담으려 했던 감독은 촬영 도중 북한이 어떻게 체제 선전을 위해 현실을 왜곡하는가를 보여주는 쪽으로 제작 방향을 바꾸었다. 감독은 다큐에 개입하는 북한 당국의 모든 것을 생략하지 않고 있는 그대로 촬영했다. 그 결과 북한의 완벽한 통제와 조작 속에 거짓된 삶을 살아가는 평양 주민의 실상을 날것대로 고스란히 카메라에 담아낼 수 있었다. 북한의 조처에 분노한 감독이 방향을 선회해서 만든 이 영화는 러시아와 북한으로부터 상영금지 압력을 받았다.

주인공 진미는 평양의 좋은 학교에서 무용을 배우는 초등학교 학생이다. 영화에서는 진미가 조선소년단에 입단하는 장면이 나온다. 어느 날 감독은 비밀감시요원들이 없는 틈을 이용해 진미에게 미래에 무엇을 기대하는지 묻는다. "진미, 너 소년단에 입단했는데 이제 자기 일상에 대해 무엇을 기대해요?" 각본에 없었던 돌발적인 상황이 전개된 것이다. 진미는 눈을 껌벅껌벅하며 무언가 골똘히 생각하다가 띄엄띄엄 말하기 시작한다. "소년단원이 되면 조직생활을 합니다. 조직생활을 통해 잘못을 느끼게 되고 (잠시 뜸을 들이다가) 경애하는 대원수님을 위해 어떻게 해야 하는지도 느끼게 됩니다." 미간을 살짝 찌푸리고 가까스로 대답을 이어가던 진미는 울기 시작한다. 감독은 울고 있는 진미를 달래며 "울지 마요. 대신 좋은 것에 대해 생각해 봐요"라고 말한다. "응? 잘 모릅니다." 진미는 거의 반사적으로 반응한다. 그러자 감독은 다시 한번 "전에 좋았던 것에 대해 생각해 봐요. 아니면 어떤 시를 생각해 봐요"라고 권한다.

북한의 아이들은 평양의 좋은 학교를 방문하는 외부 세계의 사람들 앞에서 "우리는 행복해요", "세상에 부럼 없어요", "활짝 웃어요"라고 노래하면서 기막히게 행복한 모습을 보여주지만, 정작 스스로는 정말로 좋았던 일, 행복했던 경험을 떠올리지 못한다. 연극적인 감정이 아니라 실제로 기분 좋았던 일, 행복감을 자아낸 개인적인 순간을 떠올리지 못하는 것이다. 때

묻지 않은 소녀를 통해 북한의 억압적인 실태가 살짝 들춰지는 순간이다.

내심 고심하던 진미는 최고 존엄 찬양의 소년단 입단 선서를 엄숙하게 낭독하기 시작한다. 어린 소녀는 대원수님을 위해 어떻게 처신해야 하는지를 잘 알고 있다. 진미의 모습을 통해 외부 세계 사람들은 김일성-김정일-김정은의 '태양 아래' 살고 있는 북한 사람들이 과연 행복할 수 있을지, 미래에 대한 희망을 가질 수 있을지 근본적인 질문을 던지게 된다.

전체주의가 말살한 개인의 모습은 섬뜩하게 참담하다. 영화의 마지막은 태양절 날 광장에서 김부자 동상에 꽃을 바치는 사람들의 모습으로 채워진다. 동상 앞에서 가족사진을 찍는 가족들의 표정에는 아무 감정도 담겨 있지 않다. 아무도 원치 않는데 모두가 그렇게 하는 이상한 파라다이스는 관리인들이 제단에 놓인 꽃다발들을 수거하는 장면에서 정점을 찍는다. 소중하게 가져다 바친 그 꽃다발들은 무성의한 손길에 의해 쓰레기통에 처박힌다. 연출에 의한 일상이 끝난 후 뒷정리에 평양의 진짜 얼굴이 담겨 있다. 비탈리 만스키 감독은 북한이 옛 소련의 스탈린 시대 상황과 비슷할 것이라고 생각했다. … 그러나 비탈리 만스키가 잡아낸 북한은 그보다 훨씬 끔찍했다. 인간이 사라진 기이한 동토의 왕국을 전체주의라는 괴물이 초상화로, 동상으로, 벽화의 모습으로 배회하고 있었다.[7]

〈아리랑 공연〉은 10만 명 이상이 참가하는 대집단체조와 예술 공연으로

---

7   자유경제원, "〈태양 아래〉가 우리에게 주는 의미", 2016.5.4. http://cfe.org/.

구성된 작품이다. 공연을 관람한 사람들은 카드섹션 동작의 웅장함과 강력한 표현력 및 정확성, 특히 유치원생을 포함한 학생들이 수행하는 집단체조 공연에 놀라고 감탄한다. 어린 학생들이 어떻게 그런 수준의 공연을 할 수 있는지 신기해하기도 하지만, 그런 공연에 참가하는 어린이들이 치르는 훈련의 가혹성을 염려하는 사람도 많다. 그러나 집단체조에 참가하는 학생들은 대부분 "공연에 참가하는 것을 매우 자랑스럽게" 생각하고 "말할 수 없는 성취감과 뿌듯한 일체감, 자부심을 느낀다"라고 말한다.[8] 그래서 훈련과정에서 가장 유효한 통제방법은 최종 공연에서 제외하겠다고 겁주는 것이다. 여기까지는 우리가 통상 알고 있는 〈아리랑 공연〉과 관련된 에피소드다. 그러나 이것은 반쪽짜리 이야기일 뿐이다.

실제로는 〈아리랑 공연〉에 참가하지 않으려 하는 기피현상도 심했다.[9] 시간이 흐르면서 아이들은 공연에 참가하는 것을 자랑스럽다거나 뿌듯하다고 생각하지 않게 된 것이다. 평양의 간부 자녀들은 애초에 이 공연에 참가하지 않았다. 김정일이 진두지휘했던 이 공연은 충성경쟁의 열기 속에서 시작되었고 각종 포상과 특혜가 주어질 것으로 기대되었다. 실제로 '천연색 텔레비죤'을 선물로 받기도 했다. 그런데 점차 기피현상이 나타난 것은, 충성경쟁의 종언과 맞물린 이상 현상이 아닌가 생각된다. 공연 참가자들은 매일같이 가혹한 훈련에 내몰릴 수밖에 없었다. 게다가 공연 당일에는 몸에 밀착된 공연복을 입고 몇 시간 동안 대열을 맞춰 비좁은 공간에서 대기

8   정병호, 『고난과 웃음의 나라』, 73쪽.
9   평양에서 살았던 탈북 여성과의 면담 내용(2020년 5월).

해야만 했다. 관리자들은 10만 명의 인원을 효과적으로 관리하기 위해 대열에서의 이탈을 엄격하게 통제했다. 심지어 공연 참가자들이 화장실에 갈 수 없도록 단속하기 위해 기저귀를 채우기도 했다. 숨 가쁘게 맞물려 돌아가는 공연 중에 쓰러지는 어린이들도 종종 있었지만 카메라는 결코 그들을 비추지 않았다. 외부 사람들에게 비춰지는 평양의 도덕적 정신주의와 과시적 웅장함은 북한의 손상된 현실과 인권침해의 흔적을 함께 드러내고 있었던 것이다.

비탈리 만스키 감독은 "북한 주민들은 현재 살고 있는 자신들의 삶 외에 다른 삶을 알지 못하며 이를 추구할 기회조차 없다. 자신들과 다른 삶이 존재한다는 것조차 제대로 모르고 있다"라고 말한다. 안드레이 란코프 교수 역시 북한은 1990년대 이후 상당히 완화되었지만 여전히 억압적이고, 자유화된 국가가 아니며, 사람들은 여전히 자신들 삶의 방식 외의 다른 대안에 대해 거의 모르고 있다고 말한다.[10] 과연 북한 사람들은 자신들의 삶의 방식 외에 다른 삶이 있다는 사실조차 모를까? 우리는 이 같은 우리의 고정관념에 질문을 던질 필요가 있다.

김일성-김정일-김정은의 '태양 아래'에서 살아가는 북한 사람들은 과연 땡볕을 피할 수 있는 그늘이 있다는 사실조차 알지 못할까? 정말로 그들은 다른 삶이 있다는 사실조차 몰라서 다른 삶의 대안을 추구하지 않는 것일까? 북한 사람들이 생존전략적 차원에서 추구했던 '낮에는 사회주의, 밤에

10 　안드레이 란코프(Andrei Lankov), 『리얼 노스 코리아』, 김수빈 옮김(파주: 개마고원, 2013), 283쪽.

는 자본주의' 생활방식은 어떻게 설명해야 할까? 이러한 생활방식은 절대 권력이 시공간을 장악하고 문어발처럼 흡착하고 통제하는 전체주의 환경에서 그들이 자신만의 다른 삶을 추구한 대안이 아니었을까?

북한 사람을 이해하기 위한 접근법

한반도 북쪽에 살고 있는 북한 사람을 제대로 이해하기 위해서는 어떻게 접근해야 할까? 인간은 홀로 진공 속에서 살아가지 않는다. 인간은 자신을 둘러싼 사회 환경과의 의미체계와 연결망 안에서 자기(self)를 만들어가는 사회적 존재다. 이 책의 목적은 우리를 둘러싼 사회정치적 환경과의 상호 의존적 관계 속에서 안정감을 확립하고 스스로를 보호하는 인간의 생물행동학적 과정에 기반을 두고 북한 사람을 다층적으로 분석하는 것이다. 우리의 몸과 뇌가 담당하는 가장 중요한 기능은 우리의 생존을 보장하는 것이며 이 기능은 가장 절망적인 상황에서도 유지된다. 즉, 뇌 기능은 우리가 살아가는 환경에서 상대적인 위험과 안전을 평가하는 수준에 따라 생리학적 기능을 조절함으로써 안전을 위한 생물행동학적 요구를 충족시킨다. 우리가 살아가는 사회적 환경이 안정감을 느끼며 안심하고 살 만한 환경인가, 아니면 공포지수와 폭력지수가 높은 불안한 환경인가, 아니면 생존을 위협하는 극한적인 환경인가에 따라 생물행동학적 요구를 충족시키기 위한 심리적·신체적 반응과 행동화의 반응이 달라진다.

따라서 이 책에서는 첫째, 북한 사람을 다층적으로 이해하기 위해서 그들을 둘러싼 환경이 안정감을 느끼며 안심하고 살 수 있는 환경인지, 불안지수가 다소 높은 환경인지, 혹은 생존의 위협을 초래할 수 있는 극한적인 환경인지에 주목하며 접근할 것이다. 우리가 살아가는 환경이 얼마나 안전한지 위험한지에 따라 반복적으로 활성화된 뇌 회로는 일어날 확률이 가장 높은 반응이 기본적으로 설정되어 고정될 수 있다. 뇌는 안심할 수 있는 환경에서 안전하고 존중받는 느낌을 받으면 탐구와 협력, 자발적 참여, 성장 등의 기능이 특화되지만, 감시통제 속에서 겁에 질리고 거부당하는 느낌을 받으면 공포와 두려움, 버려진 기분을 관리하는 기능이 발달한다.

북한을 둘러싼 한반도의 지정학적 공포는 거대하다. 현존하는 분단체제와 끝나지 않은 한국전쟁, 초강대국 미국과의 첨예한 대립, 세계 10위권의 남한 경제와 비교되는 빈사상태의 북한경제, 경제제재 및 국제사회로부터의 고립 등은 북한 지도부에게 지속적인 생존위협이 아닐 수 없다. 거대한 공포에 내몰린 최고 존엄과 지배계층에게는 공포와 두려움, 국제사회로부터 버려졌다는 기분을 관리하는 뇌 기능이 발달했을 수 있다. 그들의 트라우마는 가공할 전체주의의 총체적 폭력성으로, 핵무장에 대한 집착으로 발현된다.

둘째, 북한 사람들을 다층적으로 이해하기 위해 이미 한민족에 내면화된 정신세계에 주목하고 그러한 특징이 북한체제의 특수한 환경에서 어떻게 굴절되어 사회를 지배하는지 분석할 것이다. 한반도 분단과 함께 만들어진 북한 사람은 분단 이전까지만 해도 한국 사람의 정신적 계보를 공유했던 사람들이다. 북한에서 이 정신적 계보가 수령 숭배와 충효사상, 주체사상과 융합되어 어떻게 변종되었는지, 북한 사람의 정신적 특징이 그들의 친사회적 행동화가 발현하는 데 어떠한 영향을 미쳤는지를 파악하기 위해 현재 진행형인 북한 사람을 분석할 것이다.

셋째, 북한 사람을 제대로 이해하기 위해 신경생물학 이론을 바탕으로 북한의 공포정치와 과시적·상징적 절대 권력에 의해 만들어지고 충효일심으로 덧씌워진 도덕주의자이자 정치적 생명체인 북한 사람의 탈을 벗겨낼 것이다. 또한 그들이 어떻게 그처럼 비열하고 부조리하고 모욕적인 압제를 견디면서 북한 사람으로 살아갈 수 있는지를 과학적으로 분석할 것이다. 북한 사람들도 정신주의자, 도덕주의자이기 이전에 생존을 위해 밥그릇을 먼저 챙기고 등 따습고 배부른 삶을 추구하는 생물학적 존재다. 우리와 다를 바 없이 생존을 위협하는 환경을 두려워하고 겁에 질리며 상처를 입을 수 있는 취약한 존재다. 그들도 안전한 환경에서 안심하고 잘살고 싶은 본성적 욕구를 지닌 인간존재인 것이다.

신경생물학적 측면에서 북한 사람들의 친사회적 행동화를 분석하다 보면 '인민의 정치사상적 통일단결', '정신적 승리'의 허구성이 들춰질 것이다. 또한 이는 북한 사람들에 대한 외부 세계의 인식, 즉 '최고 존엄에 대한 존경과 심지어 애정을 느끼는 사람들', '핵무기에 열광하는 광신집단', '우상숭배자'라는 편견과 고정관념을 돌아볼 수 있는 기회가 될 것이다. 이러한 시도가 북한 사람들에 대한 인식을 개선하고 전체주의 환경에서 그들이 겪는 고통에 공감하며 인권 개선을 위한 인도주의적 지원을 실천하는 데 조금이나마 기여할 수 있기를 고대한다.

이 책은 남북한 한민족이 살아가는 한반도의 지정학적 위기에 주목하고, 북한 사람은 폭력적이고 불안한 환경에서 살아간다는 현실을 전제로 한다. 그러한 사회 환경에서 북한 사람의 정신세계가 어떻게 굴절되는지, 어떠한 메커니즘에 의해 충효의 친사회적 행동화가 발현되며 집단효과가 활성화되는지, 오늘날 북쪽에서는 어떠한 집단정신이 만들어지고 있는지 살펴보는 것이 이 책의 목적이다.

책의 구성

이 책은 북한 사람을 다층적으로 이해하기 위해 북한 사람들이 자신의 사회정치적 환경과 맺는 상호의존관계 및 그들의 정신세계에 주목한다. 우리는 북한체제를 이해할 때 1990년대 북한 위기 이전 시대와 이후 시대로 구분해서 접근해야 한다. 체제 균열에도 불구하고 북한은 여전히 세계에서 가장 억압적이며, 감시통제 체계는 효율성과 그 잔혹함에서 다른 어느 나라에도 뒤지지 않는다. 오늘날 세계가 북한을 보는 시각에서는 전체주의 이론이 여전히 지배적이다. 또한 북한을 유격대국가,[11] 종교사회,[12] 극장국가[13]로 조망하기도 한다.

우리가 북한체제의 다면적인 실체를 읽는 방법은 다양하다. 북한체제의 생존이데올로기와 통치를 한마디로 표현하면 무자비한 공포정치와 과시적·상징적 예술정치라 할 수 있다. 이 책은 절대 권력의 생존을 보증하는 상징적 의미체계 및 최고 존엄과 떼려야 뗄 수 없는 '가족관계' 연결망을 맺고 그 안에서 안전을 추구하며 살아갈 수밖에 없는 북한 사람들의 심층세계

11 와다 하루키, 『북조선: 유격대국가에서 정규군국가로』(파주: 돌베개, 2002).
12 김병로, 『북한사회의 종교성: 주체사상과 기독교의 종교양식 비교』(서울: 통일연구원, 2000).
13 권헌익·정병호, 『극장국가 북한』(파주: 창비, 2013).

를 다층적으로 분석하는 방식으로 구성되었다.

　제1부에서는 한반도 분단과 함께 북쪽에서 만들어지기 시작한 북한 사람은 누구인지를 탐색한다. 북한 사람은 분단 이전까지 한국 사람이었다. 500년 조선왕조의 몰락과 함께 조선시대 사람들의 정체성이 무너지기 시작했고 이를 대체할 새로운 정체성을 찾아 나섰던 사람들은 새로운 시대적 사조를 받아들이게 되었다. 8·15 광복과 함께 찾아온 한반도 분단으로 인해 한민족은 두 부류로 나뉘었다. 오늘날 남한 사람의 정신세계를 지배하는 유교를 비롯한 다양한 가치와 사상은 남한 사람들이 살아가는 공적인 영역뿐 아니라 대인관계를 비롯한 사적인 영역에까지 영향을 미친다. 북한 사람도 마찬가지다. 남북한이 공유하는 가치와 윤리가 자신들을 둘러싼 상이한 사회 환경에서 이질적인 형태로 발현될 뿐이다.

　제2부에서는 북한의 과시적·상징적 예술정치 행위가 북한 사람들에게 어떠한 영향을 미치며 집단효과를 발현하는지 분석한다. 여기서는 뇌 인지과학의 거울신경체계를 배경으로 북한 사람에게서 나타나는 친사회적 행동화의 메커니즘을 분석한다. 어떠한 외부의 압력과 도전이 북한 사람의 모방행동과 감정전염을 활성화하는지, 그들의 친사회적 행동화가 사회적 공감에 기반을 둔 높은 수준의 도덕적 행동인지, 아니면 생존전략 차원의 단순한 따라 하기 또는 감정전염인지를 분석한다. 북한 사람들은 유아기 시절부터 수령 숭배와 충효의 절대 도덕률을 수혈 받으며, 수령을 따르는 정신 또는 사상이 물질이나 다른 어떤 것보다 우선하는 최고의 가치라고 새기며 자란다. 그러나 감시통제와 억압, 경제적 빈곤 등의 고통 가운데서 그들의 정신주의적 가치가 무너져 내리고 있으며 생존전략 차원에서 일상의

위법행위가 발현되고 있는데, 제2부에서는 이러한 현실에 대해 고발한다.

제3부에서는 북한 최고 존엄에 대한 숭배와 절대 권력의 확립, 정치범 수용소와 연좌제, 공개처형, 출신성분 체계와 주민감시통제 체계를 통한 가족관계의 손상 및 인간관계의 붕괴, 소수 지배연합의 관료체제에 의한 통치 및 비밀경찰 시스템 같은 전체주의 북한의 실체를 분석한다. 이를 통해 전체주의의 본질을 파헤치는 한편 전체주의가 유발하는 비인간화에 주목한다. 또한 한나 아렌트가 제기한 '악의 평범성'이라는 사회학적 개념을 정신의학적 개념인 트라우마로 이해하면서 홀로코스트의 주역인 아돌프 아이히만이 겪은 트라우마를 분석한다. 한편 '모든 것이 가능한 실험실'인 북한 정치범 수용소에 감금되었던 정치범 피해자들의 수기 및 정치범 수용소의 경비병 위치에서 수용소를 체험한 사람들의 수기를 통해 그들의 트라우마를 분석한다. 이를 통해 절대공포가 어떻게 한 개인의 인간성을 벗겨내며 비인간화하는지 드러낸다. 공포가 만연한 북한체제에서 살아가는 사람들에게서 나타나는 절대의존 및 절대복종 같은 친사회적 행동화는 정치적 단결력, 정신주의적 표현이라기보다는 집단적인 트라우마 현상일 수 있음을 자율신경계의 생리학적 조절기능을 통해 분석한다.

마지막 종장에서는 북한 세습체제가 영속할 수 있는지에 대해 생각해 본다. 탈북민들이 외부 세계의 사람들로부터 흔히 듣는 질문인 "북한에서는 왜 민주화운동이 일어나지 못하는가?"에 대해 신경생물학적으로 그리고 사회학적으로 접근함으로써 남한에서 민주화운동이 일어날 수 있는 요인 및 북한에서 조직적인 저항운동이 일어날 수 없는 다층적인 원인을 분석한다. 또한 일찍이 북한에서 형성되었던 비조직적 저항인 일상의 저항에 대해 살

퍼보는 한편, 생존전략적 차원에서 형성되었던 일상의 저항이 '고난의 행군'이라는 극한적인 사회적 맥락 안에서 자생적인 장마당 경제체제를 구축하는 국가정책의 변화를 이루어낸 것에 주목한다. 현재 장마당을 중심으로 소비가 이루어지는 북한 사람들의 일상을 통해 저항 흐름의 변화를 살펴보면서, 이러한 저항 흐름이 장기적으로 북한체제를 변혁시키는 요인이 될 수 있기를 기대해 본다.

감사의 글

2021년 올해로 나의 남한살이 햇수가 18년이 되었다. 탈북 여성의 트라우마 연구로 박사학위를 받은 지도 4년이 되었다. 상이한 두 체제, 두 사회를 몸으로 살아내면서 나는 분단과 한국전쟁이라는 거대한 트라우마가 한 민족의 정신세계를 지배하면서 현재 삶에 깊숙하게 영향을 미치고 있다는 문제의식을 느꼈다. 특히 한 교회에서 오랫동안 탈북민들과 함께 생활하면서 대부분의 탈북민들이 겪는 여러 가지 어려움, 예를 들면 사회적응의 어려움, 대인관계에서의 고통, 다양한 심리적 장애 및 정신과적 장애, 가정폭력, 알코올 남용, 높은 폭력범죄, 높은 자살률 등의 심리사회적 문제들을 접했고 고민이 깊어졌다. 병적이다 싶을 정도로 핵에 집착하는 북한의 최고 존엄과 소수의 지배연합, 특히 남북관계에서 무례하고 돌발적인 행동으로 일관하는 그들의 내면세계에 대한 호기심은 트라우마에 대한 관심과 연구로 이어졌다. 나 자신이 분단시대 이산가족의 아픔을 겪는 한 개인으로 살아가면서, 또 적대적 공생관계의 남과 북을 경험한 전문가로서 내가 맡은 윤리적 책임을 자각하기까지 나의 성장과정에는 많은 분들의 격려와 도움이 있었다.

이 책은 특히 연세대 의과대학 인문사회의학교실 전우택 교수님의 대학원 강의를 통해 끊임없는 지적 도전과 자극을 받으면서 집필했다. 나는 지난 4년간의 수업을 통해 사회학, 경영학, 정치경제학, 통일학, 의학, 심리학, 종교철학, 인류학 등 다양한 전공분야에서 공부하는 학생들과 함께 만만찮은 분량의 책을 읽고 토론하고 소통했다. 그 과정에서 통찰력과 비판능력을 키우면서 학문적 깊이와 넓이를 더할 수 있었다. 특히 수업 때마다 던지는 교수님의 질문은 나의 지적 호기심을 자극했을 뿐 아니라 내가 공부하는 의미를 발견하게 했으며, 내가 일관성을 가지고 꾸준하게 집중하면서 한 길을 걸을 수 있는 내적 동기가 되었다.

교수님은 수업 때마다 종종 나에게 개인적인 질문을 던지며 북한 사람의 정신세계에 대한 책을 써보라고 용기를 주셨고, 책임감에 대한 자각도 더해 주셨다. 수업을 통해 궁금증을 가지고 고민하면서 많은 책도 읽을 수 있었다. 교수님은 수업에서는 다루지 않았지만 내가 읽으면 좋을 법하다고 생각되는 책들을 직접 챙겨주기도 하셨다. 특히 책을 어떻게 구성해야 하는지에 대한 기본적인 이해와 감각 없이 무턱대로 써내려간 만만찮은 분량의 원고를 일일이 감수하며 책의 형식과 모양을 갖출 수 있도록 지도해 주셨다. 한마디로 전우택 교수님이 던진 수많은 질문이 나의 지적 호기심을 활성화시켰다. 이 책은 교수님의 도전적인 질문에 대해 부족하지만 나의 대답을 적은 것이나 다름없다. 이 책을 쓸 수 있는 환경을 마련해 주고 문제의식과 지적 자극을 제공해 준 전우택 교수님께 무슨 말로 감사의 마음을 전하면 좋을지 모르겠다. 함께 수업을 들으며 인문사회의학과 관련된 사회적·역사적·문화적·심리적 차원의 대화를 나누었을 뿐 아니라 한반도 트라우마와 치유, 용서와 화해, 평화사상을 아우르는 다양한 책을 읽고 토론하면서 지혜와 통찰을 나누었던 수강생들에게도 감사의 마음을 전한다.

아무쪼록 이 책이 북한 사람을 좀 더 심층적으로 이해하는 데 일조해서 외부 세계의 사람들이 북한 사람들에게 가지고 있는 고정관념이나 편견, 두려움에서 벗어나는 데 일말의 도움을 줄 수 있기를 바란다. 특히 북한 사람들이 수령을 위해 인간폭탄이 되겠다고 열광하는 단순한 모방행동을 두려워하며 남한사회에 대해 안보불안을 느끼는 사람들이 고통에서 벗어나길 바란다. 또한 우리와 함께 살아가는 탈북민의 어려움을 마치 '문제가 있는 사람'의 문제 또는 개인의 심리적인 취약함이나 인격의 문제로 보는 것이 아니라, 탈북민의 독특한 경험적 맥락 안에서 그 본질을 이해하면서 그들에 대한 인식을 개선하고 서로의 공감대를 증진해 나가길 바란다. 부족하지만 이 책이 한반도의 평화 통일을 위한 여정에서 북한 사람을 좀 더 깊이 이해하는 좋은 자료가 되기를 소망한다.

제1부

북한 사람 이야기

제1장

/

북한 사람은 누구일까?

인간은 자신이 만들어낸 정치적·이념적·문화적·종교적·경제적 영역의 수많은 담론 위에 살아가면서 자기(self)를 만들어간다. 자신을 둘러싼 다양한 빛깔의 담론과 상호작용하면서 자기를 만들어가는 동시에 자기를 완성할 수 있는 담론들 또한 만들어간다. 북한 사람은 한반도 분단이 만들어낸 새로운 인간형이다. 분단 이전까지는 한국 사람이었다. '한국 사람'의 원형은 '조선 사람'이라고 할 수 있다. 500년 조선왕조 시대에 주자성리학적 담론에 의해 조선 사람이 만들어졌고 이와 동시에 조선 사람을 완성해 갈 수 있는 조선 특유의 담론이 만들어졌다. 조선왕조 몰락과 함께 해체되기 시작한 조선 사람은 자신의 정체성을 모색하며 빼앗긴 나라를 되찾기 위해 먼 길을 떠났다. 8·15 광복과 한반도 분단은 한민족을 두 동강 내어 '한국 사람'을 '남한 사람'과 '북한 사람'으로 분화시켰다. 불과 얼마 전까지 남한 사람과 북한 사람은 수천 년의 역사와 문화를 공유하며 함께 살아온 한민족이었다.

1. 북한 사람은 어디에서 왔을까?

북한 사람은 누구일까? 북한 사람은 어디에서 왔을까? 북한 사람의 정신 세계에 내장되어 있는 역사적 DNA는 무엇일까?

북한 사람은 불과 몇십 년 전까지 수천 년 한민족 역사의 질고와 고난을 함께 헤치며 넘어온 사람들로, 피를 나눈 형제자매라고 믿었던 사람들이 다. 1945년 분단 이전까지 한반도에는 단일한 민족성을 가진 '한국 사람'이 살아가고 있었다. 그런데 외세에 의해 한반도가 분단됨에 따라 하나의 민족이 두 무더기로 나뉘었다. 분단된 한반도의 남쪽 지역에서는 남한 사람이, 북쪽 지역에서는 북한 사람이 만들어지기 시작한 것이다. 따라서 북한 사람이 누구인지 알려면 먼저 한국 사람이 누구인지 알아야 한다. 한국 사람은 어디에서 왔을까?

함재봉 교수는 한국 사람은 조선 사람에서 왔다고 말한다. 한반도가 분단되기 전, 19세기 말까지 조선 반도로 불리던 땅에서 살던 사람들을 일컬어 조선 사람이라고 부른다.[1] 14세기 말, 조선왕조의 개국과 함께 주자성리학적 가치와 윤리 도덕규범을 정신화·신체화한 조선 사람이 만들어지기 시작했다. 그리고 주자성리학을 이념으로 하는 500년 조선왕조 역사를 통해 조선 사람이 완성되었다. 그러나 19세기 서세동점의 문명교체기에 들어서면서 조선 사람은 급속히 해체되기 시작했다. 조선왕조가 몰락하고 대한제국이 선포된 이후에는 조선 사람이 '한국 사람'으로 불리기도 했지만, '한국

---

[1]　함재봉, 『한국사람 만들기』(서울: 아산서원, 2017), 9쪽.

사람'이라는 용어가 보편화되기 시작한 것은 한반도 분단 이후부터였다. 즉, 북한 사람은 분단 이전까지 한반도에서 함께 살면서 조선 사람 또는 한국 사람으로 불리던 사람들이다.

8·15 광복 후 미군과 소련군이 남북으로 진주하면서 38도선을 그었을 때 우리 모두 어리둥절해했다. 단순히 낙서를 한 것에 불과하다고 생각했었다. 언제가 그 낙서는 지우면 그만일 것이라고 여겼다. 생소한 그 선이 이렇게까지 오랜 세월 불신과 적대감, 연민을 소비하며 서슬 푸른 증오의 구도 안에 우리를 꽁꽁 묶어놓을 줄은 그 누구도 몰랐다. 임의로 그어진 그 선이 이렇게까지 오랜 세월 동안 우리를 가리가리 조각내며 아픔의 흔적을 새길 것이라고는 예측하지 못했다. 그때 우리 모두는 남쪽 사람과 북쪽 사람으로 살아간다는 것이 어떠한 의미인지 미처 알아차리지 못했던 것이다. 우리는 잠시 후면 곧 다시 만나 함께 살 수 있을 것이라 착각했다. 그렇게 우리는 순진했다.

오늘날 한민족을 갈라놓은 금기의 경계선은 냉전세력이 첨예하게 대립해서 싸우는 전초선이 되었다. 냉전의 소용돌이에 휩쓸려 치른 한국전쟁 당시 각 진영의 선두에서 맞붙어 싸우면서 우리가 겪은 트라우마는 측정할 수 없는 수준이다. 피를 나눈 한 형제라고 일컫던 동족이 서로를 죽인 슬프고 아픈 한국전쟁은 남한 국민 전체가 공산주의에 대한 환멸을 느끼고 반공으로 돌아서는 계기가 되었고, 북한 사람에게도 전체가 똘똘 뭉쳐서 끔찍한 김일성 공산정권을 지지하는 효과를 이끌어냈다. 즉, 한국전쟁은 '한국 사람'을 '남한 사람'과 '북한 사람'으로 영구적으로 찢어놓은 결정적인 계기가 되었다. 한국전쟁이 남긴 트라우마의 흔적은 남북한 모두에서 정치적·경제적·문화적 영역에서부터 관계적·개인적 영역에 이르기까지 깊숙이 새겨져 사회를 지배하고 있다.

국제냉전이 끝난 지 30년이 되었지만 한반도에서는 여전히 냉전세력이 대결하는 전쟁이 지속되고 있다. 이 끔찍한 환경에서 남과 북은 극과 극의 길을 걸으며 상대방과 근본적으로 달라져야만 했다. 북한 사람이나 남한 사람은 나와 같은 성정을 가진 인간이 아니기에 나와 구별해야만 했다. 그들은 뿔난 괴물이었고, 선에 반하는 악이었고, 박멸해야 할 것들일 뿐이었다. 이와 같이 우리는 극한적인 이념 대결의 양극단에 서서 스스로를 지키기 위해 상대방과 자신의 다름을 인정하고 하나만 선택하면서 자신을 증명해야 했다.

오늘날 남한 사람과 북한 사람은 서로 닮지 않으려고 치열하게 노력하면서 새로운 인간형으로 만들어지고 있다. 우리는 닮은 듯하면서도 이질적이고 이웃인 듯하면서도 거부감을 자아내는, '우리' 안에 포섭할 수 없는 낯선 존재인 '분단인'으로 만들어지고 있는 것이다. 그렇게 우리는 오늘 이 순간까지 끝나지 않는 슬픈 전쟁시대를 살아가고 있다. 그렇게 우리는 증오와 불신, 갈등의 분단시대를 이어가고 있다. 그렇게 우리는 한반도 트라우마를 아프게 새기며 살아오고 있다.

2. 분단인: 남한 사람, 북한 사람

분단 이후 우리는 분단의 사슬에 묶인 채 찢어져서 서로를 불신하고 증오하며 용서 불가능한 원수관계로 살아오고 있다. 망국의 설움과 식민지 민족의 아픔을 딛고 수난의 역사를 헤치며 넘어왔던 한민족이 어이없게도 8·15 광복과 함께 갈라서게 된 것이다. 얼떨결에 무작위로 반대편 진영에 속한 사람들은 돌아올 수 없는 루비콘 강을 건넌 것이 되고 말았다. 날카로운 분단의 사슬에 칭칭 감긴 채 남한 사람과 북한 사람으로 살아가게 되었다. 그렇게 우리는 분단세력에 의해 찢어져 분단인이 되었다. 그것은 우리의 의지나 선택이 아니었다. 우리는 낯설고 강한 외부세력의 이익관계에 의해 임의로 찢어졌다.

분단현실은 우리에게 말할 수 없는 고통을 안겨주고 있다. 우리는 한민족 국가를 이루지 못한 '한'의 정서를 가슴에 품은 채 깊은 트라우마를 안고 살아가고 있다. 지정학적 위기는 극한적인 이념 대결과 북핵문제, 안보불안, 사회갈등과 분열을 유발하면서 우리 사회를 불안사회, 피로사회로 몰아가고 있다. 게다가 진영논리에 매몰된 정치권의 고리타분한 색깔논쟁과 여론몰이는 우리를 더욱 지치게 하고 있다.

고통스러운 현실을 피하고 싶은 것은 인지상정이다. 그렇기에 우리는 고통을 피하고자 불감증에 빠져들기 쉽다. 분단현실에 무덤덤해지고 무감각해지는 것이다. 그 결과 항시적으로 갈등과 위험지수가 높은 분단현실에 익숙해진다. 안전과 평화가 부재한 현실을 정상적인 현상으로 당연하게 여기게 된다. 오늘날에는 북한 사람을 매우 불편한 존재로 여기며 울타리 밖으로 밀어내려는 사람이 점점 늘고 있는 추세다. 특히 젊은 세대에게는 한민족의 뿌리를 강조하면서 북한을 '우리나라'와 연관 짓는 것이 피부에 와 닿지 않는다. 남한 사람들은 북한 사람을 낯선 타자로, 아니 너무나 두려운 존재이자 나와 우리를 해칠 수 있는 위협적인 존재로 인식한다. 이와 같이 분단현실은 수천 년 세월 동안 단일민족으로 살아왔던 우리의 한마음 사상과 민족정서를 바닥내며 지워버리고 있다.

2020년에 인기리에 방영되었던 드라마 〈사랑의 불시착〉이 한 보수 정당에 의해 국가보안법 위반으로 고발당했다.[2] 〈사랑의 불시착〉은 어느 날 돌풍으로 인한 패러글라이딩 사고로 북한에 불시착한 재벌가의 상속녀 윤세리와 그녀를 숨기고 지켜주다가 그녀를 사랑하게 되는 북한군 장교 리정혁의 로맨스를 그린 드라마다. 보수 정당이 이 드라마를 고발한 이유는 드라마에서 북한군이 총칼을 겨누는 존재가 아닌 평화로운 인물로만 묘사되고 있기 때문이었다. 이 사건은 적대적인 분단현실이 우리가 북한을 바라보고 북한 사람을 이해하는 방식에 어떠한 영향을 미치는지 잘 말해준다.

분단과 한국전쟁은 북한 사람에 대해 '온몸이 빨갛고 머리에 뿔 달린 괴물', '포악한 악당', '떼거지'라는 식으로 비인격적인 존재로 만들었다. 북한 사람도 우리와 같은 성정을 지닌 인간이라는 사실을 망각하게 했다. 북한 사람도 나처럼 사랑할 수 있고 평화를 바란다는 사실을 받아들일 수 없게 했다. 그들도 나처럼 아파하고 기뻐하며 울고 웃는 인간이라는 사실을 믿을 수 없게 했다.

북한도 남한에 대한 인식이 이와 똑같이 닮아 있다. 남한 사람은 천백 배로 복수하고 쓸어버려야 할 '불구대천의 원쑤'다. 헐벗고 굶주리고 한지에 나앉은 '떼거지'다. 북한은 미국 식민지로부터 남한 사람을 해방해야 할 혁

---

2   "'사랑의 불시착'이 북한 미화? … 국보법 위반으로 고발당해", 《동아일보》, 2020.1.22.

명적 사명을 가지고 있다. 특히 북한에서는 북한 여성과 한국군 장교 간의 로맨스를 다룬 작품은 상상할 수조차 없다. 그럴 리는 없겠지만, 혹시 드라마 작가가 남한 군인을 따뜻하고 평화로운 인간으로 묘사했다면 그 작가는 반동으로 낙인찍혀 죽임까지 당할 것이다. 이것이 슬프고 냉엄한 분단의 현실이자 분단인의 삶이다.

불행하게도 분단인은 분단체제를 익숙하고 당연하게 여긴다. 손상된 남북관계와 트라우마로 인해 깊은 불신과 적대감, 편견과 고정관념에 묶여 있어 비정상적인 분단현실을 당연한 일상으로 느끼며 무덤덤하게 살아가는 것이다. 자신이 태어나기 이전에 강고하게 구축된 분단체제하에 자라난 분단인은 고립된 섬에 갇혀 수많은 제약을 받는 불편하고 피로한 현실에 너무 익숙해져 있다. 문제는 대부분의 사람이 분단현실을 당연하게 여기며 살고 있다는 사실조차 인지하지 못한다는 것이다. 분단현실에서 겪는 폭력과 사회적 고통에 무감각하다. 적대와 대립의 분단체제가 당연한 현실이 되고 익숙한 삶이 되다 보니 분단의 폭거와 고통에 대한 감수성이 한없이 무뎌지고 둔화된 것이다.

우리 대부분은 아직도 끝나지 않은 슬픈 한국전쟁의 기억과 트라우마가 우리를 어떻게 지배하며 남북관계에 영향을 미치고 있는지, 만성적인 두려움과 불안 가운데 상대를 얼마나 적대시하고 불신하고 있는지 제대로 인식하지 못한다. 상호 적대관계에 있는 우리의 고통과 상처가 얼마나 깊은지, 분단현실로 인한 다층적인 손상과 구체적인 피해가 얼마나 큰지에 대해 무감각하다. 이 끔찍한 고통을 끝낼 수 있는 통일에 대한 의지와 노력이 빈약한 것은 이 때문인지도 모른다.

3. 분단 사회: 남한다움, 북한다움

분단 이후 우리는 남한 사람과 북한 사람이라는 분단인의 정체성을 가지고 적대관계로 살아오고 있다. 그러나 슬픈 분단의 역사보다 민족성을 공유하며 평화롭게 살아온 한민족의 역사가 훨씬 더 유구하다. '우리'의 정서는 오늘까지도 물보다 진한 민족의 피 속에 유유히 흐른다. 평화부재의 한반도에서 살아가는 분단인이 평화를 지향하면서 '우리'가 되어야 하는 역사적 당위성은 여기에서 비롯된다. 한반도의 유구한 역사와 더불어 한민족으로 살아왔던 남북한 사람들은 동일한 문화권에서 단일 언어를 사용하며 역경의 역사를 함께 헤쳐온 한민족이다. 우리는 함께 일제의 폭정에 저항해 항일 독립운동에 참여했고, '조선독립만세'를 부르며 3·1만세운동에 분연히 일어났었다. 그러나 일제의 패망과 더불어 우리는 해방의 감동이 꿈인지 생시인지 분간할 새도 없이 외부세력에 의해 두 무더기로 나뉘었다. 반쪽짜리 두 개의 국가가 탄생했고 이질적인 분단인이 만들어지기 시작했다.

우리 민족은 수백 년 세월 동안 유교의 도덕주의 이념과 습속을 몸과 마음에 새기며 살아왔다. 우리 민족의 의식과 언어, 행동의 기저에는 우리를 한민족으로 만들었던 다양한 가치가 분단인으로 살아가는 오늘날까지도 살아 숨 쉬며 큰 영향을 미치고 있다. 남한의 민주주의와 북한의 전체주의라는 극단적인 사회제도와 생활환경에서 그 가치들은 사람들의 삶과 사회 발전에 깊은 영향을 미치며 서로 다른 사회적 현상으로 발현되고 있다.

남한 사람들의 경우 경제대국 대한민국을 확립하고 사회의 민주화를 일

귀냈다. 남한에서 민주화의 흐름은 이승만 정권에 맞서 싸운 1960년대의 4·19 혁명에서부터 박정희 유신체제, 전두환 군사정부와 노태우 정권 등 권위주의적인 독재 권력에 대한 저항, 1980년대의 5·18 광주 민주화운동, 6월 항쟁, '서울의 봄'에서 군사정권의 종말에 이르기까지, 즉 권위주의에서 민주주의로 발전하기까지 수십 년간 줄기차게 이어져왔다. 이러한 민주화 흐름은 2016년 박근혜 정권의 실정에 저항해 "과연 이게 나라냐"라고 외치면서 나락으로 떨어졌던 대한민국의 품격을 높였던 촛불혁명에 이르기까지 도도히 흐르고 있다. 남한 사람들은 지속적으로 더 나은 미래를 위해 정의와 공정의 품격 있는 사회를 지향하면서 건강한 집단효과를 발현하고 있다.

반면에 북한 사람들은 부패한 절대 권력이 명령하는 비인권적인 충효의 가치들과 행위를 따르면서 맹목적으로 순응하는 심각한 수동성과 무력감을 보여주고 있다. 공포정치에 얼어붙어 북한 사람 모두가 굴복의 상태로 돌아서는 퇴행적 집단효과가 나타나고 있다. 남한사회가 민주화를 이루며 세계 10위의 경제대국으로 부상하는 기염을 토해낼 때, 쌍둥이 국가 북한은 전체주의 필멸성에 도전하며 국제정치 무대에서 유일하게 살아남은 전체주의라는 흑점을 찍었다. 남한이 인권이 중시되는 풍토에서 한민족의 가난을 극복하고 자유롭고 풍요로운 사회를 만들어가고 있을 때, 북한은 전체주의 폭력에 인권이 실종되고 비인간화되며 수백만 명이 굶어죽는 비정상 국가로 퇴행했다.

최고 존엄 숭배와 3대 세습, 주체사상과 충효일심의 집단효과에서 보듯 자신만의 독특한 체제와 이념 위에 구축된 북한은 외부인의 시각에서 보면 마치 거울속 나라로 여행을 떠난 앨리스가 느꼈을 법한 수많은 혼돈과 모순, 이중성으로 가득 찬 나라다. 남한 사람들은 살아본 적 없는 이 '이상한 나라'에서 살아가고 있는 북한 사람들을 제대로 이해하기가 쉽지 않는 이유가 여기에 있다.

사람들은 1990년대의 극한적인 위기로 인해 수십만 명이 굶어죽고 최악의 인권상황을 맞은 북한이 곧 붕괴될 것이라고 예상했다. 그러나 북한에서 조직적인 민주화운동은 일어나지 않았다. 어떤 사람들은 그 이유 중의하나가 최고 존엄에 대한 개인숭배의 관행 때문이라고 예단하기도 한다. 외부 사람들의 눈에 비친 북한의 집단효과는 충분히 그와 같은 추론을 가능하게 한다. 그러나 전체주의 폭력 환경에서는 외부 세계에 비춰지는 과시적인 현상만으로는 북한 사람들을 제대로 알 수 없다. 혼돈과 모순으로 가득 찬 위협적인 환경에서 스스로를 지키기 위해 '이중사고'의 숙련가로 살아온 그들의 다층적인 내면세계를 이해하기란 매우 어렵다. 환경과 상호의존하는 인간의 정신작용에 주목할 때라야, 절대 권력의 폭정 아래에서 발현되는 북한 사람들의 절대의존과 복종의 친사회적 행동화를 제대로 이해할수 있을 것이다.

남한과 북한이라는 쌍둥이 국가의 사람들이 한쪽에서는 도덕적 이상을향해 열려 있는 적극적인 행동의 집단효과를 보이고, 다른 한쪽에서는 세습체제 유지를 위한 방어적이며 자폐적인 집단효과를 보이는 것은 자신을 둘러싼 환경과 상호의존하는 인간의 생리학적 작용 때문이다. 같은 정신세계를 공유하며 수백 년을 함께 살아온 사람들이지만 상이한 사회정치적 이념과 제도가 남과 북의 극단적인 사회현상을 유발하면서 남한다움과 북한다움을 만들어가고 있는 것이다. 분단인인 우리는 자신의 생존과 이익을 위해 남한다움과 북한다움을 만들어가면서 자신도 모르게 자신이 몸담고 있는 분단국가에 기여하고 있는 것이다.

제2장

/

북한 사람을 만드는 담론

오늘날 북한 사람을 만드는 거대담론은 주체사상이다. 조선왕조의 몰락
과 함께 조선 사람의 정체성이 무너지기 시작했고 이를 대체할 새로운 정체
성을 찾아 나섰던 조선 사람들은 ① 친중 위정척사파, ② 친일 개화파, ③ 친
미 기독교파, ④ 친소 공산주의파, ⑤ 인종적 민족주의파, 다섯 가지 대안을
찾았다.[1] 북한 사람은 한국 사람을 만든 다섯 가지 담론을 수렴하기도 하고
왜곡하기도 하면서 정립된 주체사상을 중심으로 만들어졌다. 주체사상은
한국 사람을 만든 다섯 가지 정신적 담론을 흡수해 자민족 중심주의와 북한
판 '위정척사', 반일과 반미 기독교사상, 스탈린식 전체주의와 수령 독재, 김
일성 민족, 우리민족제일주의 등의 개념으로 특징지어진다. 오늘날 한국

---

1   함재봉, 『한국사람 만들기』, 11쪽. 북한은 분단 이전 '한국 사람'을 만들었던 정신적 기반인
오색 빛깔의 담론을 변종시켜 김일성주의(즉, 주체사상), 반미 기독교 사상, 스탈린식 사회주
의, 김일성 민족(즉, 우리민족제일주의) 기반 위에서 북한 사람을 만들어가고 있다. 이 장에
서는 함재봉 교수가 분석한 '한국 사람'을 만드는 담론의 구성을 따라 북한 사람을 만드는 담
론을 설명한다.

사람들의 정신세계에 조선시대 유교의 가치와 윤리뿐 아니라 오색 빛깔의 사상이 살아있어 공적인 영역뿐 아니라 대인관계를 비롯한 사적인 영역도 지배하며 영향을 미치듯이, 그 형태가 많이 왜곡되긴 했지만 북한 사람에게도 이러한 사상의 흔적은 많이 남아 있다.

1. 김일성주의: 주체사상의 종교화

1) 자민족중심주의: 북한판 위정척사

북한은 주체사상을 문명과 도덕질서의 정점에 놓고 자기중심주의에 빠져들고 있다. 조선 왕조가 스스로를 소중화(小中華)라고 자처하며 조선을 문명의 중심에 놓고 자민족 중심주의에 빠졌던 행태를 그대로 모방하고 있다. 명(明)의 멸망을 천붕지해라고 인식한 조선의 선비들은 스스로를 작고 고독하지만 유일하게 남은 문명의 중심이라고 자부했고 조선의 새로운 국가목표와 역할은 이러한 문명이 더 이상 야만에 의해 오염되지 않도록 철저히 지켜내는 것이라고 여겼다.[2]

조선시대의 선비들은 명이 사라진 세계에서 성리학적 질서를 수호하는 한편 성리학 이외의 동서양의 종교와 사상, 문명은 배격하는 위정척사를 펼쳤다. 이와 마찬가지로 북한도 사회주의 진영이 사라진 세계에서 주체사상

---

2   같은 책, 383쪽.

의 순수성을 지키기 위해 오염된 외부 세계의 문물이 흘러들지 못하도록 철통방어로 막아내며 북한판 위정척사를 펼치고 있다. 작고 고독한 조선이 유일하게 남은 문명의 중심으로서 사문(斯文)을 지키기 위해 사문난적(斯文亂賊)을 용서할 수 없었듯이, 북한도 최고 존엄(즉, 주체사상)을 지키기 위해서는 일체의 반대세력을 용서할 수 없었다.

위정척사파가 궁극적으로 지키고자 했던 것은 '천하', 곧 문명이었다.[3] 위정척사파의 목표는 강한 문화와 도덕질서가 관철된 조선을 만드는 것이자, 국가를 천하로 만드는 것이었다. 북한 절대 권력이 궁극적으로 지켜내려고 하는 것도 '천하'다. 이 '천하'는 '최고 존엄' 그 자신이다. '천하'는 또한 주체 이념과 충효일심의 질서를 상징하기도 한다. 지금 나라가 망해가도 천하의 도를 버릴 수는 없는 것이다. '최고 존엄 결사용위'라는 대의명분을 지키기 위해서는 북한 사람 모두가 사문난적을 향해 인간폭탄으로 산산이 부서져도 좋다는 정당성이 확립된다. '천하(즉, 최고 존엄)'의 체제가 영속하기 위해서는 수십만 명이 굶어죽을 수도 있다는 명분이 성립된다. 북한 사람에게는 '불멸의 주체위업'에서 승리하기 위해 사문난적인 미일제국주의를 절대적으로 섬멸해야 하는 혁명적 사명이 주어진다. 그뿐만 아니라 내부의 '반동'을 박멸해야 하는 책임도 주어진다. 곧 '천하'를 수호하기 위해, 충효의 도덕적 명분을 위해 죽을 수도 있어야 한다는 논리다.

'천하(즉, 주체문명)'로 만들어진 최고 존엄의 국가 북한체제는 이미 세계사의 주류에서 이탈한 지 오래다. 북한은 사회주의 진영이 몰락한 이후에

---

3   같은 책, 386쪽.

도 여전히 체제불안을 느끼며 국제질서에 편승하지 못하고 있다. 북한은 명-청 교체기의 조선처럼 세계에서 유일하게 남은 공산주의 문명임을 자임한다. 작고 고독하지만 마지막 남은 공산주의 보루로서 주체 문명이 오염되지 않도록 철저히 지켜내는 것이 북한의 목표이자 존재이유다. 주자성리학을 완성한 명이 망하자 조선이 문명을 대변하는 '소중화'의 역할을 책임지는 국가가 되어야 한다고 자임하던 조선 말기의 현상이 곧 오늘날 북한에서 나타나고 있는 것이다.

우리나라의 학문은 500년 동안 다만 주자만 숭상했을 뿐입니다. 주자를 어기는 사람은 바로 난적이라는 죄목으로 처단했으며, 과거 보는 문자까지도 불가(佛家), 도가(道家)의 말을 쓰는 사람은 귀양 보내어 용서하지 않았습니다. 이렇게 국법이 매우 엄중했던 까닭으로 상하와 귀천이 다만 주자만 숭상했습니다. 그러므로 군주는 군주의 도리대로, 신하는 신하의 도리대로, 아우는 아우의 도리대로, 남편은 남편의 도리대로, 아내는 아내의 도리대로 하여 한결같이 공자 맹자의 도리만 따랐으니, 다른 갈림길이 엇갈릴 수 없으며, 다른 술수가 현혹시킬 수 없었습니다.[4]

조선왕조의 체제를 수호하기 위한 폐쇄성과 잔혹한 폭력성, 사문난적에 대한 탄압, 그리고 도리대로 복종적인 삶을 살아야 했던 조선 시대 사람들의 모습은 오늘의 북한의 현실이자 북한 사람들이 살아가는 모습과 한 치도

4　『고종실록』 고종 11년(1874) 8월 9일(기묘) 첫 번째 기사. 같은 책, 274쪽.

다르지 않다. 전체주의 북한 역시 엄중한 국법을 통해 상하와 귀천이 오로지 주체사상, 곧 최고 존엄만 숭상하도록 만든다. 엄중한 국법 아래에서 주체사상의 교리만 따라야 하며 엇갈릴 수 있는 다른 갈림길이란 없다. 현혹시킬 수 있는 다른 술수란 있을 수 없다. 곧 상하귀천이 모두 하나(the One)와도 같이 최고 존엄(즉, 주체사상)만 숭상하며 도리대로 살아야 한다. '도리대로'의 삶에서 어긋나는 것에 용서란 있을 수 없다.

북한에서 왜곡된 성리학과 위정척사사상은 폐쇄적인 전체주의와 사회주의 대가정론5으로 정치화되어 공포정치의 사상적·문화적 근간을 이루고 있다. 왜곡된 전통사상은 혁명가족의 아버지와 자녀로 묶인 장군님 식솔에서 충효의 생활풍습을 만들어낸다. 현재의 지독한 가난과 결핍을 비호하면서 자본주의 풍요와 화려함을 '황색바람', '날라리'로 천시하는 사회주의 경제관을 정당화한다. 경제적 실리보다 이념(정신력)과 명분을 추구하는 상징적·과시적 예술정치, 법치보다 덕치를 중시하는 인덕정치, 광폭정치로 구체화되어 발현된다. 그것은 북한 사람들의 정신세계에 파고들어 그들이 세계를 지각하고 정보를 처리하는 방식과 행동에 엄청난 영향을 미

---

5   통일부 북한정보포털. '사회주의 대가정론'은 북한사회 전체를 하나의 가정으로 보고, 수령-당-인민의 관계를 아버지-어머니-자녀의 관계와 같다고 보는 개념이다. 북한은 사회주의 대가정론에 기초해 수령이 은덕을 베풀면 모든 사회구성원은 수령을 향해 충성과 효성을 바치는 것이 당연하다는 점을 강조한다. 사회주의 대가정론은 국가의 이미지가 가정의 이미지로 확대된 것이라 할 수 있다. 북한은 이를 통해 국가라는 2차 집단을 가정이라는 1차 집단에 접목함으로써 혁명의 최고영도자인 수령이 각 가정에서 육체적 생명을 준 부모보다 더 중요한 구심점의 역할을 한다는 논리를 전개하고자 한다. 북한은 이러한 국가의 가정화를 통해 대중에 대한 수령의 믿음과 사랑, 그리고 수령에 대한 대중의 충성과 효성을 강조한다. 이것은 각 가정의 가장 좋은 벽면에 김일성-김정일의 사진을 정성껏 모심으로써 수령을 진정한 어버이로 인식시키는 생활방식을 통해 나타난다. 이로써 수령-당-인민의 삼위일체적 관계로 형성된 국가는 가부장적이고 유기체적인 성격을 갖는다.

치고 있다.

2) 생존이데올로기

주체사상은 인간 중심의 철학사상, 수령의 영도체계와 영도원리를 체계화하고 있지만, 궁극적으로는 최고 존엄에 대한 숭배의식, 절대적 복종과 충성을 추구하는 혁명적 수령관으로 귀결된다. 최고 존엄에 대한 숭배를 신앙화하기 위한 충효의 교리와 예식, 의례에 대한 절대 도덕 강령이 주체사상이라고 말할 수 있다. 주체사상은 '한국 사람'을 만든 가치와 사상을 블랙홀처럼 빨아들여 주체철학의 사상, 이론, 방법을 정립하는 재료로 활용한다. 그 결과 본래의 가치와 사상을 왜곡하고 융합한 유일한 '선', 즉 주체사상이 출현했다. 명목상으로는 무신론을 추구하는 북한에 국가통치 이념의 주체종교가 창시된 것이다.

주체사상은 최고 존엄을 믿는 종교다. 최고 존엄인 김일성-김정일-김정은은 주체종교의 교주라고 말할 수 있다. 주체종교에서는 믿을 것인가 믿지 않을 것인가 하는 선택의 자유가 개인에게 주어지지 않는다. 북한에 태어난 사람이라면 필연적·운명적으로 믿어야 할 '절대 의무'가 주어진다. 그것을 믿어야만 목숨을 유지하며 살아갈 수 있다.

서세동점의 위기 속에서 조선왕조를 지키기 위해 위정척사를 내걸고 외부 세계와 고립되었던 조선시대와 마찬가지로 분단과 전쟁의 화염 속에서 탄생한 북한 역시 한반도의 지정학적 위기 속에서 스스로를 지키기 위해 주체사상을 창시하고 폐쇄적인 생존이데올로기에 갇혀버렸다. 자기 폐쇄적인 잠금장치 안에 고립되면 세계를 인지하고 정보를 해석하는 방식 자체가 재편될 수밖에 없다. 자신이 세계의 중심인 자신만의 세계 안에서 인지적이며 감각적인 자극을 자신만의 방식으로 해석하고 의미를 찾게 된다. 외부 세계와 단절된 현실지각의 오류 속에서 손상된 정체성과 가치관, 질서와 규범을 형성하게 되는 것이다.

이와 같은 잠금 효과에 의해 최고 존엄은 세계 만민이 처음으로 맞이한 탁월한 사상가이자 영도자가 된다. 평양의 거대한 주체사상탑이 상징하듯이 주체사상은 전 세계 피압박 민중이 나아갈 길을 휘황찬란하게 밝히는 '횃불'이 되며 최고 존엄은 세계의 정신적 지도자가 된다. 또한 최고 존엄은 전지전능한 존재, 무소불위의 권능을 가진 '신'이 되고 우리 민족의 불세출의 영웅이 된다. 최고 존엄은 유일한 '선'으로서 영원불변한 절대 도덕률, 도덕질서가 되는 것이다.

'선'인 최고 존엄과 대척점에 있는 세력은 곧 '악'으로, 절멸의 대상이다. 절멸해야 할 '악'은 미국과 일본, 남조선 괴뢰도당이다. 따라서 반미 반기독교와 반일을 추구하는 주체적 혁명노선과 계급노선이 정당화된다. 반면에 '악'에서 최고 존엄의 품으로 돌아오는 사람들은 무한한 자비와 사랑으로 품는다. 최고 존엄의 '위대한 인민'으로서 '우리 민족'이 되는 것이다. 이 지점에서 최고 존엄의 '인덕정치', '광폭정치'가 눈부시게 빛나게 된다. 곧 '우리식 사회주의 우월성'과 '김일성 민족'의 위대성이 명분을 갖는다.

이와 같이 분단 이전에 한국 사람의 정체성을 형성했던 담론들이 북한에서는 주체사상에 수렴되어 변형된다. 오직 하나의 완전무결한 '선', 즉 주체종교로 완결된다. 종교화된 주체사상은 북한체제의 정통성과 순수성을 확립하면서 김일성-김정일-김정은으로 이어지는 북한만이 갖는 세습정치의 특수성을 정당화한다. 주체사상은 전체주의 체제의 생존과 안전을 확립하는 탁월한 효험을 가진 동시에 서서히 자기 충족적 세계에 갇혀 북한체제 필멸을 마중하는 불가항력적인 독소조항이라는 양면성을 가지고 있다. 주체사상을 지도이념, 통치이념으로 삼는 수령 독재체제, 일당 독재체제하에서 북한 사람들은 오염되지 않은 '주체형의 인간'으로 만들어져야 한다.

3) '정치적 생명체'라는 존재적 특성

북한 사람은 김일성-김정일-김정은과 유기적으로 연결된 정치적 생명체로만 존재할 수 있다. 신앙으로 결속된 집단체로 존재할 때 비로소 존엄한 인간, '주체형의 인간'으로 살아갈 수 있다. 전체주의 북한에서 개인은 홀로 존재할 수 없다. 오직 집단에 속한 사회적 존재로, 집단이라는 거대한 덩어리(the One)처럼 존재한다. 수령은 거대한 조직체, 곧 유기체의 머리에 해당한다. 당은 유기체의 심장이다. 수령-당은 최고 존엄을 의미하며, 최고 존엄은 정치적 생명체에 생명의 숨을 불어넣는 절대적인 존재다. 인민대중은 유기체의 팔과 다리, 몸통 등 신체의 각 부분에 해당된다. 이와 같이 수령-당-인민대중은 떼려야 뗄 수 없는 하나의 유기체로 사회적 생명체로 존재한다.

수령-당이 인민대중 없이는 완전해질 수 없는 것처럼, 인민대중은 뇌수와 심장, 곧 수령-당 없이는 살아갈 수 없는 존재로 얽힌다. 북한 사람들은 수령-당-인민대중의 사회정치적 생명체로 존재할 때 비로소 자신의 생물학적 생명을 보증할 수 있는 안정감을 획득한다. 북한 사람들이 뇌수이자 심장인 최고 존엄을 절대적·무조건적으로 숭배하고 따라야 하는 이유는 자신의 생존과 직결되기 때문이다.

최고 존엄이 부여하는 사회정치적 생명은 혁명조직체인 집단과 더불어 영생하는 생명이다. 인간은 부모를 통해 육체적 생명을 부여받는다. 육체적 생명은 유한하고 썩어 없어지는 비천한 재료로 이루어진 하찮은 것이다. 육체적 생명은 영원한 정치적 생명을 위해 초개와 같이 버릴 수 있는 물질일 뿐이다. 반면, 최고 존엄이 부여하는 사회정치적 생명은 값비싸고 고귀한 생명이다. 개인을 초월해서 영원히 존재하는 사회집단과 함께 영원불멸하는 생명인 것이다.

최고 존엄은 각 개인에게 정치적 생명을 부여하고 죽어서도 영생할 수 있는 죽음의 문제까지 해결해 주는 구세주다. 우리 민족의 해방자로서 우리 할아버지 할머니들이 고통 받았던 일제식민화의 상처와 조국 해방전쟁의 아픔을 극복하고 부강조국을 세운 구원자다. 더 나은 한반도의 미래를 위해 남조선을 해방하고 불멸의 주체위업의 승리를 이루어갈 메시아다. 체제 생존과 유지를 위해 지속적으로 생성되는 수령-당-인민대중의 사회정치적 생명체론과 '구세주 해방신화'는 현재진행형이다.

북한 사람들을 투철한 신자로 만들기 위한 '구세주 해방신화'는 다양한 형태의 가르침과 의식, 의례를 통해 이루어진다. 그 과정은 한 개인의 유아기부터 노년기까지 평생 동안 체계적인 방식으로 이루어진다. 북한의 곳곳에는 기독교의 예배당 기능을 하는 김일성혁명역사 연구실 또는 혁명역사 박물관이 있는데, 전국적으로 10만여 곳에 이를 것으로 추정된다. 이곳은 일상적이고 세속적인 장소와는 구별되는 '신성한' 공간이다. 이곳으로 들어갈 때에는 옷을 구별해서 입고 신발을 벗고 특별히 준비한 흰색 덧신을 신고(언제부터인가 이 관행은 사라졌다) 들어가야 한다. 그 안에서 각종 혁명학습과 충효일심을 고취하는 다양한 행사와 모임, 곧 '예배' 의식이 거행된다.

그뿐만 아니다. 북한 전역에 있는 작업현장과 학교기관, 군대, 인민반 등 사람들이 살고 일하고 모이는 곳곳에서 일주일 단위로 생활총화와 다양한 형태의 주체사상 학습을 정기적으로 진행한다. 생활총화에서는 김일성-김정일-김정은의 교시와 말씀을 순선(純善)한 도덕적 잣대로 삼아 자신의 '죄'를 드러내고 회개한다. 한발 더 나아가 상호비판을 통해 다른 사람의 '죄'를 단죄하며 그들에게 돌아오라고 촉구한다.

평생학습체계로 일주일에 3~4회 정도 이루어지는 혁명교양 학습방법은 다양하다. 강의 위주의 학습, 신년사 및 말씀 암송경연대회, 성지순례, 시험 등 다양한 방법으로 이루어진다. 북한 사람이라면 누구든지 한 번쯤은 충성경쟁에서 이기려고 김일성-김정일-김정은의 말씀을 달달달 암송했던 기억을 가지고 있을 것이다. 어찌 그뿐이랴. 북한의 영화, 드라마, 아동영화, 노래, 미술 등 모든 문학예술작품과 미디어는 수령 숭배와 찬양 일색으로만 구성되어 있다. 수령-당-인민대중의 정치적 생명체는 한 개인을 다른 사람들과 구별지어주는 것은 무엇이든 절대 용납하지 않음으로써 하나와도 같은 북한 사람을 완성한다.

2. 친일 개화, 친한 개화

1) 친일과 개화

　친일과 개화에 대한 남한 사람들의 정신세계와 북한 사람들의 정신세계는 매우 닮아 있다. 남한에서 친일이 일제의 무법통치에 대한 부역행위로 인정되고 '반민족적' 행위로 지탄받고 있듯이, 북한에서도 친일은 '반민족적', '반혁명적' 사고방식과 행위를 의미한다. 남한 사람들에게서 친일이 '반역자', '매국노'라는 혐오감정을 자아내듯이, 북한 사람들 또한 친일을 '반역자', '악'으로 적대시하며 우리와 한 하늘을 이고 살 수 없는 대상으로 혐오한다. 남한 사람들이 오늘날까지 침략행위를 사과하지 않고 역사를 왜곡하는 일본을 적성국가로 여기고 경계하듯이, 북한 사람들 역시 일본을 경계하며 천백 배로 복수해야 할 원수의 나라로 여긴다. 이 세상에서 일본 사람을 우습게 보는 사람은 한국 사람들밖에 없다는 우스갯소리가 있다고 하지만, 북한 사람들 역시 일본을 아주 우습게 여긴다. 북한 사람들이 보기에 일본은 민족의 영웅이자 항일의 영장인 김일성에게 무릎을 꿇고 패망한 나라다. 북한 사람들은 일본 사람을 '일본 놈', '쪽발이', '섬나라 발발이'라고 조롱하며 경멸한다. 북한에 정착한 재일교포까지도 싸잡아서 '쪽발이', '째포'라고 비하한다.

　한국사회에서는 8·15 광복 이후 76년이 지난 지금까지도 친일파의 그림자가 곳곳에 짙게 드리워 사회갈등의 논란이 되고 있지만, 북한은 친일파들을 무자비하게 숙청해 그 뿌리를 잘라버렸다. 친일을 '배신자', '민족반역자', '반혁명세력'으로 규정하고 무차별적으로 그 흔적을 지워버렸던 것이다. 심지어 유산계급인 지주, 자본가들까지 일제를 등에 업고 노동자, 농민의 피땀을 빨아먹은 '흡혈귀', '일제의 앞잡이'로 단죄하며 숙청하고 고립시켰다. 친일에 물들었음직한 일체의 흔적을 말끔히 소각해 버린 것이다.

북한은 일본을 미국과 같은 침략자, 약탈자, 살인자의 반열에 놓고 증오심과 적대감, 분노감정을 고취하고 있다. 일본은 조선 인민의 피바다 위에서 살찐 악의 제국이다. 오늘까지도 세계 제패의 야망을 버리지 못하고 군국주의로 재무장화하면서 우리를 위협하고 있는 일본은 용서 불가능한 적대세력이다. 북한에게는 일본과 손잡은 세력 또한 용납할 수 없는 악의 세력이다. 일례로 김대중 대통령이 일본을 방문하고 일본 천왕을 만난 사실을 두고 북한은 사무라이 주인을 향한 아첨행위이자 매국노의 더러운 근성이 뼛속까지 사무쳐 있는 역적의 추태라고 열을 올렸다. 북한 당국은 일제와 남조선 괴뢰도당을 향한 북한 사람들의 뿌리 깊은 증오와 민족적 격분, 울분을 부추겼던 것이다.

일본을 향한 북한 사람들의 적대감과 분노, 원한감정은 허리띠를 졸라매고 고통스럽게 살아가는 현실의 고통과 얽혀 있어 더욱 깊다. 북한 사람들은 "일본 놈 때문에 분단되어 죄 없는 우리가 이 고생을 한다"라고 탄식하며 이를 간다. 오늘날까지도 종군위안부 망언을 서슴지 않으며 독도를 일본 땅이라고 헛소리하는 일본을 향해 미사일을 한 방 갈기고 싶은 복수의 욕망은 용암보다 뜨겁다.

특히 한국 사람의 입장에서 일본이 조선에 근대 문명을 전수해 주었다는 식민지 근대화론을 받아들이기 힘든 것처럼, 북한 사람들에게도 일본이 조선에 근대화를 전수해 주었다는 것은 감히 말도 되지 않는 일이다. 함흥시 흥남구역에는 1990년대까지(아마도 오늘날까지도) 일본 질소비료주식회사인 노구치가 일제시대 때 건설한 비료, 연료, 화약, 제약, 철도, 운수 등 중화학공업단지(폭격으로 전후에 다시 복구한 것이다)와 부전강 수력발전소 등 사회 인프라가 구축되어 있어 엄청난 이익을 보고 있다. 흥남 공업지대에서 나오는 다양한 생필품과 약품, 비료 등으로 인해 함흥에는 일찍이 비공식적인 시장 활동이 발달했으며 이곳 사람들은 편리함을 누렸다. 1990년대 북한 위기 때에도 흥남비료공장에서 화약을 만드는 데 필요한 질소비료공정만은 생산을 멈추지 않았기 때문에 배급이 중단되지 않은 것으로 알고 있다. 사람들은 이 거대한 사회 인프라의 기초를 일본이 놓았다는 사실에 대해 단지 침략과 약탈을 위한 '악랄한 수단'으로만 치부해 버린다. 조선의 자원을 약탈하기 위한 목적으로 사회 인프라를 건설하는 과정에서 어린아이들까지 노역에 내몰며 산 제물로 바친 일본은 흡혈귀, 살인자일 뿐이다. 그저 조선을 삼킨 침략자, 약탈자, 철천지원수인 왜놈일 뿐이다.

북한 사람들은 명시적으로는 개화의 이상 아래 일본을 따라야 하는 모델이라고 감히 생각하지 않는다. 하지만 재일교포들을 통해 혹은 일본을 상대로 하는 전 국가적 외화벌이에 동원되어 간접적으로 경제대국 일본을 엿보면서 암묵적으로 개화의 이상을 꿈꾸기도 한다. 결코 무시할 수 없는 재일교포들의 재력과 부유함은 가난에 찌든 북한 사람들을 혼란스럽게 한다. 일본의 경제발전과 풍요함은 북한 사람들에게 부러움의 대상이자 콤플렉스인 것이다.

2) '후지산줄기파'에서 '한라산줄기파'로

1990년대 북한 위기 이전까지 북한에서는 '후지산줄기파' 열풍이 대세였다. 북한의 재일교포들은 오늘날의 탈북민들과 마찬가지로 적성국가에서 온 이방인임에도 불구하고 취업의 어려움, 경제적 어려움, 사회적 차별과 같은 정착 적응의 스트레스를 그다지 겪을 필요가 없었다. 본토박이 북한 사람들이 생각하기에 재일교포들은 100% 국가의 지원으로 특혜를 누리면서 주변인의 삶을 거의 경험하지 않았다. 제한적이지만 원하는 도시에 거주할 수 있었고, 자신이 지망하는 대학을 졸업하고 순탄하게 사회의 중심세력으로 편입될 수 있었다. 함흥시에 거주하는 재일교포들도 대부분 의사, 교수, 과학자, 예술인으로 살아가는 경우가 많았다. 김정은의 생모 고영희도 재일교포 출신의 만수대예술단 무용배우였다.

재일교포들은 일본에서 제공되는 후원으로 경제적 풍요까지 누리며 나름 북한에서 '세상 부럼 없는' 삶을 살았다. 그들 중 일부는 집안일을 도맡아 하는 집사까지 몰래 두고 호사를 누렸다. 한마디로 재일교포들의 풍요를 통해 접한 일본은 가난한 북한 사람들에게 부러움의 대상이자 개화의 이상이었다.

그뿐만 아니다. 1980년대에 들어서자 어느 때부터인가 북한 사람들은 외화벌이 총동원 운동에 참가하게 되었다. 중학교 학생들부터 어른에 이르기까지 모든 사람이 최고 존엄의 '당 자금'을 마련하기 위해 고달픈 노동에 내몰렸던 것이다. 일반인들은 주로 일본 사람의 먹거리를 마련하기 위해 매년 고사리 채취, 송이버섯 채취, 털게 잡이 등에 나서야 했는데, 이를 위해

산을 주름잡아 다니고 바다를 가로지르면서 갖은 고생을 했다. 돈 없으면 평생 동안 먹어볼 수 없는 북한의 귀한 특산품과 맛좋고 건강한 먹거리들이 모두 일본으로 수출되었던 것이다. 특히 엄동설한에 함흥시를 비롯한 바닷가 주변에 사는 수많은 사람들이 일본에 수출되는 최상급 명란을 확보하기 위해 수산사업소 명태어장에 동원되었다. 주로 여성들이 동원되었는데, 영하의 날씨에 난방도 없는 작업장에 쭈그리고 앉아 꽁꽁 얼어드는 손을 호호 불면서 명란을 제거했다. 등골이 휘도록 고달픈 외화벌이에 내몰리자 북한 사람들은 자신이 '일본 놈의 머슴꾼', '일본 놈의 노예' 같다고 분노하면서 혼란스러워했다. 언제면 일본 놈처럼 잘살아볼까 부러워하며 일본의 풍요로움을 동경하기도 했다.

그러나 1990년대 경제위기 이후, 요즘은 '한라산줄기파'가 대세다. 탈북민의 등장과 함께 북한 사람들이 따라야 할 모델이 '후지산줄기파'에서 '한라산줄기파'로, 곧 친일 개화에서 친한 개화로 전환되고 있는 것이다. 북한에서는 친일과 마찬가지로 친한 역시 '반혁명적', '반체제적', '스파이적' 사고방식과 행위다. '선'에 반하는 '악' 그 자체이다. 동시에 친한은 피를 나눈 형제자매라는 뿌리 깊은 한민족 사상과 정서를 자극한다. 하나임을 이루지 못한 '한'과 연민의 정을 아프게 소비하게 만든다. 한국에 대한 북한 사람들의 정신세계 역시 다층적이고 이율배반적이다.

이제 북한에서는 '백두산줄기파'도 '후지산줄기파'도 저물어가고 있다. '백두산줄기파'를 추구하던 지난 충성경쟁도 막을 내렸다. 또한 흐르는 세월과 함께 세대가 바뀌면서 1세대 재일교포들에 대한 '후지산줄기파'의 경제적 후원과 도움도 점차 단절되고 있다. 이로 인해 북한 사람들이 자유로운 세상에서 풍요롭게 잘살아보려는 개화의 이상은 일본에서 한국으로 급선회하고 있다. 탈북민들을 통한 북한 가족 송금과 남한 실정에 대한 광범위한 정보 전달과 더불어 다양한 루트를 통해 스며드는 한류 열풍을 막을 수 없는 것이다. 북한에서 탈북민 가족들은 경제적 여유를 누리면서 '돈주'로 떠올라 점점 사회적 지위가 높아지고 있다. 그래서 요즘은 '한라산줄기파'가 뜨고 있다. 북한 사람들의 친한 개화의 이상은 한민족의 자긍심과 '우리' 정서를 고취하며 우리의 소원인 통일을 더욱 갈망케 하는 강력한 활성제이기도 하다.

오늘날 한국에 살고 있는 탈북민들과 국경을 초월한 한류가 일으키는 '한라산줄기파'의 강풍은 나날이 태풍으로 발달하고 있는 것으로 보인다. 태풍의 위력은 얼마나 강렬할까? 2018년 한반도를 강타할 것으로 예상되었던 제19호 태풍 솔릭은 1945년 일본 나가사키에 떨어진 원자탄보다 1만 배나 더 큰 에너지를 가지고 있었다고 보고된다.[6] 그러나 대부분의 에너지가 태풍 역내의 바람의 순환을 유지하는 데 사용되고 10% 정도만 재해를 일으키는 파괴력을 지닌 것으로 본다. 10% 정도의 태풍 에너지라도 상황에 따라 순식간에 모든 것을 쓸어버리는 괴력을 가질 수 있다. 북한을 뒤흔들 불가항력적인 친한 개화의 태풍이 기대된다.

---

6   "태풍의 위력? 나가사키 원자탄의 1만배", ≪한국일보≫, 2018.8.22.

3. 반미 반기독교 사상

1) 친미 기독교의 돌연변이

오늘날 친미 기독교파는 한국 사람의 주류를 형성하고 있다. 조선왕조 말기에 일본이 점차 조선 침략의 야욕을 드러내자 조선의 많은 지식인과 정치인들은 일본 대신 미국을 모델로 삼기 시작했는데, 그 이유는 주자성리학 이념을 버리고 기독교로 개종할 때 비로소 나라를 되찾고 부국강병을 이룰 수 있다고 생각했기 때문이다.[7] 당시 수많은 미국의 선교사들은 조선에서 헌신적으로 교육과 의료사업을 펼치면서 조선 사람들을 깨우치고 있었다. 친미 기독교파는 미국을 배우기 위해서는 미국의 이념인 기독교 정신을 받아들여야 한다고 생각했다.

하지만 분단된 한반도에 탄생한 북한에서는 '동방의 예루살렘'이라고 불리던 평양을 중심으로 친미 기독교의 돌연변이가 나타났다. 유전형질이 다른 반미 반기독교가 튀어나온 것이다. 반미 반기독교 사상은 한반도 분단과 함께 태동한 북한체제의 정체성과 존립 기반을 형성하는 이념이다. 김일성을 필두로 하는 '백두산줄기파'에게 미국은 '두 발 가진 승냥이'다. 인디언의 머리 가죽을 벗겨내고 인디언의 피 위에 세워진 야만의 나라다. 일찍이 조선시대부터 선교사들을 파견해 호시탐탐 침입할 기회를 노리던 침략자, 약탈자다. 미국의 선교사는 '스파이', '침략의 길잡이'이며, 기독교는 피

---

7   함재봉, 『한국사람 만들기』, 15쪽.

착취계급의 혁명성과 계급성을 마비시키는 아편이다.

'백두산줄기파'의 입장에서 보면 야수의 나라 미국으로 인해 김일성의 '백두산줄기파'가 일제를 물리치고 찾아준 조국 해방은 완전히 성취되지 못했다. 미국은 남조선에 친미정권을 세우고 식민화하고 있다. 미국은 북한까지 집어삼키려고 전쟁을 일으켜 우리 민족에게 말할 수 없는 고통을 안겨준 용서 불가능한 '악'의 세력이다. 북한은 남조선을 해방하고 사회주의 공산주의 위업의 종국적 승리를 이룩해야 할 민족적·시대적 사명을 지니고 있다. 이 사명을 완수하기 위해 '한 하늘을 이고 살 수 없는 불구대천의 원수' 미제국주의를 지구상에서 한 놈도 남김없이 쓸어버려야 한다. 이와 같은 지배층의 논리가 반미 반기독교 이념의 기저를 형성하고 있으면서 정당성을 확보한다.

반면에 대한민국은 친미 기독교 사상에 기반을 두고 미국의 자유민주주의 정치체제와 자유 시장경제 체제, 그리고 자유 개인의 이념을 수용하면서 경제대국으로 부상하고 있다. 미국은 한국전쟁 당시 유엔군으로 참전해 한국을 지켜주었으며 여전히 굳건한 동맹국으로 한국의 안보에 기여하고 있다. 또한 오늘날의 한국 근대교육과 의료는 미국의 선교사들이 마련한 토대 위에서 진보하고 있다. 한국 교회는 놀라운 양적 성장을 일궈냈고, 한국은 세계에서 미국 다음으로 해외에 많은 선교사를 파견하는 나라가 되었다. 오늘날 미국의 이념인 기독교 정신은 한국의 정치·사회·문화뿐 아니라 한국 사람의 정신세계에도 지대한 영향을 미치고 있다.

북한의 태동은 분단이었고 그 출발점은 한국전쟁이었다. 아직 끝나지 않은 전쟁은 반미 반기독교 사상을 훨씬 공고화하며 적대적 분단체제를 고착화시켰다. 여전히 현존하는 초강대국 미국과의 대결이라는 공포현실은 최고 존엄과 소수 지배연합으로 하여금 미국에게 당했던 '전장의 화염'에서 벗어날 수 없게 만들었다. 끔찍한 전쟁기억에 묶어놓은 것이다. 전쟁 트라우마는 최고 존엄으로 하여금 생존전략 차원의 반미 반기독교 이념에 더욱 열을 올리게 만들고 핵무기에 더욱 집착하게 만든다. 그리하여 최고 존엄은 그 기반 위에 전체주의 영속성을 확립해 간다.

전쟁을 경험했던 평범한 북한 사람들 역시 그날의 융단 폭격과 시체, 공포와 두려움에서 벗어나지 못하고 있다. 1970~1980년대 북한에서는 쌕쌕이가 시커먼 연기를 내뿜으며 항공을 수시로 날아다녔다. 그때마다 전쟁을 경험한 세대들은 마치 미군 폭격기가 날아온 것처럼 공포반응을 보였다. 한국전쟁 시기에 미군의 무차별 공중폭격으로 북한지역은 초토화되었고 엄청난 수의 민간인이 죽었다. 나의 할머니도 쌕쌕이만 뜨면, 아니 쌕쌕이가 날아가는 소리와 비슷한 소리만 들려도 심장을 부여잡고 가쁜 숨을 몰아쉬며 공황발작을 일으키곤 했었다. 미군의 폭격으로 동네 뜰에서 모여 놀던 아이들이 여러 명 죽었는데, 그중에는 할머니의 10대 어린 아들도 있었다. 할머니를 비롯한 전쟁세대는 동네에서 마을돌이를 하다가도 쌕쌕이 소리만 들리면 황급히 집 마당에 파놓은 방공호에 들어가 엎드리곤 했었다. 어떤 사람들은 마당에서 놀고 있던 아이들까지 불러들여 집안에서 이불을 뒤집어쓰기도 했다.

오랜 세월 동안 전쟁세대는 집집마다 배낭에 미숫가루와 먹을거리를 넣어 매달아놓고는 전쟁이 일어나면 언제라도 피난길에 오를 만반의 준비태세로 살아왔다. 전쟁세대에게 한국전쟁은 지금 여기서 진행 중인 것이다. '미국 놈은 살인자'라는 인식은 단지 머리뿐만이 아니라 그들의 신체와 정신에 깊숙이 새겨진 트라우마 흔적이었다. 끔찍한 한국전쟁의 융단 폭격을 경험한 전쟁세대에 의해, 그리고 김일성 정권을 떠받치면서 핵심계층으로 부상한 전사한 참전군인의 자손들에 의해 오랫동안 북한에서는 반미 반기독교가 맹위를 떨치며 체제 유지에 기여할 수 있었다.

2) 전쟁 트라우마: 땅굴 파기, 땅굴 숨기

북한은 전후에 미국의 공격으로부터 살아남기 위해 군수시설 및 그와 연관된 공장들을 지하에 건설하고 지하대피소를 건설하는 등 땅굴 파기, 땅굴 숨기를 전격적으로 추진했다. 함흥시를 병풍처럼 둘러싸고 있는 반룡산에는 거대한 '땅굴도시'가 미로처럼 조성되어 있다. 반룡산 자락에 있는 회상구역 회양동 지구에는 거대한 땅굴공장이 있다. 이곳은 함흥룡성기계연합기업소 군수품 공장으로, 고사포 생산기지로 알려진 곳이다. 그런데 이 땅굴공장은 유사시에 홍남 앞바다에서 발사될 수 있는 적군 해안포의 사정거리 안에 있다는 불안감 때문에 1970년대 말경에 내륙지방 자강도의 땅굴공장으로 이전했다. 그리고 그 자리에는 압축기를 생산하는 일반 기계공장이 들어섰다.

1990년대 동구권이 붕괴되었을 때, 북한 당국은 유사시에 함흥 시민들을 대피시키고 공장들을 옮겨 전시생산체계로 가동할 수 있게 만든 땅굴 일부를 개방해 보여준 적이 있었다. 북한 당국은 오늘날 자신들이 고난을 겪으며 위기 가운데 있는 이유가 적들의 침략전쟁에 대비하기 위해 막대한 국방

비를 지출하기 때문이라고 선동했다. 이 시기에 북한 지도부는 체제 불안과 불평불만을 외부의 적대세력에 돌리고 내부를 안정화시키기 위해 상당한 노력을 기울였다.

북한의 땅굴 파기와 땅굴 숨기는 전쟁 트라우마 증상이다. 트라우마는 전체주의 폭력성, 경제위기, 북핵문제, 인권문제, 바깥세계와의 절연 등 독특한 북한적 현상으로 구체적으로 발현된다. 거대한 땅굴에 숨어들어 자기만의 고립된 세계를 구축해 가는 북한의 모습은 일종의 자폐적 현상으로 설명할 수 있다. 자폐현상의 특징은 외부 세계가 자신의 생존을 위협한다고 느끼면서 두려움에 대처하기 위해 스스로를 고립시키는 것이다. 이들은 자기를 위협하는 적대적인 외부 세계에 대한 불신과 적대감이 매우 깊다. 곧 공포와 불안으로부터 스스로를 지키기 위해 자기만의 고립된 세계에 갇혀 손상된 자기(self)를 만들어가는 것이다. 북한체제 역시 공포의 대상인 미국에 대한 불신과 증오심, 적대감이 매우 깊으며, 스스로를 보호하기 위해 외부 세계와 절연하고 오직 자기만의 땅굴 안에서 손상된 통합성과 질서를 추구해 가고 있다.

북한은 출발선상에서 미제의 식민지로 전락한 남조선 해방과 민족통일, 사회주의 공산주의 위업의 완성이라는 대의명분을 내세웠지만, 실제로는 초강대국 미국과 대립하는 극한 상황, 더 나아가 경제대국 한국과의 격차와 경제위기, 국제적 고립 등 지속되는 '전장의 화염'에서 살아남기 위한 생존전략에 집착할 수밖에 없었다. 생존전략에 전취된 북한체제의 생존반응은 고슴도치처럼 찌르기와 웅크리기, 땅굴 파기와 땅굴 숨기 등 스스로를 지키기 위한 동물 수준의 방어 전략으로 나타난다. 곧 '전국 요새화', '전민 무장화'와 같은 자폐적 병영국가 특징으로 발현되는 것이다.

왜 북한은 전쟁 트라우마에서 벗어나지 못할까? 왜 북한의 대내외적 전략과 국가발전정책은 항시적인 전시체제로 구조화되어야 했을까?

외세에 의한 분단과 함께 태동하기 시작한 남한과 북한에는 서로 다른 진영의 체제, 곧 자본주의체제와 스탈린식 전체주의체제가 이식되었다. 서구에서 시작된 동서냉전이 한반도에서 완성된 것이다. 분단된 한반도가 서로 다른 진영에 속해 대리전을 겪으면서 민족 분단은 더욱 공고화되었다. 남한과 북한은 전쟁 속에서 영아기를 보냈으며 항시적인 전쟁의 위협과 불안 속에서 자라나고 있다.

친미 기독교 사상을 흡수한 남한은 트라우마를 극복하고 경제대국으로 성장했다. 남한이 미국의 동맹국으로 미국 중심의 국제질서에 편승하면서 일궈낸 한강의 기적은 전쟁 트라우마를 극복하고 민주화의 초석을 놓게 했다. 2020년 미국 아카데미 시상식을 휩쓴 봉준호 감독의 영화 〈기생충〉의 배경인 한국의 '반지하' 주택은 외신을 통해 새롭게 조명되고 있다. BBC는 반지하 주택이 한국 건축의 '우연'이 아니라 분단과 남북 갈등역사의 '필연'이라고 강조한다.[8] 북한의 도발로 고조된 남북관계의 긴장 속에서 한국 정부는 1970년 국가 비상사태 시 모든 신축 아파트의 지하를 벙커로 사용하도록 의무화했다. 전쟁의 공포로부터 자신을 지키기 위한 일종의 '땅굴'이었던 것이다. 남한은 한강의 기적으로 북한을 추월하고 체제 승리라는 자신감을 경험하면서 전쟁 공포를 극복할 수 있었을 것이다. 북한과의 체제

---

8   "'반지하' 조명하는 외신들 … "남북갈등·주택위기 산물"", 연합뉴스, 2020.2.11.

대결에서 승리함으로써 전쟁에 대한 두려움이 해소되고 성취감과 자신감이 상승하던 와중에 1980년대에 주택위기라는 현실이 겹치자 정부는 지하 벙커를 반지하 주택으로 획기적으로 개조할 수 있었다.

오늘날 남한은 독자적인 경제력과 힘을 가진 세력이 상존할 수 있는 민주적인 생태환경이다. 한국의 경제 번영과 탄탄한 경제력, 사상적·문화적·교육적 개방성과 높은 수준의 교육환경, 자유롭고 개방적인 첨단의 서구문물을 터득한 엘리트의 출현, 독자적인 힘과 정치력을 가진 기업, 재야단체, 언론 등은 지속가능한 번영과 민주적 개혁을 위한 주요한 추동력이며 강력한 사회적 자원이다. 촛불혁명이 상징하듯이 사회의 정치적 민주화를 위한 시민들의 정치 참여는 놀랍다. 즉, 남한은 지속가능한 정치적·사회적·경제적 번영과 개혁을 위한 역동적인 사회적 관성을 가지고 건강하게 자라나고 있다.

반면 북한은 여전히 공포와 불안에서 벗어나지 못하고 트라우마의 깊은 늪에서 질척대고 있다. 전쟁에 대한 공포와 죽음에 대한 두려움에서 헤어나지 못한다. 초강대국 미국과의 대립, 거인으로 자라고 있는 남한의 위상은 최고 존엄에게는 시시각각 생존을 위협하는 거대 공포가 아닐 수 없다. 전쟁의 끔찍한 기억을 촉발하는 자극제다. 그래서 북한은 전쟁 당시의 그 장소, 그 시간에 멈춘 채 자라나지 못한다. 성장이 멈춘 '어른 아이'인 것이다. '어른 아이'가 스스로 살아남고자 땅굴을 파고 들어가 숨고 고립된 자기 세계를 구축하면서 자폐적 행동장애를 보이고 있는 것이다.

체제의 생존과 유지를 위해 땅굴을 파야 하고 핵과 전술유도무기 개발에 국력의 대부분을 쏟아부어야 하는 북한의 경제는 빈사상태 수준이다. 북한 사람들의 의식주 문제는 굶어죽느냐 사느냐의 생존 수준에 머물러 있다. 북한은 공포정치를 통해 사람들을 절대의존적·복종적으로 살아가도록 길들이고 있다. 동시에 과시적·상징적 예술정치를 통해 충효일심의 신념으로 감염시키고 있다. 위협적인 생존환경에서 사람들은 오직 살아남기 위한 동물 수준의 삶을 살아갈 수밖에 없다.

3) 따라쟁이

1990년대 식량난과 경제난으로 수백 명이 굶어죽는 가운데 끔찍한 생존의 어려움을 겪으면서도 주민들의 불만이 폭발하지 않은 것과 그 어려운 와중에도 김일성을 숭배하는 것을 보면서 외부 세계는 북한이 회교국가의 근본주의자들을 연상케 할 만큼 종교적 경지에 이른 듯이 보인다고 말한다.[9] 김병로 교수는 "공화국이 좀 난관을 겪고 있지만 정치적으로 잘 단결되어 있기 때문에 붕괴될 위험성은 없다"라고 말한 황장엽 비서의 말을 인용하면서 이 현실을 어떻게 평가해야 할지 다소 무거운 질문을 던진다. 종교적 경지에 이른 듯이 보이는 북한 사람들의 행동을 어떻게 이해할 수 있을까? 오늘날의 북한 사람들은 공통의 목적 아래 정치적으로 잘 단결되어 있는 것일까?

속박된 공포환경에서 북한 사람들이 보이는 절대적 의존과 절대적 복종의 사회적 행동화는 우상을 숭배하는 종교적 신념과는 상관이 없다. 무비

9　김병로, 『북한, 조선으로 다시 읽다』(서울: 서울대학교 출판문화원, 2016), 425쪽.

판적이고 광신적인 열성분자도 있겠으나 대부분은 우상숭배와 무관하다. 선택의 여지가 없는 공포환경에서 영혼 없는 모방하기, 단순한 '따라 하기' 일 뿐이다. 따라쟁이가 되지 않으면 북한에서 살아남을 수 없다. 생존전략적 차원에서 북한 사람 모두가 노련한 따라쟁이일지도 모르겠다. 집단적인 따라쟁이 모방행동이 종교적 경지에 이른 사람들의 행동처럼 보일 뿐이다. 북한 사람들의 집단적인 모방행동은 스스로를 지키기 위한 가장 합리적인 선택이다.

안전하지 않은 전체주의 환경에서 사람들은 스스로를 지키기 위한 생존전략에 매달릴 수밖에 없다. 스트레스 상황에서 사람들은 각자의 내적 에너지의 '설정 값'을 모조리 생존에 집중하게 된다. 생존에 에너지를 집중하는 사람들은 정치적 행동이나 사회적 활동에 나설 만한 내적 에너지가 이미 바닥난 상태다. 이는 또한 불만을 폭발하며 정치적 행동에 나설 시간적 여유와 기회가 없음을 뜻하기도 한다. 혹시 정치적 행동에 나설 여유가 있다고 할지라도 회피하게 된다. 그 이유는 그러한 행동이 생존에 전혀 도움이 안 된다는 것을 알고 있기 때문이다. 우리가 사회의 민주화를 위해 들고일어나는 것도 자기 이익을 얻기 위한, 더 나은 삶을 위한 선택이다.

북한 사람들은 전체주의 폭력에서 살아남기 위해 반체제 저항행동을 선택하지 않은 것뿐이다. 죽느냐 사느냐 하는 생존수준에 처한 사람들의 신경계는 스스로를 보호하기 위해 자신의 주변 환경이나 경험하는 사건들을 인지하지 못하도록 차단하고 오직 생존에만 집중하도록 기능한다. 곧 반체제 저항 행동으로 배불리 먹거나 안정감을 획득할 가능성은 절대 없기 때문에 생존전략적 차원에서 합리적인 선택을 한 것이다. 지금 당장 한 끼의 먹을거리를 장만하기 위해, 미미하게나마 생활이 향상될 수 있는 이익을 얻기 위해 장마당을 선택한 것이다. 북한 사람뿐 아니라 본래 인간은 생존을 위한 합리적인 선택을 하면서 진화해 왔다. 반체제 저항을 선택하지 않은 그들의 생존 지향적 행동을 정치적으로 잘 단결된 행동으로 평가하는 것은 논리적 오류다.

반미 반기독교 이념을 기반으로 세워진 자폐적 북한의 폭력정치와 빈사 상태의 경제 환경에서 살아가고 있는 북한 사람들은 남한 사람처럼 현 체제의 변화와 개혁을 추동하는 사회적 관성으로 기능하지 못한다. 북한 사람들은 오랜 세월 자율성을 잃고 통제감을 상실한 채 풀죽은 멍한 모습으로 수동적으로 살아오고 있다. 서로를 불신하고 의심하며 고립되어 정부의 입맛과 취향에 맞게 따라쟁이로 살아오고 있다.

그들이 따라쟁이로 순응하는 행동의 이면에는 불평하기, 하는 척하기, 비방하기, 훔치기 등 생존전략 차원의 수많은 우발적인 저항이 함께 존재한다. 지금은 장마당을 중심으로 다양한 정보가 유통되고 있으며, 일상생활 상의 고충과 불평불만, 위법행위, 정부정책에 대한 비난 등이 광범위하게 유통되면서 소비되고 있다.

사회 개혁과 민주화의 대의명분도 그 심층에는 자신의 이익을 위한 추구가 깔려 있다. 북한 사람들도 생존의 위협에서 벗어나 이제는 먹고 살 만하다고 느낄 때, 좀 더 나은 세상을 지향하며 이익을 추구할 때 사회변혁의 동력으로 거듭나지 않을까 기대해 본다.

4. 스탈린식 사회주의

1) 스탈린 체제 이식

1917년 볼셰비키 혁명을 통해 혜성처럼 등장한 소련은 제국주의 열강으로부터 억압받던 수많은 나라와 피압박 민족에게 새로운 이상으로 떠올랐다. 사회주의가 한국사에 미친 영향은 지대하다. 소련은 역사 속으로 사라졌지만 수령 숭배의 스탈린식 사회주의가 제시하고 추구하던 변종된 사회주의는 북한사회에 짙은 그림자를 드리우고 강력한 영향력을 행사하고 있다. 한반도 북부를 점령한 소련은 스탈린식 친소사회주의 정권을 세우는 데 성공함으로써 한반도의 지정학적 구도와 이념적 지도를 바꿔놓았다.

한반도 북쪽에 진주한 소련군은 이북지역 사회주의 정권의 지도자로 김일성을 선택했다. 그가 소련의 이익을 영구히 지켜낼 인물로 판단되었기 때문이다. 소련은 김일성을 중심으로 일사불란하게 북한에 스탈린 체제의 사회정치 환경을 조성하기 시작했다. 김일성은 친소사회주의자로 소련군 대위였다. 그는 타이타닉호가 침몰한 1912년 4월 15일에 평안남도 대동군 만경대에서 태어났다. 본명은 김성주다. 만주 빨치산 시절인 1930년대부터 김일성이라는 이름으로 불렸다. 북한의 역사가들에 따르면, 만주 빨치산과 유격구 인민들이 김성주를 '조선의 별', '조선의 태양'으로 흠모하면서 '김일성'으로 불렀다고 한다. 그들은 또한 김일성이 가난한 농민의 아들이었다고 서술한다. 그러나 이는 사실과 다르다. 김일성은 소득이 평균 이상이던 중산층 가정에서 태어나서 교육을 받을 수 있었다. 김일성의 아버지는 평양숭실학교를 졸업하고 치료와 교육에 종사했다. 한편 항일무장기독교 단체인 '조선국민회' 활동에 참여한 기독교 운동가이기도 했다.

1920년 김일성은 부모를 따라 중국 동북부로 이주하면서 유년기의 대부분을 중국에서 보냈다. 그때 그는 길림육문중학교에서 수학했는데, 이는 그 당시 세대로서는 상당한 교육수준이었다. 소수의 조선 사람만 그 정도의 교육을 받을 수 있었다. 그 덕분에 김일성은 괜찮은 사무직 종사자나 혹은 교육자로서 비교적 안정된 삶을 살 수도 있었지만, 그는 거친 만주 빨치산의 삶을 선택했다. 1930년대 초, 그는 공산주의 항일유격대에 가담했다. 10여 년의 세월 동안 간고하고 험난한 만주 빨치산 시절을 이어가며 그가 지키려고 했던 명분은 사회주의·민족주의 이념이었다. 말년에 집필한 회고록에서 김일성은 자신이 사회주의자, 민족주의자였다고 서술한다.

1945년 10월 말, 소련군은 한반도 북부를 완전히 장악하고 지배권을 행사했다. 북한 정권이 수립될 때까지 북한 지도부는 소련의 철저한 관리와 감독에 따라 움직였다. 소련의 최고 의사결정기구인 정치국은 북한 꼭두각시 의회의 의제를 일일이 검토하고 승인했다. 소련의 고문들이 북한의 토지개혁법 초안을 작성했고 스탈린 본인이 1948년의 북한헌법 초안을 편집했다.[10] 북한 지도부에서 발표하는 연설문은 소련 대사관의 사전 검열을 거쳐야 했고, 보다 중요한 결정에 대해서는 소련 고위 지도부의 승인이 필요했다. 비교적 평범한 행정조치도 모스크바의 허가를 일일이 받아야만 실행에 옮길 수 있었다.

10 　안드레이 란코프, 『리얼 노스 코리아』, 32쪽.

북한은 소련 고문관의 지도와 도움을 받으면서 신생 사회주의 정권의 표준적인 개혁들을 빠르게 수행해 나갔다. 1946년 봄에는 급진적인 토지개혁을 통해 지주들의 땅과 재산을 무상으로 몰수한 뒤 농민들에게 토지를 무상분배했다. 비슷한 시기에 자본가들의 공장을 무상으로 몰수해 모든 산업을 국유화했다. 정치 부분에서도 레닌주의 정당이라고 할 수 있는 조선노동당이 사회 전반에 걸쳐 지도력과 지배력을 조금씩 넓혀갔다. 소련의 통제와 주도하에 당의 권력이 서울에서 평양으로 계획적으로 옮겨지고 있었다. 당의 권력은 남로당 박헌영을 위시한 세력에서 북한지역의 연안파와 소련파 연합으로 옮겨갔고, 최종적으로는 김일성을 당의 지도자로 세우는 과정으로 수렴되었다.[11]

김일성을 비롯한 많은 사회주의 지도자들의 집안이 기독교와 연관되어 있었음에도 불구하고 북한은 기독교인들을 잔혹하게 박해했다. 이로 인해 토지를 몰수당한 대부분의 지주를 비롯해 많은 사업가와 기독교인, 기독교 운동가들이 군사분계선을 넘어 남쪽으로 향했다. 소련 헌병은 사회주의 정권에 반대하는 사람들을 체포해 시베리아의 수용소로 보내는 일을 담당했다. 정권에 대항할 가능성을 가진 사람들이 처단되거나 수용소에 유배되거나 혹은 대거 남쪽으로 이주함에 따라 북한사회는 한층 비저항계층으로 이루어진 동질적인 집단의 성격을 띠게 되었다. 이와 같이 해방 이후 북한 정권이 수립될 때까지 북한의 정치 및 경제체제, 제도의 개혁은 스탈린 체제

11   이지수, 「북한 정치체제에 드리워진 스탈린의 그림자」, ≪중소연구≫, 제39권 3호(2015), 35~377쪽.

를 이식하는 과정으로, 자국의 이익을 추구하는 소련에 의해 주도면밀하게 시행되었다.

2) 전체주의 모델 완성

북한이라는 나라를 언급할 때면 어떤 이미지가 떠오르는가? "세계에서 마지막으로 남은 스탈린주의 정권", "병영국가", "수용소 국가" 등의 표현이 북한에 대한 일반적인 이해를 지배하고 있다. 해방된 한반도 지역의 이북에 진주한 소련의 지도자는 스탈린이었다. 그 결과 북한에는 스탈린 체제가 이식될 수밖에 없었다. 그래서 북한의 전체주의 기저에는 스탈린주의의 기괴함이 맥박치고 있다. 스탈린 체제의 특징은 제도와 법을 초월하거나 무시한 통치방식이라는 것인데, 북한사회 전반에는 공산당의 지도력보다 개인의 영도력을 강조하는 분위기, 서방국가들을 적으로 인식하는 태도, 특히 개인우상화 또는 숭배[12]와 같은 스탈린 현상이 고스란히 스며들어 있다.

일반적으로 사회주의 국가에서는 당의 역할이 결정적이다. 그러나 스탈린 체제에서는 당의 결정이 스탈린 개인의 결정을 압도하거나 견제할 수 없다. 북한 정치에서도 수령의 절대 권력이 당과 국가를 장악하고 지배한다. 곧 권력의 서열이 국가 〈 노동당 〈 최고 존엄으로 구성된다. 북한에서 조선노동당은 제도적으로나 사회적으로나 아무런 견제와 통제를 받지 않는 무

---

12   같은 글, 351~377쪽.

소불위의 권력을 부여받는다. 최고 존엄은 그 무소불위의 당을 발 아래 두고 있으면서 절대 권력을 장악한 통치자로서, '신'적인 존재다.

20세기에 출현했던 전체주의 정권들이 역사의 뒤안길로 저물어갔지만 유독 북한만 전체주의 필멸성에 저항하며 오늘날까지 버텨내고 있다. 북한 전체주의는 스탈린 체제의 특징을 넘어선다. 김일성은 스탈린 체제, 즉 전체주의를 뛰어넘어 권력을 세습화함으로써 왕정체제를 부활시켰다. 스탈린식 전체주의가 공동체 구성원의 사유재산권을 무효화함으로써 역사적 경험으로서의 전체주의 특성을 넘어섰다면, 북한은 세습체제를 완성함으로써 스탈린식 전체주의 절대 권력을 훨씬 넘어섰다. 영속성을 가진 기괴한 북한판 전체주의 모델을 만들어낸 것이다.

스탈린 체제의 '스탈린 현상'은 스탈린이 죽음으로써 종식되었지만, 북한에서는 '스탈린 현상'이 종식되기는커녕 더욱 강화되고 발전되었다. 즉, 세습을 통해 '김일성-김정일-김정은 현상'이라는 북한판 전체주의 영속성을 획득한 것이다. 북한은 '김일성-김정일-김정은 현상'을 영속시키기 위해 무균이념, 무균사회 확립을 목적으로 절대 권력을 통해 시공간을 지배하면서 일찍이 그 어느 체제에서도 존재하지 않았던 전무후무한 공포정치를 완성했다.

북한은 공포정치에 기반을 둔 정보의 완전한 통제와 외부 세계와의 절대적인 절연을 통해 전 세계 누구도 꿈꾸지 못한 북한판 전체주의를 완성하며 끔찍한 일들을 다 수행할 수 있었다. 아무런 문제없이 과장하고 포장하고 꾸미면서 최고 존엄을 신격화하는 종교체제를 완성할 수 있었다. 란코프 교수는 주민들의 일상생활을 놀라운 수준으로 통제하며 "각 가정에 숟가락과 젓가락이 몇 개인지"까지 알아내는 북한에 비하면 스탈린 시대의 러시아는 상대적으로 자유로웠고 너그러운 것처럼 보일 정도라고 말한다.[13]

이와 같은 전체주의 세계에서 북한 사람들은 어떠한 모습으로 살아갈까? 북한 사람은 어떻게 완성되어 갈까?

2007년 8월에 북한의 공식매체는 극심한 홍수 속에서 자신의 목숨이나 자녀들의 목숨 대신 최고 존엄의 초상화를 구한 "감동적인 사례"들을 전했다. "하늘이 무너진대도 장군님만 계시면 살 길이 열리며", "우리 인민은 운명의 보호자이며 승리의 상징인 장군님을 절대적으로 따른다"라고 보도했다. 당시 소개된 이천군의 노동자 강형권 씨는 극심한 홍수 속에서 물살을 헤가르며 대피하고 있었다.[14] 위급한 상황에서 그는 다섯 살배기 어린 딸과 '최고 존엄'의 초상화를 챙겼다. 그는 인생에서 가장 중요한 것을 가슴에 안고 물에 잠긴 집을 벗어났다. 하지만 도중에 갑자기 들이닥친 거센 물살에 딸을 놓쳤고 그 자신도 물속에 잠겨버렸다. 그러나 그는 '신성한 종잇장'만은 놓치지 않았다.

북한 언론은 강형권 씨를 살아있는 영웅으로 극찬하며 그의 혁명정신을 자랑했다. 최고 존엄에 대한 혁명적 의리의 관계, 충효일심의 발현이라고 선전했다. 그러나 실제는 북한의 선전선동 전략과 다르다. 혁명 자녀와 아버지의 관계는 혁명적 의리와 동지애로 맺어진 관계가 아니라 폭력적이며 권위주의적인 관계다. 무조건적인 충성과 희생을 명령하는 일방적이고 종

---

13   안드레이 란코프, 『리얼 노스 코리아』, 71쪽.
14   "딸 물에 빠진 순간도 김정일 초상화부터 건져", 유용원의 군사세계, 2007.9.7. bemil.chosun. com.

속적인 관계일 뿐이다. 절대 권력자와 일방통행식의 굴욕적인 관계로, 이와 같은 힘의 불균형 관계 안에서는 생명에 대한 불안과 집착만 있을 뿐이다. 생존에 대한 두려움과 불안을 피하려는 습관적인 복종만 있을 뿐이다. 북한의 선동선전처럼 그들의 행위가 아버지의 은혜에 보답하는 충효일심의 정신주의가 발현된 것이 아닐 수 있는 것이다.

북한은 역사적으로 최고 존엄을 무비판적으로 추종했던 인물들을 혁명가족의 모범으로 내세우면서 이들을 무조건 본받고 따르라고 교시한다. 북한 사람은 누구든지 최고 존엄을 숭배하는 투철한 혁명전사의 모습으로 살아야 하는 명령 앞에 서 있다. 그들은 살기 위해 이 절대 명령에 순응해야 하며, 완전한 굴복의 상태로 돌아설 수밖에 없다. 무비판적인 '광신적' 행동을 하든, 아니면 따라쟁이의 연출된 행동을 하든 간에 독특한 북한 사람의 모습으로 살아가야 한다. 북한에서는 단순한 따라쟁이처럼 살아갈 때 생존에 가장 유익하다.

5. 민족주의 이데올로기

1) 우리민족제일주의

오늘날 민족주의가 한국 사람의 정체성을 규정하는 가장 강력한 담론 중 하나라는 것은 두말할 여지도 없다. 아직까지 끝나지 않은 한국전쟁의 아픔과 극단적인 이념 대립으로 남북한 애증의 골은 깊어가지만, 분단으로 인해 이념과 체제, 가치관과 풍습 등 모든 것이 이질적으로 변해가지만, 그럼에도 불구하고 남과 북을 '상상된 공동체'로 묶어주는 힘은 여전히 피다. 몇대에 걸쳐 해외에 살고 있는 중국 동포나 옛 소련의 고려인을 비롯한 해외 동포들을 여전히 민족의 일원으로서 '우리'라고 여기는 것도 그들이 우리와 같은 피를 나눈 형제자매라고 생각하기 때문이다. '한민족', '단군의 자손', '한겨레', '배달민족' 등의 민족주의 개념은 피와 혈통을 나눈 민족공동체를 나타내는 말이다.

북한에서 민족의식과 민족주의는 국가 형성과 사회 결속, 체제 유지의 중요한 기반으로, 북한 사람 만들기의 핵심 요인 중의 하나다. 북한은 전통적인 민족의식과 주체사상의 인간관을 융합해 '김일성 민족'을 창조하면서 정치적 민족주의 담론을 완성해 간다. 북한의 민족주의는 충효사상을 정치화하는 수단인 한편 사회 통합과 동원의 이데올로기이자 남북통일의 당위성으로 활용된다. 혁명가족의 아버지는 일제의 발톱 아래 수난을 겪던 우리 민족을 구원해 준 민족의 영웅이자 절세의 애국자이자 걸출한 민족해방투사로 각인되는 것이다.

북한은 지속가능한 '구세주 신화'를 창조하기 위한 일환으로 1993년 1월 최고 존엄의 사치스러운 궁전과 멀지 않은 곳에서 단군의 무덤을 발견했다고 발표했다. 무덤에 대한 고고학적 사실관계와는 상관없이 북한은 김일성이 지정해 준 명당자리에 고대풍의 흰 대리석으로 계단 형태의 거대한 단군릉을 세웠다. 산봉우리에 우뚝 솟은 거대한 흰색 단군릉은 태양 숭배의 전형인 피라미드 형상이다. 공식적으로는 한민족의 시조인 단군을 기념하기 위한 것이라고 했지만, 실상은 오늘날의 단군으로 신성시되는 최고 존엄을 추앙하기 위한 정치적 상징물이었다.

남북한 민족은 단군의 피를 함께 나눈 형제자매다. 끈끈한 피로 맺어진 하나의 가족으로, 통일된 삼천리금수강산에서 함께 살아야 할 운명공동체다. 그래서 북한 사람은 최고 존엄의 영도 아래 남녘형제들을 미제 식민지로부터 해방해야 할 민족해방의 사명을 지니고 있다. 통일 조국에서 우리 민족은 조선의 태양, 민족의 영웅, 최고 존엄인 단군을 중심으로 일심동체가 되어야 한다. 이 사명을 위해 오늘의 고난을 참고 견디고 최고 존엄을 결사옹위하면서 강성대국의 미래를 지켜나가야 한다. 즉, 혁명가족 자녀의 '도리대로', 민족 영웅의 신하의 '도리대로', 또 인간의 '도리대로' 충성과 효성을 다해야 한다. 북한체제는 이와 같은 김일성 민족의 담론으로 생명력을 유지하고 있다.

북한은 1970년대까지 사회주의 진영에서 '계급 대 민족'의 대립하에 민족주의를 거부하며 '사회주의 애국주의'의 구호를 선언했던 시기에도, 또한 1980년대부터 주체와 민족자주성에 기반을 둔 김일성 민족, 우리민족제일주의를 담론화하며 민족적 정체성을 강조하던 시기에도 지속적으로 민족의식을 자극하며 체제위기를 돌파해 왔다. 북한 사람들은 위대한 최고 존엄을 모시는 긍지와 자부심, 위대한 어머니 당의 영도를 받는 긍지와 자부심, 세상에서 가장 우월한 사회주의제도에서 사는 긍지와 자부심을 새기고 세상에서 김일성 민족이 제일이라는 긍지와 자부심을 보여주며 자랑해야 했다.

북한에서 민족주의는 대체로 정치의 언어를 통해서가 아니라 문화의 언어, 문학예술의 상징을 통해 감성적인 경로로 감염된다. 특히 문학예술의 메타포는 전체주의 폭력과 비인간화에 대한 복잡한 논리적 설명이 없더라도 거대한 사회적 모순과 이중성을 충분히 감싼다. 문학예술은 이성적인 경로가 아닌 지극히 감성적인 터치로 군중심리를 촉발하며 충효의 집단효과를 높이는 괴력을 품고 있다. 즉, 문학예술은 절대 권력을 상징하는 정치의 또 다른 형태로서, 전체주의 통치기술로 기능할 수 있는 것이다. 북한에서 문학과 음악, 미술, 체조, 무용 등의 모든 예술행위는 철저히 통제되며 엄격한 검열을 통과해야 한다. 북한 예술은 절대적으로 '정치의 언어-국가의 언어'만으로 구성되기 때문에 자연히 문학예술은 국가의 정치적 동원을 위한 수단으로 기능할 수밖에 없다.

정리하자면 북한의 민족예술은 문화적 상징과 은유를 통해 '김일성 민족'의 정체성을 강화하고 충효일심의 집단효과를 활성화하려는 절대 권력의 핵심적인 전략이다. 북한체제가 혁명문학을 애국주의에 기반을 둔 민족문학으로 채색하고 집착하는 이유도 뿌리 깊은 민족의식과 민족정서를 자극해 자발적인 동원과 복종을 유도하기 위해서다. 북한 사람들은 예술을 통해 선열들의 애국충정을 모방하고 감정전염에 휩쓸리며, 그 결과 충효의 집단효과가 촉진된다.

2) 민족의 운명은 곧 개인의 운명

〈조선의 별〉,[15] 〈꽃파는 처녀〉,[16] 〈피바다〉[17] 등의 혁명영화는 가열한 계

---

15 예술영화 〈조선의 별〉은 10부작으로 1980~1987년에 만들어졌다. 1920년대 말부터 1930년

급투쟁과 혁명투쟁을 저항적 민족주의와 민족정서로 감싸고 민족성에 목소리를 부여한다. 혁명영화에서 일제에 의해 고향을 등지고 흩어진 유랑민들의 비극적인 운명은 우리 민족의 운명을 상징한다. 그들의 슬픔을 민족의 영도자가 품어 안음으로써 민중은 민족해방과 영광스러운 민족의 운명에 대한 희망과 열정을 회복한다. 혁명 지도자에 대한 그들의 헌신은 지도자의 무한한 은혜, 곧 아버지의 사랑에 대한 보답이다. 정치적으로 맺어진 혁명가족의 연대감, 곧 충효의 가족 관계는 수령보위와 결사옹위, 제국주의 세력에 대한 강력한 저항의 힘으로 발현된다.

특히 김정일이 직접 진두지휘한 100부작 영화 〈민족과 운명〉[18]과 대집단체조 '아리랑' 공연[19]은 국가와 민족을 핵심적인 화두로 내세우고 대중을 동

<hr />

대까지의 항일유격대 전통을 다룬 내용으로, 조선의 별로 떠오른 수령형상을 신화화한 작품이다.

16 예술영화 〈꽃파는 처녀〉는 박학 감독이 1972년에 만든 영화다. 이 영화는 제18차 체코국제영화제에서 특별상을 받기도 했다. 억압받고 짓밟히는 꽃분이 일가의 비참한 삶을 통해 계급적 원수의 본성과 잔인성을 부각시킨다. 동시에 억압과 종속에 저항해 혁명가로 성장하는 꽃분이 일가의 모습과 마침내 민중을 깨우기 위해 꽃을 파는 혁명전사 꽃분이의 모습을 그리는 작품이다.

17 예술영화 〈피바다〉는 최익규 감독이 1969년에 만든 영화다. '압박이 있는 곳에는 반항이 있고 혁명투쟁, 무장투쟁이 일어나는 법'이라는 인과응보의 사상을 드러낸다. 일제의 잔인성과 침략성을 부각하는 한편, 피착취 민중이 혁명적 이념을 신념화하며 혁명가로 성장하는 과정에서 어떻게 원수에 대해 복수하고 응징하는지 보여준다.

18 예술영화 〈민족과 운명〉은 박정주, 김영호 감독의 작품으로 1992년부터 시작해 2002년에 100부작이 확정되었다. 조국 광복을 가져다준 탁월한 수령의 '광폭정치', '인덕정치'를 배경으로 수령형상을 신화화하며 '김일성 민족'을 찬양한다. 수령은 만인을 품으시는 만인의 아버지이며, 만인을 사랑하시며, 사회정치적 생명을 주는 구원자로서의 이미지로 형상화되고 있다.

19 '아리랑'은 2001년에 기획되어 약 1년 반 만인 2002년에 초연에 성공했다. '아리랑'은 대집단체조와 예술 공연을 결합시킴으로써 '강성대국'과 '민족적 서사'를 구현하며, 김일성 민족의 긍지와 낭만, 혁명적 기상이 넘치는 선군정치를 표현한다. '아리랑'은 10만여 명의 인원이 대규모로 작품에 참여하면서 세계적인 규모를 인정받아 2007년 8월 기네스북에 등재되었다.

원하는 전형적인 민족주의적 전략이다. 이 두 작품은 '민족' 개념을 주체이념의 반열에 나란히 올리고 민족문화의 메타포를 통해 국가 내부를 다지며 외부 세계에 중대한 외교적 메시지를 전하기 위한 중요한 정치적 도구였다. 동구권 사회주의 붕괴와 북한체제 위기 속에서 우리민족제일주의의 신화적 단순성과 낭만성이 효과적인 돌파구를 열어주었다는 것에는 의심의 여지가 없다. 두 작품의 주제는 민족으로, 민족의 운명이 곧 개인의 운명이라는 것이다. 즉, '수령-당-인민-민족-국가'의 유기적 연결체는 곧 개인 및 민족의 운명과 동일하다는 논리다.

〈민족과 운명〉에 등장하는 최현덕, 차홍기, 윤상민은 각각 실존 인물인 최덕신, 최홍희, 윤이상을 모델로 한 것이다. 그들은 제국주의와 야합해 반공의 길을 걷던 '반혁명세력', '반체제세력'이다. 또한 북한의 반제 및 연공과 대척점에 있는 '악'의 세력으로 박멸해야 하는 대상이다. 영화에서는 그들이 '계급'과 '이념'의 경계를 허물며 '우리 민족'으로 포섭된다. 그것은 수령의 품, 조국의 품으로 돌아와 안길 때 가능해진다. 그들이 '김일성 민족'의 새로운 정체성을 부여받으며 '우리'에게로 융합되는 것이다. 영화는 개인이 비극적인 자신의 운명에서 벗어나는 것은 수령의 품에 안길 때, 즉 제국주의와 반공의 길에서 돌이켜 민족자주의식을 체현한 새로운 인간으로 다시 태어날 때 가능하다는 논리를 펴고 있다. 영화를 통해 김정일의 '광폭정치', '인덕정치'는 완성되며 그 위대성이 높이 찬양된다.

'아리랑' 공연 역시 북한의 과거와 미래에 대한 간결하고 명료한 서사로서, 위대한 김정일 장군님의 영도를 받는 우리 인민은 무적의 강군이자 무적의 총대로 강성대국의 미래를 개척해 가는 혁명적인 인민이라는 것을 펼처 보인다. '아리랑' 공연은 식민 지배의 비참함과 수모, 그리고 유랑민의 만주 대이동으로 시작된다. 그런 뒤 그들이 혁명가족에 포섭되어 수령의 영도를 따라 '조국과 민족'의 운명을 사수했다는 긍지를 형상화한다. 또한 세계가 칭송하는 위대한 수령님을 모시고 그의 혁명가족은 식민지의 이산과 비참함을 극복하고 자랑스러운 '주체의 강국'을 건설했다고 자랑하면서, 위대한 영도자 김정일과 소중한 조국을 지켜내겠다는 집단적인 각오로 마무리한다.

이와 같이 북한의 민족주의는 정치의 언어가 아닌 문화체계의 언어로, 개인의 운명은 곧 조국과 민족의 운명이며 조국과 민족의 영광은 곧 개인의 영광이라고 동일시한다. 조국과 민족의 '무궁한 영광'을 위해 자신을 초개와 같이 버릴 때 개인의 영광은 빛나며 정치적 생명체로 영원히 눈부시다고 강조하는 것이 북한 민족주의의 특징이다.

제3장

/

북한 사람의 정신적 특징

　분단시대를 살고 있긴 하지만 남북한 사람 모두에게서 오늘날까지 공통적으로 나타나는 특징이 있다면, 아마도 사람들의 모든 관계를 가족으로 소급해서 환원시키는 가족주의적 사고방식과 언어습관일 것이다. 남북한 사람들은 누군가와 친해지면 '형', '누나', '언니', '오빠' 등으로 부른다. 자신과 나이 차이가 어지간히 나는 이들에게는 '아저씨', '아줌마' 등의 호칭을 사용하기도 한다. '아저씨', '아줌마' 역시 이모나 삼촌에 대한 호칭인 것이다. 남북한 사람들이 타인과의 관계를 규정하는 사고방식은 모든 사람을 가족으로 소급하고 환원시키는 친족주의에 기반을 두고 있다. 또한 유교의 도덕질서를 집약적으로 표현하는 '삼강오륜'에 기반한 도덕주의적 사고와 상승 지향적 열망 같은 의식세계도 닮아 있다. 다만 이러한 의식세계가 북한의 전체주의 환경에서 바람직하지 못한 방식으로 발현될 뿐이다. 유교는 오늘날까지도 남북한 사람들의 정신세계에서 살아 숨 쉬고 있다.

1. 가족주의적 사고

1) 혁명가족 어린이

주자성리학이라는 첨단의 새로운 이념을 내면화하면서 태동한 조선 사람의 정신세계는 오늘날 북한 사람들에게 엄청난 영향을 미치고 있다. 전통적인 가족주의 DNA를 가진 조선 사람의 정신세계는 주체이념과 교집합하면서 새로운 북한 사람으로 만들어진다. 조선 사람의 중요한 특징인 친족 중심주의, 곧 가족주의는 북한체제의 수령 중심주의 정치를 통해 완벽하게 왜곡된다. 북한은 혈연 중심의 전통적 가족주의를 주체사상을 기반으로 하는 '사회주의 대가정', '장군님의 식솔'이라는 가족국가로 확장한다. 전통적인 가족을 확장해 국가 자체를 하나의 혁명가족으로 만든 것이다.

혁명가족은 최고 존엄과 운명을 같이하는 사회정치적 생명체이자 혈연관계로 맺어진다. 혁명가족의 아버지(수령)와 어머니(당)는 김일성-김정일-김정은 최고 존엄이다. 북한 사람들은 혁명가족의 식솔이자 혁명가족의 아이다. 혁명가족에게 삼강오륜의 인간관계와 도덕률은 수령 중심의 충효의 도덕으로 변종된다. 혁명가족의 도덕률은 생존을 위한 절대적인 명령이다. 혁명가족의 아이는 전통적인 가족주의 인간관계의 규범과 예절, 도덕을 단순한 윤리적 요청이 아닌 목숨을 보증할 수 있는 절대적인 명령으로 받아들인다.

이와 같이 혁명가족의 아버지와 아이는 정치적 생명체로 결합된다. 정치적 생명이 곧 생존을 보증한다. 아이가 따라야 하는 충효일심은 지고한 '선'

이다. 아이는 죽는 날까지 지고한 '선'을 따라 아버지를 섬길 때 영원한 정치적 생명을 누리게 된다. 한평생 아무리 충성스러운 일을 많이 했더라도 죽을 때 배신자처럼 죽으면 결국 그는 '너절한 사람'으로 낙인찍힌다. 그뿐만 아니라 후손에까지 대를 이어 '불순세력'의 주홍글씨가 따라다닌다. 따라서 아이는 죽는 순간까지 충효일심을 추구하며 투쟁적으로 살아야 한다.

혁명가족은 평생학습 차원에서 지속적으로 충효의 도덕률을 수혈 받게 된다. 그들은 아주 어린 시절부터 장군님이 '우리의 아버지', '나의 어머니'라는 혁명가족의 정치적 생명체론을 암묵적으로 익히며 성장한다. "장군님을 모신 내 나라는 화목한 대가정입니다. 우리 인민은 모두가 친혈육이고 한 식솔입니다. 우리는 장군님께 충성과 효성을 다해야 합니다." 이와 같은 혁명가족의 충효의 도덕률은 전통적인 가족주의 정서와 잇닿아 있어 대체로 큰 거부감 없이 그들의 내면세계에 스며든다. 엄마는 아기가 옹알이할 때부터 '아버지 원수님', '장군님'을 반복적으로 따라 하게 만든다. 아기는 엄마 아빠를 알아가고 언어를 배워가면서 동시에 장군님 존재도 익히게 된다.

남한의 엄마들은 아기가 다른 사람들을 식별할 나이가 되면 배꼽인사를 가르쳐준다. 인간관계에서의 겸손과 공경, 소통 같은 중요한 덕목을 학습시키는 것이다. 그러나 북한의 엄마들은 아기가 스스로를 보호할 수 있는 생존전략을 깨우치도록 하기 위해 혼신의 힘을 기울인다. 일례로 아이에게 장군님 초상화를 향해 두 팔을 높이 뻗어 "아버지, 고맙습니다"라고 인사하도록 혁명가족의 인사법부터 배워준다. 자신의 안정감을 확립할 수 있는 충효의 의례부터 가르치는 것이다. 따라서 인간관계에서의 겸손과 소통을 위한 배꼽인사는 저 멀리 뒷전으로 밀릴 수밖에 없다.

한국의 엄마들이 자녀에게 "차 조심해라"라고 일깨우는 것처럼 북한 엄마들은 "말조심해라", "말밥에 오르지 마라"라고 늘 일깨운다. 아이들은 이같은 엄마의 당부를 귀에 못이 박힐 정도로 들으면서 자란다. 북한 엄마들의 당부는 "말 한마디로 죽을 수도 있다"라는 섬뜩한 죽음의 공포를 반복적으로 일깨우는 것으로, 공포자극에 대한 신경계의 민감화(손상)를 유도할 수 있다.

점차 성인기의 삶을 살아가면서 북한 사람들은 혁명가족의 절대 도덕을 어기는 것은 곧 죽음을 의미하는 것임을 직간접적으로 경험한다. 자신뿐 아니라 가족과 친인척까지 절멸될 수 있다는 사실을 체득하는 것이다. 이와 같이 혁명가족의 아이는 가정에서, 어린이집에서, 학교에서, 사회에서 온몸으로 장군님에 대한 충효의 도덕을 배우고 익히며 살아간다. 충효의 도덕률에서 탈선하는 행위는 곧 죽음의 행위라는 사실 또한 새기며 살아간다. 충효일심의 도덕법칙은 단순한 윤리적 요청이 아닌 권선징악의 심판요소를 함축하고 있는 '절대 계명'이라는 사실을 신경계에 새기는 것이다.

오늘날까지 전통적인 가족주의는 북한 사람들의 세계관과 인간관의 근본을 이루면서 사물을 인지하고 해석하는 방식에 큰 영향을 미친다. 이는 그들의 정신세계와 일상적인 용어 속에 그대로 살아서 숨 쉬며 매일의 삶에 큰 흔적을 남긴다. 그들은 익숙한 가족주의 정서를 품고 장군님 식솔로 살아가면서 체제 유지에 일정하게 기여하고 있다. 유교의 가족주의 의식과 정서가 거대한 가족국가의 충효의 담론과 화학반응을 일으키며 일정 정도 효과를 발휘하는 것이다. 우리에게 역사적으로 내장되어 있는 전통적인 가족주의 DNA는 장군님 식솔의 정신적 기반을 이루며 '도리대로' 살아가는 북한 사람을 형성하는 핵심적인 요소라고 할 수 있다.

2) 혁명가족 생활양식

최고 존엄은 혁명가족의 가장으로, 무소불위의 권력과 권위를 행사한다. 혁명가족의 시조인 김일성은 5000년 우리 민족의 역사에서 처음으로 맞이한 '절세의 위인', '민족의 태양'이다. 천리혜안의 예지를 가지고 있으며 백두의 구름을 타고 동에 번쩍 서에 번쩍 넘나들던 '백전백승의 영장'이다. 모래로 작탄(작약을 넣은 탄환, 북한어로는 연길폭탄)을 만들고, 신출귀몰하면서 일제를 소멸한 '전설의 영웅'이자 '신'적인 존재다. 백두의 정기를 타고난 김일성-김정일-김정은을 충효일심으로 받들어 모시는 북한 사람은 '수령 복-장군 복'을 타고난 행운아들이다.

최고 존엄은 정치-당-국가 위에 군림하면서 혁명가족을 다스리고 통치한다. 정치-당-국가는 최고 존엄의 절대 권력과 권위를 상징한다. 정치-당-국가는 최고 존엄의 생명과 같은 것이며, 영광 그 자체다. 그렇기 때문에 최고 존엄의 정치-당-국가는 그 무엇으로도 대체하거나 대신하거나 번복할 수 없는 절대적인 것, 완전한 것이다.

2000년대 초, 남한 인도주의 단체의 일원으로 평양을 방문했던 정병호 교수는 혁명가족의 인상적인 경험에 대해 다음과 같이 기록하고 있다.[1] 당시 남측 일행은 북한의 식량위기와 보건 문제가 어린이들에게 미치는 영향

---

1   권헌익·정병호, 『극장국가 북한』, 21쪽.

에 관해 회의를 마친 후 평양과 그 주변 지역의 주요 기념물과 박물관을 돌아보는 기회를 가졌다. 북한 측 안내원은 주체사상탑과 만경대 소년궁전, 그리고 김일성 사망 이후에 건립된 최근의 기념물들을 보여주면서, 이 모든 기념물은 최고 존엄에 대한 충효일심의 마음에서 지어졌다고 자랑했다.

방문을 마치고 나오면서 정병호 교수는 안내원과 둘이서 나란히 걸을 기회가 있었다. 그는 안내원에게 고난의 행군의 어려운 시기에 어떻게 큰 기념사업들을 할 수 있었는지 물었다. 그 질문에 안내원은 고개를 돌려 사망한 김일성에게 봉헌된 기념탑을 바라보면서 이렇게 말한다. "우리 조선 사람에게 가장 중요한 것은 정치입니다. 정치에 비하면 경제는 아무것도 아닙니다. 우리는 필요하다면 정치를 위해 굶주림을 참고 목숨을 바칠 준비가 되어 있습니다." 정병호 교수는 평양의 안내원만 경제를 초월하는 정치에 대해 말한 것이 아니라고 말한다.

북한의 현실은 진실로 그렇다. 북한 사람 누구든지, 어디에 있든지, 하나같이 그렇게 말한다. 안내원의 그 말은 혁명가족의 목숨을 보증하는 관용어다. 한 개인의 자유로운 의사표현까지 감시 통제하는 환경에서 하나같이 한목소리로 제창하는 따라쟁이들의 노래다. 실제로 많은 사람들이 그 '지고한' 정치로 인해 무고한 죽음을 맞이해야 했다. 수십만 명이 굶어죽은 그 참극은 정치, 즉 최고 존엄을 위해 목숨까지 바칠 준비가 되어 있는 사람들의 고귀한 죽음이 아니었다. 포악하고 무능한 정치에 의한 '예견된 타살'이었다. 북한은 정치라는 개념이 그렇게나 지고한 도덕적 가치를 지니고 있기 때문에 정치를 위해 굶주림의 고통과 죽음까지도 각오해야 한다고 교시한다. 왜냐하면 정치는 혁명가족 아버지와 동일시되기 때문이다. 정치에 의해 최고 존엄의 생존이 확립되고 체제세습이 계승되며 불멸하기 때문이다.

북한에서 혁명가족의 생활양식이란 한마디로 하나같은 모습을 하고 의존적이고 복종적인 존재로 살아가는 것이다. 최고 존엄을 충효일심으로 따르고 결사옹위하는 투철한 혁명전사의 희생적 삶을 살아가는 것을 의미한다. 곧 최고 존엄을 위해 굶어 죽기까지 한다는 의미이자, 필요하다면 자신의 한 몸이 그대로 인간폭격기로 파편화되기까지 한다는 의미다. 충효의 사람으로 살고 충효의 사람으로 죽어 정치적 생명체로 불멸하는 삶이 곧 혁명가족의 생활양식이다. 실제로 어떤 사람들은 이슬람의 근본주의자들처럼 극단적인 모습으로 혁명가족의 생활양식을 구현하기도 한다. 불타는 건물에 들어가 최고 존엄의 초상화를 건지다가 새카맣게 타죽으면서까지 '모범'을 보이는 사람들도 간혹 있다.

북한 사람은 세상에 태어나 살아가는 동안 내내 지고한 혁명가족의 '계명'과 '율례'를 정신과 신체에 새겨야 한다. 그리고 이를 손과 발에 익히고 행해야 한다. 그들은 최고 존엄의 은혜를 입은 자로서 어떻게 살아야 하는지, 또 어떻게 죽어야 하는지, 영생하는 정치적 생명체로 어떻게 살아야 하는지를 몸과 마음에 익혀야만 한다. 혁명가족 '계명'의 핵심은 최고 존엄은 유일하고 무오한 절대적인 존재라는 것, 그의 위엄과 영광의 상징인 정치 또한 절대적인 진리라는 것, 그것은 그 무엇과도 감히 비교할 수 없고 범접할 수 없는 완전하고 지고한 '선'이라는 것을 깨우치는 것이다.

정리하자면 북한 사람에게는 혁명가족의 생활양식만이 전체주의 환경에서 안정감을 확보하며 살아남는 유일한 안전장치다. 그들은 불멸하는 최고 존엄과 함께 살아가는 혁명가족의 충효의 정신력을 지속적으로 제창하며 자신을 증명해야 한다. 수십만 명이 굶어죽는 참사에도 아랑곳하지 않고 어떤 역경 속에서도 흔들리지 않으며, 핵폭탄보다 위력한 무적의 강자라고 지속적으로 과시해야 한다. 이와 같은 것은 혁명가족이 살아가는 지극히 일상적인 생활양식의 단편이다. 혁명가족은 생존을 보증할 수 있는 자신들만의 상투어를 반복하며 따라쟁이로 살아갈 수밖에 없다. 따라쟁이의 오케스트라는 불가사의한 북한체제의 '신비한 힘'처럼 비춰진다. 이는 외부 사람들로 하여금 충효의 집단효과가 발현되는 것이라고 오판하게 만든다.

2. 충효의 도덕주의 신념

1) 절대 도덕을 지향하는 북한

북한에서는 주자성리학의 도덕주의 정통성과 정당성이 전체주의 체제의 통치이념으로 강고하게 구축되어 왔다. 그 중심에는 혁명적 수령관에 기반을 둔 절대 도덕 강령인 주체사상이 있다. 북한은 모든 사람을 주체사상, 즉 절대 도덕에 의해 평가한 후 도덕의 함량이 현저히 미달한다고 판단될 때에는 '악'으로 낙인찍는다. 공개처형도 서슴지 않는다.

우인희는 1960~1970년대 북한 영화계를 주름잡았던 배우로 미모가 빼어났던 당대 최고의 여배우였다. 그녀는 1960년대에 혜성처럼 등장해 1970년대에 북한 최고의 여배우로 인정받다가 김정일의 지시로 처형된 비운의 인물이다. 한국에는 워낙 유명한 여배우가 많으니 사람마다 좋아하는 배우가 다르겠지만 1970년대 북한에는 TV 채널이 하나밖에 없었고(지금도 다를 바 없지만) 영화도 일 년에 몇 편밖에 안 나오다 보니 제일 유명한 배우 역시 딱 한 명뿐이었다. 그가 바로 우인희였다. 평양의 고요한 어느 날 아침, 김정일의 지시로 문학 예술인들이 한곳에 집결해 우인희에 대한 사상투쟁 대논쟁 대회가 열렸다. 우인희에 대한 군중심판과 같은 이 대회에서 폭로된 그녀의 죄는 중앙방송 기술부장 주정기와 바람을 피웠다는 것이었다. 판사가 내린 최종 판결에서 우인희는 '반당반사회주의분자', '반당반혁명분자'로 낙인찍혔고, 그 결과 사형이 선고되었다. 우인희는 수십 발의 총탄세례를 받고 벌 둥지처럼 형체가 없이 흩어졌다.

우인희는 생물학적인 죽음만 당한 것이 아니다. 그녀 삶의 모든 궤적까지 지워버리고 말살시켰다. 그녀가 나온 모든 잡지와 출판물에서 그녀의 얼굴이 도려내졌고 기록들이 불태워졌다. 심지어 그녀가 출현했던 영화들까지 여주인공을 바꾸어 다시 찍었다. 당대의 최고 스타였던 우인희의 처형 소식은 북한 사람들에게 상당한 충격을 안겨주었다. 우인희 경우처럼 불륜을 용서 불가능한 '악'으로 규정하고 공개처형한 사례는 아마도 공화국 이래 최초가 아닌가 싶다.

북한에서는 불륜을 저질렀을 경우 혁명가족의 생활양식에 반하는 퇴폐한 자본주의 생활양식, 반혁명적 요소라고 책벌을 받으며, 그에 대한 대가로 사상투쟁회의에서 비판받거나 또는 탄광이나 광산에서 '혁명화'를 위한 노역에 내몰린다. 절대 권력을 지녔던 최룡해도 1997년에 '청년동맹 황색 사건'으로 체포되었다. 가까스로 처형은 면했지만 부화방탕에 연루되어 자강도 임산사업소에서 5년간 혹독한 혁명화 과정을 겪었다. 당시 당중앙위원회 간부들의 사상투쟁에서 공개된 내용이 흘러나왔는데 그 소문은 굶주림과 사투하던 북한 사람들을 경악케 했고 한동안 먹먹하게 만들었다. 최룡해가 변태성욕을 만족시키기 위해 자신의 기쁨조 여성들의 이빨을 전부 뽑고 한 개당 100달러씩 주고 틀니를 해주었다거나 그룹섹스를 즐겼다는 그의 엽기 행각은 북한 전역에 퍼졌고, 이는 기아에 시달리고 있던 북한 사람들의 울분을 자아냈다. 지금 와서 돌이켜 보면 최룡해 사건은 고난의 행군으로 주민들의 불평불만이 팽배해지자 주민들의 비난을 최고 존엄이 아닌 다른 대상에게로 돌리려는 의도가 다분했던 것으로 여겨진다.

한국사회 역시 도덕 지향성 국가라고 평가받는다. 한국에서 고위공직자를 임명하기 위한 인사청문회는 공직에 지명된 사람에 대해 관련된 공직을 수행하는 데 적합한 업무능력과 자질을 갖추고 있는지 검증하는 제도다. 곧 공직을 담당하는 사람의 전문성과 도덕성을 사전에 검증함으로써 국민의 기대에 부합하는 사람이 공직에서 봉사하도록 하는 절차다. 하지만 인사청문회의 과정을 지켜보면 후보자의 능력보다는 도덕성을 검증하는 데만 중점을 두면서 '흠집 내기' 또는 '신상 털기'로 일관한다는 느낌을 받기도 한다. 여야가 일종의 도덕쟁탈전을 벌이는 현장을 보는 듯하다.

2009년 1월 미국 상원에서 열린 클린턴 국무장관 후보자에 대한 인사청문회에서는 의원들의 질문이 대부분 국무부 운영방안이나 미국의 외교정책 등에 집중되어 어떤 정책구상을 가지고 있고 그 구상을 어떻게 실현할 것인지에 초점이 맞추어진 반면, 한국의 김태호 국무총리 후보자 인사청문회에서는 병역기피, 불법증여, 세금탈루, 논문 부정게재 등 개인적인 비리나 신상에 대한 질문의 비중이 훨씬 컸었다.[2] 미국의 인사청문회는 후보자가 펼칠 정책 방향을 가늠하기 위한 질문이 주를 이루는 반면에, 한국의 인사청문회는 도덕적인 문제에 대한 검증이 주를 이룬다. 사람들의 모든 언동과 삶의 행적을 도덕으로 환원해 평가하는 환경에서는 권력쟁탈도 어느 쪽이 도덕적 주체성을 장악할 수 있는가에 대한 격렬한 싸움이 되는 것이다.

북한 사람들의 모든 도덕적 판단의 기준은 절대 도덕인 주체사상이다. 주체사상의 핵심은 최고 존엄에 대한 절대적 복종과 충효일심을 명령하는 수령론이라고 할 수 있다. 주체사상은 북한체제의 정치적 맥락 내에서 진화하면서 오직 주체, 즉 절대 도덕 강령에 기반해 모든 것을 인지하고 해석하고 의미를 찾을 수 있도록 구조화한다. 곧 북한체제를 고립된 '잠금장치' 속에 완전히 가두어버린다. 북한 사람들은 이론으로서의 주체철학을 현실세계에서 어떻게 경험하고 있을까? 주체사상은 북한 사람들의 정신세계에 어떠한 흔적을 남겼을까?

북한 사람들은 '사람이 모든 것의 주인이며 모든 것을 결정한다'라는 낙관적인 인간론의 명제를 '수령이 모든 것의 주인이며, 수령은 모든 것을 결정하는 전지전능한 존재다'라는 독재폭력의 수령관으로 경험한다. 북한 사람들에게 주체사상은 최고 존엄에 대한 절대적 충효일심, 곧 김일성주의 또는 혁명적 수령관과 동일시된다. 모든 사람을 절대 도덕-주체이념으로 재단하는 안전하지 않은 환경에서 사람들은 안정감을 확립하기 위해 순간순간 고도의 도덕주의적 사고와 판단을 할 수밖에 없다. 선이냐 악이냐를 판별하는 도덕주의적 사고가 생존과 직접적으로 연관되어 있기 때문에 북한

---

2   "미국의 인사청문회는 어떻게 진행되나", ≪한국경제≫, 2010.8.27.

사람들의 신경계는 늘 위험지수를 판단하며 매우 민감할 수밖에 없다.

2) 선악의 흑백논리

북한에서 절대 도덕 강령을 따른다는 것은 "전 당과 온 사회에 수령의 명령과 지시를 무조건 접수하고 철저히 관철하는 혁명적 기풍을 세우며 수령의 유일적인 명령과 지시에 따라 전 당과 온 사회가 하나와 같이 움직이는 규율과 질서를 확립하는 것"을 의미한다.[3] 이는 곧 모두가 일사분란하게 최고의 '선'인 수령의 명령과 지시에 하나와 같이 순종하고 따르는 사회를 만들어가는 것을 의미한다. 수령의 명령과 지시에 복종하지 않는 세력은 '악'이며, 불태워버려야 하는 폐기물과 같다.

북한 조선노동당의 강령인 '당의 유일적 영도체계 확립의 10대 원칙'에서 명문화한 것처럼 북한 사람들은 최고 존엄을 절대적 '유일신'으로 섬겨야 한다. 그러기 위해서는 절대적으로 수령에게 의존하고 그 명령에 순종해야 하며 그의 영도체계를 빛내 나아가야 한다. 집단과 조직을 사랑하는 이타적인 사람, 열렬한 공산주의자, 애국자로 헌신해야 한다. 수령이 부여해 준 정치적 생명을 귀중히 여기고 개인의 이익보다 국가와 사회재산을 아끼고 사랑하며 개인을 위해 일하는 것보다 국가와 집단을 위해 일할 때 더 큰 보람과 기쁨을 느끼는 사람이어야 한다. 수령을 위해, 당을 위해, 그리고 사회와 인민을 위해 헌신적으로 일할 때 주체사상을 더 많이 체현한 사람이 되

---

3   김민·한봉서, 『주체사상총서 9』(평양: 사회과학출판사, 1985), 87쪽.

는 것이다. 충성경쟁에서 이기는 사람은 조선시대의 양반처럼 귀한 존재로 대접을 받으며 권력과 부를 거머쥐게 된다.

　조선시대의 사람들은 도덕의 함량이 미달되면 사문난적으로 능지처참 당하거나 유배지에 보내지거나 또는 상민이나 백정처럼 천한 계층이나 소 인배로 취급당하면서 깊은 자존감의 상실을 경험했다. 그와 마찬가지로 북 한 사람들도 도덕의 함량이 부족하면 사문난적으로 죽을 수도 있고 영원히 고립될 수도 있는 섬뜩한 현실 속에서 살아간다. 그래서 북한 사람들은 도 덕지향적인 조선시대 사람들 못지않게, 아니 그들보다 훨씬 더 도덕주의적 으로 사고한다고 볼 수 있다.

　대부분의 탈북민은 처음에 중국에서 사람들이 최고 존엄의 이름 앞에 붙 이는 '신성한' 존칭어를 떼어내고 함부로 부르는 것에 불안하고 몸이 떨렸 다고 말한다. 그때의 불안했던 감정이나 감각이 무엇을 의미하는지, 그러 한 것이 김일성-김정일-김정은에 대한 모독처럼 느껴졌는지 질문을 던져 보았다. 그들은 매우 혼란스러워하며 북한에 살면서 진심으로 최고 존엄을 숭배한 것은 아니었다고 말한다. 그러면서도 충성심이 있었던 것 같다고 모호한 입장을 취하기도 한다. 어쩔 수 없이 눈치를 보며 혁명가인 것처럼, 충성하는 것처럼 살아왔다고 말하기도 한다. 그러면서 최고 존엄의 존칭을 떼고 부를 때 왜 불안하고 오싹한 떨림을 느꼈는지는 이해하지 못했다. 나 역시 중국의 친척이 최고 존엄을 모독하는 말을 했을 때 심장이 쿵쾅거리고 몸이 오싹해지는 느낌을 받았었다. 그 당시에 나타난 나 자신의 신체반응 이 무엇을 의미하는지 돌이켜 보면, 그것은 공포반응이었다.

　존칭어를 떼고 최고 존엄을 호칭할 때면 왜 탈북민들에게서 스트레스 상황에서 반응하는 자율신경계의 변화가 일어났을까? 최고 존엄의 이름 앞에 붙은 '신성한' 존칭어를 떼어냈을 때 탈북민들이 보였던 생리학적 변화는 스트레스에 대처하는 자율신경계의 반응이다. 최고 존엄의 이름을 함부로 부르는 것에 대해 몸이 떨린다든지 심장이 쿵쾅거리며 호흡이 옅어지는 것은 자동적으로 일어나는 도덕주의적 사고가 유발하는 공포에 대한 대처전략이다. 현재의 상황이 위험하다고 느끼고 즉시 그 상황에 대처할 수 있도록 스트레스 호르몬 분비를 촉진하는 것이다. 곧 최고 존엄에 대한 숭배와 충효의식은 두려움에 대처하는 생리학적 반응을 유도한다는 사실을 알 수 있다.

또한 탈북민 중에는 신체 깊숙이 새겨진 최고 존엄의 표상에서 영원히 벗어나지 못할 것이라고 말하는 사람도 있다. 그들은 "내 가슴 속에 있는 김일성은 영원히 사라지지 않을 것이다", "나는 죽을 때까지 김일성으로부터 완전히 자유로워지지는 못할 것이다"라고 말한다.[4] 탈북민들의 내면에 새겨진 최고 존엄으로부터 영원히 자유롭지 못할 것이라는 섬뜩한 표상 역시 공포와 두려움이 만드는 실체 없는 '악마'일 수 있다. 한마디로 김일성-김정일-김정은에 대한 숭배와 충효의식은 공포반응을 발현하며, 북한 사람들은 이 거대 공포가 만드는 '악마' 앞에 자발적으로 굴복하는 것이다.

탈북민들의 이와 같은 생리학적 반응은 최고 존엄을 일반인처럼 부르면서 그 악행을 폭로해도 안전하다는 것을 몸으로 경험할 수 있는 남한살이를 하면서 점차 소거된다. 그러나 자신에게 내면화된 도덕주의적 신념은 쉽게

---

4   김병로, 『북한, 조선으로 다시 읽다』, 110쪽.

사그라지지 않을 수 있다.

　정리하자면, 최고 존엄을 숭배하고 섬기는 절대 도덕 강령은 '선'과 '악'을 판별하며 '악'을 절멸하는 죽음의 공포와 연결되어 있다. 이 공포로부터 벗어나기 위한 생존전략이 북한 사람들을 극단적인 도덕주의자로 만들 수 있다. 이를 통해 극한적인 도덕주의적 신념을 강화하는 순환 고리를 만들 수 있다. 타인에 대한 도덕주의적 판단은 말할 필요도 없고 자신의 일거수일투족까지 도덕주의로 판단하면서 도덕적 완벽성에 대한 강박에 빠져들게 할 수 있는 것이다.

3. 상승 지향적 생존 열망

1) 개천에서 용 날까?

　남북한 사람들은 상승 지향적 인간관을 가지고 있다. 조선시대 성리학은 인간존재에 정당성을 부여하는 성선설의 철학으로, 모든 인간은 본래 하늘로부터 100%의 도덕성을 부여받았고 따라서 인간은 100% 선하고 도덕적인 성인이 될 수 있다는 인간관을 설파한다.[5] 인간의 '악'은 '선'과 대척점에 있는 것이 아니라 죄에 의해 도덕성이 흐려져서 발현되지 못하는 것이기 때

5　오구라 기조, 『한국은 하나의 철학이다』, 조성환 옮김(서울: 도서출판 모시는 사람들, 2017), 35~37쪽.

문에 노력을 통해 심신을 닦으면 본래의 '선'으로 돌아갈 수 있다는 낙관적인 논리다. 한마디로 극기나 수양을 통해 도덕의 함량을 높이면 최고의 인간인 성인이 될 수 있다는 것이 조선 사람들의 상승 지향적 인간관이다.

일본의 천민집단인 부라쿠민은 신분제도가 철폐되었음에도 불구하고 꾸준히 사회의 최하층에 머물러 있어 일본사회에 커다란 그림자로 남아 있다.[6] 그러나 조선시대에 신분 상승이 전혀 불가능했던 대표적인 천민집단인 백정은 1894년 신분 해방이 이루어지자 급속히 자신의 신분을 상승시켰고 지금은 흔적도 없어졌다. 한국 사람은 자신의 출신성분이나 학력 등을 감안해 이 정도면 괜찮다며 적당히 체념하고 사는 일본인 혹은 서구인과 다른 것이다.

북한 사람들의 상승 지향성은 생존 지향적 열망이어서 매우 눈물겹다. 북한 사람의 일생은 끊임없이 상승하고자 하는 노력과 극기의 연속이라고 말할 수 있다. '개천에서 용 난다'라는 옛 사람들의 말을 믿고 개천에서 날아오르는 용이 되려고 물불을 가리지 않고 덤벼든다. 도덕의 함량에 따라 일등에서 꼴찌까지 한 줄로 사람들을 쭉 늘어세우는 사회에서 인간관계는 철저하게 수직적 구조다. 위계질서에 따라 인간을 측정하고 그에 따라 대우가 달라지는 것이다. 수직적 구조의 관계에서는 상승을 향한 경쟁도 치열하지만 역으로 아래로의 하강에 대한 압력도 가혹하다. 아래로의 하강은

---

6 부라쿠민은 전근대 일본의 신분 제도에서 최하층에 위치해 있던 천민을 일컫는 말이자 그 후손을 현대 일본사회에서 비하하는 증오발언이다. 그들은 신분제도가 철폐되었음에도 불구하고 꾸준히 일본사회의 최하층에 있다. 부라쿠민이 지닌 문제는 다른 계층들과 달리 재산이나 인맥이 아닌 혈통과 그들이 모여 사는 지역에 의해 차별받는다는 것이다. 나무위키, https://namu.wiki.

최고의 '선'인 주체사상과 대척점에 있는 것으로, 자칫 '악'이 될 수도 있다. 그래서 북한 사람들은 지금 자신이 있는 자리에 늘 만족하지 않기 때문에 그 자리에 집착하지 않는다. 지속적으로 상승을 향해 분투하면서 내가 있어야 할 자리를 강렬하게 의식한다.

북한에서 도덕의 함량이 미달된 사람, 곧 충성심이 온전하게 발현될 수 없는 사람은 사회적으로도 하층민에 속한다. 반면에 도덕의 함량이 높은 사람, 곧 충성심이 높은 사람은 사회적으로도 상층에 있다. 백두혈통과 핵심계층은 도덕 함량이 높은 상층에 속하고 귀한 양반이 된다. 그러나 적대계층과 불순세력은 하층에 속하고 천한 상민이 된다.

북한은 상승 지향을 향한 구조가 제도적으로 막혀 있다. 출신성분제도라는 장치에 의해 철저하게 신분이 세습되는 비관적인 사회제도다. 신분제도에 따라 북한 사람들은 기본계층-동요계층-적대계층으로 나뉜다. 이 계층에 따라 차별성을 가진 개인의 운명이 규정되고 수직적인 인간관계가 형성된다. 기본계층-동요계층-적대계층의 수직적 질서는 고정불변하다.

그러나 구체적인 인간관계에서는 이 상하질서가 고정적인 것이 아니라 약간의 여지가 있다. 자신을 상승시키기 위한 사다리가 있는 것이다. 상승을 위한 사다리 타기는 낙타가 바늘구멍으로 들어가는 것보다 더 힘들고 위태롭다. 그 사다리는 '충성경쟁'이라는 하나의 수단만 허용한다. 이 사다리는 계층에 관계없이 누구에게나 상승할 수 있는 평등한 기회를 준다. 그래서 충성경쟁의 '상승-사다리'는 수령이 베푼 자비의 선물이기도 하다.

북한 사람들은 충성경쟁을 통해 수령과 당의 전사로서의 영예를 빛내는 영웅이 될 수 있다. 북한에서 영웅은 도덕의 함량을 극한까지 높인 성인이다. 반면에 '상승-사다리'의 충성경쟁에서 떨어져나가면 자칫 '악'이 될 수도 있다. 이 '악'은 도덕성의 조화가 헝클어진 것으로, 실체가 없는 '상태'일 수도 있고 실체가 있는 정형화된 '악'일 수도 있다. 그 판단의 절대적 기준은 최고 존엄, 즉 주체사상이다. 전자의 '악'은 혁명화 대상으로 분류되어 혁명화구역 또는 탄광이나 광산에서 고된 노동에 내몰린다. 이들은 최고 10년까지의 혁명화를 통해 도덕의 함량을 발현하기 위한 극기와 수양을 실시한 후에 풀려난다. 후자의 실체가 있는 '악'은 용서 불가능의 반혁명세력, 반당반혁명분자로 분류되어 처형되거나 정치범 수용소로 끌려간다. 연좌제로 가족까지 사라질 수도 있다. 이와 같이 충성경쟁을 통한 상승-사다리는 누군가에게는 상승을 향한 개인적인 동경을 이룰 수 있는 수령의 '자비로움'이지만 누군가에게는 충성경쟁에서 낙오되어 죽임을 당할 수도 있는 수령의 '무자비함'이다.

반면에 한국 사람들은 상승을 지향하면서 도덕의 함량을 끌어올리기 위해 끊임없는 경쟁 속으로 스스로를 던져 넣는다. 이는 사회의 변화발전을 위한 동력으로 기능한다. 상승을 위해서는 무엇이든지 할 수 있고 또 실제로 상승이 가능하다고 굳게 믿는 것이다. 상승을 가로막는 '벽'은 높지만 기어서 올라갈 수 있다는 것이 한국 사람들의 기본적인 열망이다. 오늘날 한강의 기적을 만들어낸 경제대국으로의 부상, 권위주의 독재에 항거하며 일궈낸 민주화운동, 지속적으로 적폐청산을 외치며 검찰개혁, 언론개혁, 정치개혁을 향해 나아가는 국민들의 열망과 직접적인 정치 참여 등은 모두 상승을 향한 동경에서 비롯되었다. 한국사회는 정치, 경제, 문화 등 모든 영역에서 가파르게 도약하고 있다. 한국사회가 낙천적이고 한국사회의 도덕이

풋풋한 것은 이 때문이다.

2) 사상단련의 용광로

북한은 절대적인 주체사상을 체현하기 위한 '혁명교양의 좋은 학교'이자 '사상단련의 용광로'다. 북한 사람의 일생은 이 사상단련의 용광로에서 치열하게 경쟁해야 하는 극기의 연속이다. 그들은 충성경쟁을 위해 죽음까지 불사할 수 있다고 믿는다. 비천한 육체적 생명보다 영생하는 정치적 생명이 위로 도약할 수 있는 지렛대가 되기 때문이다. 실제로 청소년들은 고등중학교를 졸업하면 앞 다투어 군대에 지원해 10년 이상 군사복무의 극기를 수행한다. 수많은 사람들이 군사시설, 지하벙커, 최고 존엄의 비밀궁전 등 주요한 건설현장에 지원해 치열한 충성경쟁을 벌인다. 경쟁에서 이기는 사람은 당원이 되고 영웅이 되는 행운을 잡는다. 그는 더 많은 도덕의 함량을 체현한 사람, 곧 충효일심을 발현한 귀한 신분이 된다. 경쟁 과정에서 불행하게 죽을 수도 있고 다행히 살아남을 수도 있다. 살아남은 사람들은 출신 성분에 따라 중앙권력기관이나 지방권력기관에서 간부로 일할 수 있다. 곧 부와 권력을 거머쥐고 배불리 밥을 먹을 수 있는 것이다.

그렇지만 선두에서 내달리다가 뜻하지 않는 사고로 허망한 죽음을 당한 후에 당원이 되기도 한다. 그들 중 영웅칭호를 받은 극소수의 사람은 미디어를 통해 알려진다. 그들은 당과 수령을 위해 목숨을 바친 의리의 사람, 공산주의자로 상승된다. 그들의 '영웅적' 행동은 다른 사람들에게 집단적 영웅주의를 고취시킨다. 이와 같이 북한 사람들은 무모한 죽음을 통해 도덕성이 곧 권력이고 권력이 곧 부인 상승 지향의 동경을 이루기도 한다. "죽은 량반 산 개만도 못한 것"이라는 북한 속담이 있는데, 이 속담과 달리 죽었을 때라야 비로소 '귀한 량반'이 되는 것이다.

북한 사람들의 이와 같은 충성경쟁은 공적인 영역에서 눈에 보이는 행동을 통해 앞 다투어 일어나는 데서 그치지 않고 눈에 보이지 않는 곳에서 수단과 방법을 가리지 않고 무엇이든 하면 된다는 식으로 나타나기도 한다. 타인의 사생활까지 구석구석 침투해 염탐하고 고발하면서 상승의 동경을 이루려 하는 것이다. '악'을 걸러내는 '주민감시통제'라는 장치가 바로 그것이다. 수많은 사람들이 보위부, 안전부, 당기관의 비밀감시요원으로 활약하며 더 많은 도덕 함량을 체현하려고 한다. 한 개인의 말 한마디, 찰나의 감정까지 의심하고 경계하고 밀고하면서 끔찍하게 충성경쟁을 실천한다. 충성경쟁에서 이기는 사람은 비밀리에 훈장과 성과급을 챙길 수 있다. 그 과정에서 무고한 사람들이 영문도 모른 채 정치범 수용소로 끌려가기도 하고, 그들 가족까지 하룻밤 새 어디론가 사라지기도 한다. 상승 지향의 욕구는 다른 사람의 목숨까지 취하는 '살인행위'를 서슴지 않는 것이다. 그 사람들에게 이 끔찍한 '살인행위'는 비도덕적인 것이 아니다. 주체사상의 함량을 체현하기 위한 충효일심, 곧 극한적인 도덕성이다.

이와 같이 북한에서 더 많은 도덕성을 체현하기 위한 상승 지향의 욕구는 아이러니하게도 비도덕적인 행동으로 발현된다. 자기 자신을 무모하고 허망한 죽음으로 내던지는 극한적인 행동으로 발현되거나, 또는 무차별적으로 타인을 밀고하며 생명을 농락하는 일종의 살인행위로 발현되는 것이다. 북한에서 절대 도덕 강령인 주체사상은 전통적인 유교의 윤리규범과 원리적으로 상충하기 때문에 보편적인 도덕성을 발현할 수 있는 여지가 전혀 없다. 따라서 북한 사람들이 주체사상의 도덕률을 더 많이 체현했을지라도 주체사상은 보편적인 도덕성을 체현하고 싶다는 심층 깊은 곳의 동경을 만족시킬 수 없다. 그것 때문에 북한 사람들에게 깊은 상실과 좌절감을 안겨줄 수 있다.

4. 1990년대 북한 위기 이후 종결된 충성경쟁

1) 억눌린 욕망의 분출

1990년대 북한 위기는 철옹성 같던 북한체제를 뒤흔든 강진이었다. 이제껏 사람들을 지배하며 통제하던 절대 권력에 돌이킬 수 없는 균열이 생기기 시작했다. 강진의 여파로 인해 사회주의계획경제 체계, 주민감시통제 체계, 배급 체계, 조직생활 체계, 공교육 체계는 고난의 행군 이전으로 되돌아갈 수 없을 정도로 훼손되고 피폐해졌다. 한마디로 국가통치체계의 권위와 영향력이 붕괴되거나 심각하게 약화된 것이다. 그 틈바구니에서 자생적으로 생겨난 생존전략 차원의 장마당 경제체계 구축과 시장경제활동의 일상화는 권력의 지배공간을 축소시켰고 국가정책의 변화를 만들어냈다. 시장경제의 발전과 함께 사람들의 정신세계도 변화하고 있다. 중요하게는 명예와 밥의 원천이 '충성경쟁'에서 '돈벌이 경쟁'으로 바뀌었다. 이제는 상승 지향의 동경이 충성경쟁에 기반을 두고 있지 않다. 이러한 변화는 "돈이 최고"

인 생존경쟁에서 비롯되었다.

조선왕조가 서서히 기울어가던 조선 후기에도 돈으로 양반을 사고 족보를 사는 일이 다반사였다. '도덕성이 전부'라는 가치관이 '돈이 전부'라는 가치관에 의해 밀려났던 것이다. 그 과정에서 '돈 양반'이 등장했다. "옛날에는 돈 계산을 하면 양반이라고 할 수 없었는데, 요즘에는 돈을 모르면 양반이 될 수 없다"라는 논리가 생겨났다.[7] 즉, 수백 년 조선조의 명분이던 도덕성이 밥을 먹여주는 시대가 저물어갔던 것이다. 똑같은 이치로 북한체제의 명분, 즉 주체사상이 밥을 먹여주는 시대가 저물어가고 있다.

1980년대부터 북한도 돈으로 '양반'을 사는 시대로 접어들었다. 지금은 돈으로 핵심계층의 족보를 사는 것이 흔한 일이 되었다. 대부분 돈 많은 사람들은 뇌물을 주고 간부 자리를 따낸다. 이유는 간부는 양반의 대우를 받으며 돈벌이를 쉽게 할 수 있고, 또 국가의 법테두리를 이용해 큰돈을 버는 기회를 잡을 수 있기 때문이다. 북한에서도 점점 더 '도덕 없는 부'에 의한 사회적 상승이 횡행해졌다. 곧 돈이 도덕성의 위치를 점차 침식하면서 명분이 밥을 먹여주던 사회가 저물고 있는 것이다. 이와 같은 현상은 조선 말기처럼 김일성-김정일-김정은 왕조가 저물어간다는 확실한 징조다.

1990년대 북한 위기가 가져다준 충격의 여파로 전체주의 북한체제에 틈새가 생기면서 음지였던 기존의 일탈문화가 양지로 올라왔다. 더 정확하게 말한다면 균열된 틈새로 억눌렸던 욕망이 분출된 것이다. 북한은 거대하고 유일한 절대 도덕인 주체사상이 사회의 구석구석에까지, 한 개인의 욕망의

---

7   오구라 기조, 『한국은 하나의 철학이다』, 169쪽.

구석구석에까지 침투해 있기 때문에 인간의 기본적인 욕망 자체가 한없이 은폐되어 버린 사회다.

그들의 욕망은 매우 소박하다. 그들의 가장 원초적인 욕구는 배곯지 않게 밥 먹고 한 동네에서 이웃들과 오순도순 잘 지내는 것이다. 곧 기본적인 신체적·사회적 욕구만 채워지면 만족할 수 있는 생존 수준에 머물러 있다. 북한 사람들은 가장 기초적인 생명단위인 생존욕구까지 은폐하며 주체사상을 발현하기 위한 따라쟁이에 '한없이' 익숙해졌다. 만성적인 배고픔과 결핍을 스스로 해결하기 위한 생존전략 차원의 훔치기, 속이기, 비방하기, 위법행위 등 일상의 일탈행위에 '한없이' 훈련되었다. 반면에 자기 자신의 자율성과 힘을 말살당하며 습관적으로 복종하는 노예처럼 '한없이' 길들여지기도 했다.

1990년대에 북한을 뒤흔든 대위기는 오랜 세월 느릿느릿 부식되고 있던 빈사상태인 북한체제의 이면을 유감없이 들추어냈다. 북한은 구조적으로 불안전할 수밖에 없는 경제체계와 배급체계로 인한 만성적인 결핍 때문에 사회주의 생활문화와 함께 음지의 일탈문화가 발달해 왔다. 고질적인 배고픔과 생필품의 결핍 때문에 일찍이 생존전략 차원의 위법행위가 널리 퍼져 있었던 것이다. 극한적인 고난의 행군은 국가의 구조적인 지배체계를 붕괴시켰을 뿐만 아니라 생존전략 차원의 비구조적인 일탈문화까지 붕괴시켰다.

처음에 대부분의 사람들은 대참사 앞에 미처 대처하지 못하고 어리둥절해했다. 행여나 식량이 배급될까 봐 텅텅 빈 배급소 앞에 밤새워 줄을 서서 기다리기도 했다. 그러나 배급소에서 간헐적으로 공급되는 식량은 간부들의 몫이었다. 당시 수십만 명이 굶어죽거나 전염병으로 죽었다. 수많은 가정이 해체되었고 고아와 꽃제비들이 넘쳐났다. 목숨을 건 탈북 행렬이 늘어났다. 사람들이 굶어죽을 위기에 내몰리면서 삽시간에 온 나라가 아수라장이 되었고 견고하게 구축되었던 국가의 지배통제기구들이 마비되는 상황까지 이르렀다. 다시는 돌이킬 수 없는 거대한 균열이 생긴 것이다.

벼랑 끝에 내몰린 사람들은 이 틈새를 이용해 자생적인 장마당체계를 구축했다. 그리고 너나할 것 없이 생존을 위해 아슬아슬하게 법과 위법의 경계를 넘나들며 밥그릇을 챙겼다. 수단과 방법을 가리지 않고 큰돈을 벌어들이기도 했다. 그들은 돈이 없어 굶어죽는 사람들을 눈 뜨고 목격하면서 물질보다 "정신이 최고"라고 따라 하던 상투어를 버렸다. 그리고 "돈이 최고"라고 외치기 시작했다. 꾹꾹 눌러왔던 일상생활의 불평불만과 국가정책에 대한 비난을 장마당에서 자연스럽게 표출하기도 했다. 반혁명적인 요소로 지탄하며 부정하고 억누르던 성문화도 다소 개방적으로 변하기 시작했다. 거대한 균열의 틈새로 한없이 눌리고 은폐되었던 기본적인 욕망이 분출되기 시작한 것이다.

2) 중간 계층 엘리트의 변심

오늘날 북한에서 시장화는 흔들 수 없는 하나의 사회현상이자 경제 과정으로 자리매김했다. 이제 북한의 중간 계층 엘리트 그룹이나 일반인들의 세계에서는 지난한 충성경쟁이 막을 내렸다고 해도 틀린 말이 아니다. 소수의 고위층을 제외한 대부분의 사람들이 세 끼 배불리 먹을 수 있는 유일한 방법은 '돈벌이 경쟁'을 통해 이익을 창출하는 것이다.

지금은 중간 계층 엘리트의 일상 업무도 사람들을 통제하고 감시하고 처벌하며 사회질서와 체제 안정을 확립하던 것에서 시장의 역동성을 촉진하고 합법화하며 안정화시키는 쪽으로 바뀌었다. 특히 중간 계층 엘리트들이 생존전략 차원에서 변심함에 따라 충성경쟁에서 이탈하는 사례가 일반화되었다. 아래로부터의 시장화는 박봉의 관료들이 위법행위를 하는 사람들의 처벌을 면제해 주거나 감해주는 유인책으로 작동하고 있다. 그 결과 상호의존적인 관계 내에서 밥그릇을 두둑이 챙기는 위법행위가 일상화되고 있다.

중간 계층 엘리트의 변심으로 인해 체제 안정의 절대적 보루인 감시통제 기능과 처벌 기능이 현저히 약화되거나 느슨해짐에 따라 기존의 엄격했던 억압통제질서가 흐트러졌다. 2000년대 초 가을 어느 날, 나는 탈북 도중 함경북도 부령군에서 체포되었었다. 적잖은 돈을 갖고 떠났기에 중국제 진품 우황청심환을 사려고 무산군에 있는 지인의 집으로 가는 중이라고 둘러댔다. 나는 구류장에 갇혀 취조를 받으면서 그 당시에 들끓었던 민심을 대변해 간간이 "먹을 것이 없고 약이 없어 죽는 세상이 기막히지 않냐?", "세상이 왜 이 모양이냐?"라고 불평불만을 토로했다. 나를 "악질 반동", "나쁜 간나"라고 모욕하며 괴롭히던 그들은 어느 날 아침, 나에게 족쇄를 채우고 청진 월경자 수용소로 끌고 갔다. 월경자 수용소는 북송 탈북민 또는 탈북 시도 중에 체포된 사람들을 가두고 거주 지역 안전원이 호송하러 올 때까지 강제노역을 시키는 곳이다. 그들은 거주 지역으로 호송되어 취조를 받은 후 노동단련대로 보내진다. 그곳에서 1~3년 동안 강제노역에 내몰리는데, 이때 비인간적 환경에서 많은 탈북민이 죽는다. 나 역시 월경자 수용소에 들어가면 그렇게 죽을 운명에 내몰릴 처지였다. 그런데 월경자 수용소 소장이 내가 그곳에 들어갈 대상이 아니며 또한 나의 '범죄'를 기록한 문서양식도 잘못되었다고 거부하며 받아주지 않았다. 그 소장은 애송이 호송관에게 나를 일반 여행자 수용소(통행증 없이 다니다가 잡힌 사람들이 한 달가량 강제노역하고 풀려나는 곳)에 끌고 가라고 '명령'했다. 극적으로 나는 여행자 수용소로 인도되었고, 그곳에서 집으로 돌아가는 데 필요한 증명서를 발급받고 곧 풀려났다. 당시 나를 풀어준 은혜를 돈으로 환산할 수는 없었지만, 그래도 나는 돈으로 신세를 갚았다. 나는 이 체험을 통해 중간 계층 엘리트들이 세상이 살 만하지 않다는 현실을 인정하고 동요하고 있다고 느꼈다.

주목할 것은 대부분의 중간 계층 엘리트들이 생계를 위해 시장 활동에 뛰어들었다는 사실이다. 시장 경제활동에 대해 국가의 통제력을 행사해야 하는 수만 명의 정부 관료들도 배고프기는 매한가지여서 일반 대중의 위법행위를 눈감아주거나 그들과 결탁하거나 의기투합하면서 밥그릇을 챙기고 있었다. 그들은 사람들의 위법적인 행위를 처벌하거나 시장 활동을 제한하거나 골목시장을 통제하는 데 관심을 두지 않는다. 정부 관료들이 생계와 돈벌이를 위해 시간과 에너지를 소비하다 보니 사상교육과 혁명규율로 사람들을 통제하는 혁명적·역사적 기능이 현저히 떨어질 수밖에 없었다. 중간 계층 엘리트들이 시장경제활동에 참여하게 된 것은 일반 대중과 함께 시장을 일상생활의 주축으로 만들어가는 과정에 기여하는 한편, 시장의 합법화와 정상화에도 일정 정도의 역할을 수행했다.

2000년대 중반 이후 부분적인 경제 회복으로 중간 계층의 엘리트들은 다시 기본 배급 혜택을 보장받게 되었다. 그러나 배급량은 늘 부족했기 때문에 부족한 양곡을 장마당을 통해 보충해야 했다. 그래서 그들의 가족 중 누군가는 먹을거리와 가계 소득을 벌충하기 위해 시장 활동에 참여할 수밖에 없었다. 그들 대부분은 자신의 지위를 이용해 모든 수단과 방법을 동원함으로써, 일부는 부패한 상인들과 암거래를 함으로써 자신과 가족을 위해 돈을 벌었다. 그들의 시장 활동은 일반인들의 돈벌이보다 더 대담하고 치밀했다.

중간 계층 엘리트가 시장 상인들과 결탁해서 벌인 각종 위법행위는 1990년대 북한 위기 때 비로소 나타난 일탈이 아니었다. 이미 그 이전부터 그들의 일탈행위는 고요하고도 깊숙이 이루어지고 있었다. 다만 고난의 행군 이후에는 훨씬 더 노골적이고 적극적으로, 더 광범위하게 이루어진 것뿐이다. 배를 곯지 않고 살기 위해서는 그렇게 할 수밖에 없다는 사실을 위부터 아래까지 모든 층위의 사람들이 암묵적으로 인정하고 있었다. 비록 겉으로는 정통과 명분을 외치지만, 그들은 정통과 명분이 결핍과 굶주림을 막을 수 없고 돈과 밥의 원천이 될 수 없다는 사실을 잘 알고 있다. 특히 그들 모두 끔찍한 기근과 아사의 고통을 눈뜨고 목격하면서 미미하게나마 붙잡고 싶었던 최고 존엄에 대한 신뢰가 바닥을 찍었고, 이것은 충성경쟁의 소용돌이에서 빠져나오는 계기가 되었다.

3) 북한의 부자들

북한에도 부자들이 있다. 최초의 부자들은 대부분 일본에서 귀국한 교포

출신이었다. 1990년대에는 활발한 외화벌이와 불법적인 경제활동으로 소
득과 부를 창출한 벼락부자들이 생겨나기도 했다. 2001~2002년경에는 함
흥시에서 살고 있던 부자들이 평양으로 불려 올라가 평양의 고급 아파트에
서 살기도 했다. 그 덕분에 남편이 외화벌이로 큰돈을 벌고 벼락부자가 된
나의 고등학교 동창도 평양 시민으로 살게 되었다. 또 평소 안면이 있던 재
일교포 출신의 부자도 평양의 고급 아파트로 옮겨가 살게 되었다. 이 그룹
에는 외화벌이 출신의 벼락부자들, 재일교포 출신의 부자들만 포함되었고,
화교 출신의 부자들은 포함되지 않았다. 함흥시에 살고 있던 화교 출신의
부자들은 아마도 외국인 신분이어서 포함되지 않은 듯하다. 이 시기에 지
방도시에 분산되어 살고 있던 부자들을 대거 평양으로 불러들인 것은 정부
의 조치였을 것으로 추측된다.

부자들에게 평양의 고급 아파트에서 살 수 있는 특권을 허락한 국가의 조
치는 "돈이 최고"라는 물질만능의 가치를 국가가 인정한 꼴이 되었다. 북한
당국은 탐욕과 돈이 충성이자 애국이라고 믿을 수 있는 새로운 사회적 기풍
을 규범적으로 인정한 것이나 다름없었다. "사상이 최고"였던 기존의 정신
주의적 가치가 경제적 가치에 의해 밀려난 것이다. 즉, 사상과 정신을 우선
시하는 '혁명적 기풍'이 아닌, 돈을 우선시하는 '자본주의 기풍'을 제도적으
로 안착시킨 모범적인 사례를 만들어냈다.

1990년대의 북한 위기 이후 다수의 북한 사람들이 단지 보따리 장사로
시장에 뛰어들었다. 그런데 장마당은 극소수의 사람에게 상당한 부와 기회
를 가져다주었다. 장마당을 통해 신흥 벼락부자들이 생겨나기 시작한 것이
다. 당시 생겨난 대부분의 부자는 정부 관료와 결탁해 훨씬 더 과감하고 파

렴치하게 국가의 지하자원과 수산자원을 밀매했고, 각종 위법행위로 상당한 돈을 벌었다. 북한에 살고 있는 탈북민 가족들도 주변의 눈치를 살피면서 이 벼락부자 대열에 조용히 합류하고 있는 추세다.

평양의 본토박이 고위급 출신과 그들이 거느린 여자들의 사치스러운 생활뿐만 아니라 정부의 조치에 의해 지방에서 평양으로 올라가 고급 아파트에 모여 살고 있는 이 부자들의 호사스러운 소비형태도 외부 세계에 비춰졌는데, 이는 평양 사람들의 부유함을 상징하기도 한다. 그들은 고급호텔과 식당, 매장에서 고급술과 담배, 명품 가방과 옷 등을 구매하며 통 큰 소비를 주도하고 있다. 또한 핸드폰과 카메라, 컴퓨터 등 최신 기술에도 일찍이 접근하며 문명의 이기를 누리고 있다. 해외에서 냉장고와 자전거, 중고차 같은 소비재를 구입해서 북한 내에 유통시키기도 한다.

북한에서 부자들은 자본주의 생활양식을 척결하는 과정에서 정치적으로는 매우 위험할 수 있지만 사회적으로는 대우받고 매우 선망되는 이중적인 지위를 가지고 있다. 국가는 때때로 내부의 불안을 잠재우기 위해, 또는 사회질서를 확립하기 위해 이 벼락부자들을 처벌하기도 한다. 위법행위로 과도하게 재물을 축적했다고 생각하는 사람들에게 형사적 제재를 가함으로써 본보기를 보이는 것이다. 이때에는 출신성분의 서열에 따라 자칫 정치범으로 몰려 쥐도 새도 모르게 사라질 수도 있다. 그렇지만 기본적으로 부자는 북한 사람들에게 부러움과 동경의 대상이다. 북한 사람들의 눈에 비춰지는 벼락부자의 경제적 성공과 사치스러운 생활양식은 누구에게나 '부자가 되고 싶은' 욕망을 자극한다. 그 결과 앞뒤 가리지 않고 돈벌이에 열을 올리게 만든다. 하지만 북한체제의 특성상 신흥세력으로 부상하는 북한 부자들이 자체적인 조직체나 정치계급을 형성하는 것은 불가능하다.

4) 장마당 세대

1980년대 중반에서 1990년대 초반에 태어난 장마당 세대는 극한적인 굶주림과 기아를 경험하며 "돈이면 다 통한다"라는 신념을 내면화한 세대다. 1990년대에 겪은 충격적인 위기를 통해 이전의 정치적 이념에 대한 의문과 회의가 제기되었고, 그로 인해 사회규범과 질서가 뒤흔들리는 틈바구니에서 자랐기 때문에 이전 시대에 비해 언행과 스타일이 비교적 자유롭다. 이전 세대처럼 정치사상교육을 무차별적으로 접해보지 못한 장마당 세대는 대부분 최고 존엄에 대한 신뢰나 충효일심 같은 인지적 감각이 거의 없다. 하지만 그들의 몸은 언제든지 정치범으로 몰려 사라질 수 있는 전체주의 공포를 기억한다. 그럼에도 불구하고 장마당 세대는 옷차림과 헤어스타일을 통해 더 개인주의적인 방식으로 개성 있게 자신을 표현한다. 이 세대는 자신들의 부모나 조부모와는 다른 방식으로 국가와 관계를 맺으면서 성장한다. 그들은 이전 세대처럼 절대적으로 국가에 의존하지도 복종하지도 않는다. 이전 세대는 밥을 챙겨먹고 안전하게 살아가기 위해서는 당에 절대적으로 의존하고 복종해야 했다. 장마당 세대는 국가에 대한 복종이 이제는 밥을 먹여줄 수 없고 생존을 보장해 주지 않는다는 사실을 안다. 돈이 없으면 죽는다는 현실을 치열하게 몸으로 경험했기에 "돈이 최고"라고 믿는 세대다. 그들은 돈을 벌고 괜찮은 미래를 보장받을 기회를 갖기 위해서는 당의 명령을 회피하거나 무시하는 것이 훨씬 합리적인 선택이라고 인식한다.

장마당 세대의 위법적인 이탈은 자기 부모 세대의 이탈행위보다 훨씬 더 과감하고 노골적이며 일상적이다.

장마당 세대는 군 입대를 선호하지 않는다. 이전의 충성경쟁 세대에게는 군 입대가 가파르게 상승할 수 있는 매력적인 관문이었다. 장마당 세대에게 군 입대는 어떻게든 회피하고 싶은 코스이지만, 사회적 법규에 따라 이전 세대처럼 의무적으로 10년 이상 군복무를 해야 한다. 이 세대가 군대의 시장화를 활성화시키고 있다. 1990년대 위기 이전에도 배고픔을 면하기 위한 군대의 시장 활동이 있었다. 최소한도로 할당되는 배급에 의존하는 군대의 처지도 북한 주민들의 처지와 조금도 다를 바 없었다. 배급되는 식량은 늘 부족했고 부식물도 거의 공급되지 않았다. 그래서 군대는 자력갱생으로 살아야 했다. 직접 땅을 일구고 농사를 지어 자급자족하면서 부족한 식량과 부식물을 보충하며 살아야 했다. 하지만 충분한 비료와 농약, 제대로 된 관개시설과 농기계가 없는 상태에서 농사의 노하우나 경험도 없는 젊은이들이 농사를 지어 자급자족한다는 것은 쉬운 일이 아니었다. 군인들은 굶주림을 달래려고 한밤중에 군부대 인근 농가의 텃밭에 숨어들어 감자와 채소를 몽땅 거덜내기도 했다. 심지어 농민들이 겨우내 먹어야 할 김치를 몽땅 퍼가기도 했다. 영양실조에 시달리는 어린 하사들은 강에서 물고기를 잡다가 물살에 휩쓸려 내려가는 일도 다반사였다.

1990년대 '고난의 행군' 시기에는 군인들의 도둑질과 강도행각이 훨씬 노골화되면서 군인들을 두려워하고 기피하는 현상이 두드러졌다. 이전에는 처녀들이 결혼상대로 꿈꾸던 군인들이 이제는 돈도 없고 도둑질만 잘하는 대상으로 낙인찍히게 된 것이다. 일례로 함흥시 회상구역 리화동과 그 주변에는 모 군단 사령부가 자리 잡고 있어 고위급 장성들이 모여 사는 아파트가 있다. 내가 평소 알고 지내던 참모부 고위급 장성 가정에는 딸이 한 명 있었는데, 앞날이 유망한 군관들이 사윗감으로 많이 소개되었지만 정작 사위로 맞는 것을 매우 꺼렸다. 그 이유는 군대가 도둑질을 너무 잘하기 때문이라고 했다. "군대가 도둑질하지 않으면 굶어죽는다", "도둑질 못하는 군대는 바보", "군대는 도둑질을 배우는 학교", 이것은 1990년대에 함흥시를 떠돌던 소문이자 이 군관 아파트를 중심으로 퍼져나갔던 말들이다.

북한의 중간 계층 엘리트와 마찬가지로 이 장마당 세대 군인들도 자신의 지위와 연줄을 이용해 다양한 거래를 하면서 돈벌이를 하고 있다. 도둑질을 더 잘해 중대장이나 정치지도원에게 도둑질한 물건을 갖다 바침으로써 자신의 돈주머니를 불리는 군인은 충성심이 높고 앞날이 유망한 군인으로 정평이 난다. 그들은 수단과 방법을 가리지 않고 재량껏 군량미를 빼돌려 장마당에 내다 팔든지 훔치든지 한다. 추수철에는 인근 농장의 탈곡장에서 볏가마니와 옥수수포대를 훔쳐 장마당에 내다 팔기도 한다. 한길에 나서서 상인들에게 총부리를 내대며 장사물건을 강탈하는 사건도 늘어났다. 운 좋게 중국 국경선 경비대에 배치될 경우 북한 사람들이 몰래 중국으로 건너갈 수 있도록 허락해 주는 대가로 목돈을 챙길 수도 있다. 탈북민들이 북한에 남아 있는 가족을 한국으로 오게 하려면 무려 2000만~3000만 원을 지불해야 한다. 한 사람의 몸값이다. 적잖은 돈이 경비대 군인에게 할당된다. 이와 같은 삶의 양식은 장마당 세대의 가치관과 인생관을 잘 반영해 준다.

5) 다수는 진실을 알고 있다

1990년대 위기의 여파가 심각했음에도 절대 권력은 생존했지만 당과 국가, 사회를 아우르는 소위 충성경쟁의 모델형태는 살아남지 못했다. 김일성-김정일-김정은 시대의 억압통제 수단들은 변하지 않았지만 그 기능은 심히 훼손되고 둔화되고 있다. 사람들의 사적·공적생활의 모든 면을 통제하고 감시하고 처벌하는 능력이 현저히 약화된 것이다.

억압통제 기능을 수행하던 중간 엘리트계층이 밥그릇 챙기기, 돈벌이 경쟁에 뛰어들면서 깨어 있는 시간에 사상교육과 혁명질서를 위해 할애할 내적 에너지와 시간이 부족해졌다. 밥과 권력을 보장받던 충성경쟁이 종언됨에 따라 한 개인의 언동에 대해 쓸데없이 감시하고 처벌할 이유가 사라졌다. 이전처럼 사람들의 사소한 대화나 생활방식을 감시하면서 혁명적 열정이 결여되었는지 점검함으로써 신분을 상승하려던 그들의 욕구가 백해무익해진 것이다.

중간 엘리트계층은 사람들에게 감시와 억압을 가하더라도 이제는 어떠한 이익도, 유익도 얻을 수 없다는 사실을 잘 알게 되었다. 정부 관료들은 가족을 먹여 살리기 위해 어떻게 하면 국가의 제약에서 벗어날 수 있을지, 어떻게 하면 떼돈을 버는 사람들과 한탕 거래를 할 수 있을지 모색하면서 방법을 찾고 있다. 한마디로 관료들이 돈벌이 경쟁에 투신함에 따라 북한 사람들을 꽉 짜인 생활로 옭아매던 당기구의 활동과 사법기관의 감시통제, 처벌 기능이 와해되거나 느슨해진 것이다.

더욱 중요한 것은 1990년대 위기 이후 대다수의 일반 대중이 변했다는 사실이다. 시장경제활동이 일상생활의 중심에 자리를 잡으면서 사람들은 국가의 지배와 통제에서 벗어나 사적인 담론을 공론화할 수 있는 공간과 시간을 얻게 되었다. 장터에서는 일상생활의 결핍과 불편함에 대한 불평불만이나 국가정책에 대한 비난이 대화의 주제를 이룰 만큼 공유되고 있다. 사람들은 법과 위법의 경계를 아슬아슬 넘나들고 장사행위를 방해하는 정부의 시도를 능란하게 피해가면서 이익을 챙긴다. 위험부담이 있지만 거의 정부의 명령을 무시하고 조롱하며 효과적으로 법망을 피하거나 혹은 안전원이나 보위원들과 결탁해 공공연히 위법행위를 하면서 돈을 벌어들인다. 위법행위를 단속하고 처벌하려는 관료들에게는 죽기 살기로 대항하면서 이전처럼 호락호락 복종하지 않는다.

1990년대 이후의 북한 사람들은 김정은이 경제부흥을 약속해도 믿지 않는다. 북한 위기는 지상낙원에 대한 최고 존엄의 약속을 마지막까지 붙잡고 싶었던 북한 사람들의 신뢰를 붕괴시켰다. 그들은 억압적인 환경에 순응하고 때로는 그 억압에 순종하는 척하면서 험난한 여정을 고생스럽게 살아왔다. 감시통제가 일상화되고 배고픔과 결핍이 당연시되는 환경에서 지속적인 신체적·사회적 고통을 경험하면서도 언젠가는 이 고통이 끝나고 잘 살게 될 것이라는 믿음을 가지고 희망을 놓지 않았다. 그 한 줄기의 희망이 인간의 적응능력을 넘어서는 전체주의 생존환경을 견딜 수 있게 한 힘이었는지도 모른다.

그러나 고난의 행군은 이 마지막 믿음을 깡그리 밟아버렸다. 이는 최고 존엄의 잔악한 민낯을 뚜렷이 직면하게 한 사태였다. 김정일은 고난의 행군을 선포하고 '너희들이 알아서 먹고 살아라'라는 식으로 국가의 책임을 개인에게 떠맡겨버렸다. 마치 노예주가 사나운 짐승이 득실거리는 정글에 지칠 대로 지친 노예들을 내몬 것이나 다름없이 말이다. 그리고 자신은 소수의 지배 엘리트 그룹과 함께 여전히 초호화판 생활을 이어가며 우상화 작업과 핵개발에 국고를 무제한 낭비했다.

김정은 역시 선대보다 더 무자비하게 폭력을 휘두르며 이전 시대로 회귀하려고 애쓴다. 고난의 행군 시에 상실한 절대 권력의 위엄과 지배공간을 회복하기 위해 공포정치와 감성정치의 양극단을 오가며 수단과 방법을 가리지 않는다. 인민을 굴복시키려고 위협과 공갈로 을러대기도 하고, 인민의 마음을 얻으려고 눈물을 훔치며 "인민 만세"를 외치기까지 한다.

오늘날의 북한 사람들은 1930년대 고난의 행군보다 훨씬 더 끔찍한 1990년대 고난의 행군을 지나오면서 혁명가족의 의리와 약속이 허구라는 것을 명명백백히 알아버렸다. 이로 인해 생존전략적 차원에서 안정감을 확립하기 위해 고통스러운 인생길에서 마지막까지 붙잡고 싶었던 국가에 대한 막연한 신뢰가 말끔히 지워졌다. 지금 이 순간에도 사람들이 모인 곳마다 김일성-김정일-김정은 백두혈통의 눈부시고 찬란했던 신화가 민낯을 드러내며 발가벗겨지고 있다. 오늘날의 북한 사람 다수는 김정은을 신뢰하지 않는다. 다수가 김정은을 신뢰하지 않는다는 사실을 다수가 알고 있다. 이러한 사실을 다수의 다수가 안다면 어떤 일이 일어날 수 있을까?

제2부

예술정치와 상징효과

/

제4장

인간 뇌의 사회적 연결망

오랜 세월 동안 사람들은 우리 삶의 윤리적 기초가 고통과 쾌락을 추구하는 데 있다고 보면서 고통과 쾌락이 우리의 모든 행위와 모든 언어와 모든 생각을 지배한다고 여겨왔다. 그러나 우리 대부분이 간과하고 있는 것은 인간은 신체적 고통과 쾌락만큼이나 근본적인 또 다른 관심들을 추구하도록 진화해 왔다는 사실이다. 곧 우리의 뇌는 사회적 연결에 대한 위협을 신체적 고통을 경험할 때와 비슷한 방식으로 느끼도록 진화해 왔다는 것이다.[1] 우리가 사회적 고통을 느낄 때 활성화되는 신경회로는 신체적 고통을 느낄 때 활성화되는 부위와 같다고 한다.

외부 세계와 절연된 '잠금장치'에 갇혀 살아가는 북한 사람들의 신체적·사회적 고통은 이루 말할 수 없다. 사회적 고통과 신체적 고통이 신경적으

---

1 매튜 D. 리버먼(Mattew D. Lieberman), 『사회적 뇌: 인류성공의 비밀』, 최호영 옮김(서울: 시공사, 2017), 15쪽.

로 연결되어 있다는 것은 사회적 연결 속에서 사는 것이 먹는 것, 몸을 보호하는 것 같은 신체적 욕구와 마찬가지로 평생 지속되는 욕구임을 의미한다. 그런데 전체주의 북한에서는 사람들이 안정적인 사회적 연결 속에서 살아갈 수 없다. 감시통제 속에서 고립되어 살아가는 북한 사람들은 사회적 고통 속에서 스스로를 지키기 위해 어떻게 대처할까? 절대 권력이 지배하는 환경에서 발현되는 북한 사람들의 친사회적 행동화는 공감적 행동일까? 아니면 단순한 모방일까? 이 장에서는 북한 사람들의 사회적 행동패턴을 뇌의 거울신경체계를 통해 살펴보려 한다.

1. 인간의 사회성

1) 연결된 사람들

우리는 가족이나 이웃들과 연결된 채로 살아가려는 뿌리 깊은 욕구를 가지고 있으며 다른 사람들의 마음속에서 무슨 일이 일어나는지에 대한 호기심을 가지고 있다. 우리의 정체성은 우리가 속한 집단이 가지고 있는 여러 가지 가치에 의해 형성된다. 다시 말해 우리의 뇌는 우리가 살아가는 환경 및 사람들의 신념과 가치를 받아들이도록 설계되어 있다.

기본적으로 동양은 집단주의 문화권이다. 동양 사람들은 다른 사람들의 생각과 행동에 각별히 주의를 기울임으로써 서로 조화를 이루며, 개인보다 집단을 선호하는 경향을 보인다. 반면 서양 사람들은 자신이 지닌 신념과 가치가 자신의 정체성을 구성하며 자기실현의 핵심적인 요소라고 생각하는 경향이 있다. 이처럼 우리가 지닌 신념과 가치는 우리가 깨닫지 못하는 사이에 우리의 마음속에 몰래 스며든다. 곧 우리의 자기(self)란 외부의 영향을 결코 허용치 않는 심리내적인 개념이라기보다는 사회적 영향에 대해 활짝 열려 있는 사회적 개념인 것이다.

북한 사람들은 극단적인 수령 숭배의 집단주의 문화권에서 살고 있다. 북한은 명시적으로는 "하나는 전체를 위하여, 전체는 하나를 위하여"라는 구호를 내걸고 사회주의 생활기풍을 확립하고 있다. 하지만 실제로는 하나의 개인은 없고 하나가 전체에 흡입된 거대한 덩어리처럼 존재한다. 개개인의 자율성과 의지는 거세된다. 모두가 굴종의 상태로 돌아서야 한다. 오직 절대 권력의 영속성을 위한 전체주의 생활기풍만을 따라야 한다. 절대적으로 자기 자신의 생각과 행동, 의지를 꺾고 수령 숭배 집단의 색깔을 입어야 한다. 집단의 색깔이 아닌 고유한 개인적 색깔을 고수하려고 한다면 경중에 따라 생존이 위태할 수도 있다. 이 독특한 문화권에서 사람들은 생존전략적 차원에서 맹목적으로 충효일심의 색깔로 물들게 된다. 자신들도 깨닫지 못하는 사이에 사회적 가치와 신념이 자신들의 정신에 몰래 스며드는 것이다.

인간의 사회성은 공룡이 최초로 지상을 거닐었던 때부터 포유동물의 역사에 걸쳐 수없이 반복되어 온 진화의 책략을 통해 점진적으로 진화해 왔다고 보고 있다. 우리는 주위 사람들과의 유대를 강화하고 타인의 마음을 예측하는 능력을 향상시킴으로써 사람들 사이의 조화와 협력을 발전시키며 생존해 왔다. 진화는 현대인의 뇌를 설계해 온 과정, 즉 우리가 다른 사람들에게 다가가고 그들과 상호작용을 주고받으며 연결되도록 우리의 뇌 구조가 변화해 온 과정[2]이라고 할 수 있다. 그렇다면 우리의 사고 중에서 얼마나 많은 부분이 순수하게 개인적인 것일까? 우리의 신체적인 기술 중에서 얼마나 많은 것이 우리 자신의 것일까?

우리의 뇌 구조는 이러한 질문에 관한 구분을 흐릿하게 만든다. 기본적으로 우리는 별다른 노력 없이도 다른 사람의 마음을 헤아린다. 우리는 다른 사람이 먹고 노는 모습, 아파하는 모습, 행복해하는 모습, 놀라는 모습을 보는 것만으로도 그 사람이 느끼는 바를 함께 느낄 수 있다. 우리는 친구의 미소 뒤에 숨은 슬픔을 느낄 수 있고, 의욕이 넘치는 듯 보이는 모습 뒤에 가려진 실의를 느낄 수 있다. 때로는 관대한 것처럼 보이는 직장 동료의 행동 뒤에 감춰진 악의까지 느낄 수 있다. 우리가 다른 사람의 정서를 공유하는 것은 의식적으로 하는 일이 아니라 그냥 자연스럽게 일어나는 일이다. 어린아이조차 별 노력 없이 주변 사람들의 마음에서 일어나는 일을 알아차릴 수 있다. 그러나 만일 내가 윷가락을 던지며 당신에게 어떤 결과가 나올지 맞혀보라고 한다면 당신은 매우 난처해할 것이다. 어떤 수가 나올지 대충 짐작할 수는 있지만 정확히 예측하기는 어렵기 때문이다. 때로는 어림잡아 결과를 예측할 수도 짐작할 수도 없는 경우도 있다.

신경과학에 따르면, 우리가 타인의 마음을 헤아릴 수 있는 것은 우리가 사고를 통해서 또는 우리가 타인의 몸으로 들어가서 그들이 겪는 동일한 고통을 겪는다고 상상하려고 노력하기 때문이 아니다. 어쨌든 자연은 역설적

---

2   같은 책, 22쪽.

이게도 간단한 윷가락 던지기의 결과를 예측하는 일보다 복잡한 인간의 두 뇌를 예측하는 일을 더 쉽도록 만들었다. 우리는 어떻게 그런 일을 그토록 잘해낼까? 우리는 어떻게 감춰진 감정을 느낄 수 있을까?

2) 거울신경: 너를 보고 나는 한다

거울신경은 우리 주변 사람들의 행동과 정서를 거울처럼 반영해 그것이 우리의 일부가 되도록 한다. 이 신경세포들은 본인이 직접 특정한 행동을 할 때뿐만이 아니라, 다른 누군가가 이와 유사한 행동을 하는 것을 볼 때에도 활성화된다는 점에서 독특하다.[3] 예를 들어, 당신이 초코파이 한 조각을 먹을 때 뇌세포들의 특정 연결망이 활성화된다. 이 세포들의 일부는 특별하다. 그것은 당신이 직접 초코파이를 먹을 때뿐만 아니라 다른 사람이 초코파이를 먹는 것을 볼 때에도 활성화된다. 이러한 세포들이 바로 거울신경이다.

거울신경은 우리로 하여금 타인의 경험을 공유할 수 있도록 해준다. 타인에게 일어난 일은 우리 두뇌의 거의 모든 영역에 영향을 미친다. 다른 사람이 초코파이를 먹는 것을 보는 것만으로도 우리가 초코파이를 먹을 때의 느낌이 촉발되는 것이다. 즉, 거울신경은 우리가 다른 사람이 하는 행동을 이해하는 데 도움을 주기도 하지만 같은 행동을 하려는 경향 또한 촉발시킨다.

---

3   크리스티안 케이서스(Christian Keysers), 『인간은 어떻게 서로를 공감하는가』, 고은미·김잔디 옮김(서울: 바다출판사, 2018), 15쪽.

이와 같이 거울신경의 발견은 우리가 개인 간의 관계를 이해하는 방식을 변화시켰다. 타인의 행동과 정서를 접할 때면 우리의 두뇌는 일반적으로 우리가 동일한 행동을 하거나 동일한 정서를 경험할 때 활성화되는 두뇌 영역을 활성화한다. 덕분에 우리는 자연적으로 타인의 행동과 정서를 공유하게 된다. 곧 거울신경은 '당신이 하는 것을 보고 나도 할 수 있다', '당신이 느끼는 것을 나도 느낄 수 있다'는 원칙을 따른다. 우리는 타인의 행동과 정서를 보면서 그와 유사하게 우리 자신의 행동과 정서를 활성화하는 것이다. 거울신경은 우리의 두뇌가 마술처럼 서로 연결되어 있다는 사실을 명확하게 보여준다.

자, 이제 우리는 북한 사람들이 마치 감염이나 된 듯이 하나같이 말하고 하나같이 웃고 울고 하나같이 열광하는, 때로는 하나같이 침묵하는 친사회적 행동화에 대해 설명하는 논리적 근거를 제시할 수 있는 지점까지 왔다. 북한 사람들의 친사회적 행동화에 대해 그들만의 도덕성에 기반을 둔 정신주의적 표현이자 정치적으로 단결된 모습이라고 평가하는 우리의 고정관념을 재고해야 할 이유가 충분하다. 충효일심을 명령하는 절대적 사회규범과 질서는 북한 사람들의 몸에 밴 생존전략 차원의 친사회적 행동화를 형성하고 활성화한다. 우리는 그들의 사회적 행위가 충성심에 기반을 둔 행위가 아니라 사회적 압력에 의해 훨씬 더 활성화된 거울신경세포의 단순한 모방행동이거나 감정전염에 의한 사회적 감염효과라는 과학적 가설을 세울 수 있다.

우리는 주변 사람들과 완전히 분리되어 있지 않다. 기본적으로 인간은 타고난 모방자라고 할 수 있다. 우리는 낯선 사람을 만났을 때에도 알게 모르게 상대의 움직임을 따라 한다. 한 사람이 팔짱을 끼면 다른 사람도 그렇게 한다. 한 사람이 하품을 하면 하품은 곧장 확산된다. 한 사람이 웃으면 다른 사람들도 크게 따라 웃는다. 이와 같은 사회적 전염(카멜레온 효과)을 이용해 더 커다란 사회적 행동을 선동할 수 있다. 움직임을 따라 하는 것은 상대의 호감을 얻는 탁월한 전략이기 때문에 자신에게 유익하다.[4] 상대의 움직임을 적극 따라 하는 사람은 지적이고 열려 있고 깨어 있고 사랑스러운 사람으로 지각된다. 교사의 움직임을 모방하는 학생은 좋은 점수를 받을 확률이 높다고 본다. 이와 같이 거울신경세포의 반응은 우리가 살아가는 데 매우 유익하다.

집단주의 문화권에서 거대한 덩어리를 이루며 살아야 하는 북한 사람들의 친사회적 행동화는 자신의 충성심을 증명하는 '생존의 기본단위'로, 생존에 절대적 유익이 된다. 게다가 충효일심을 따라야 하는 것은 최고 존엄의 절대적인 명령이다. 북한체제가 사회적 압력을 통해 어떻게 충효의 집단효과를 확립해 가는지는 거울신경세포가 설명해 줄 수 있다. 나라 전체가 하나와도 같이 표현하는 모방행동 및 하나와도 같이 웃기도 하고 울기도 하는 집단감정을 이해할 수 있을 것이다. 북한의 독특한 정치 환경의 압력은 사람들의 모방행동과 감정전염을 활성화시켜 집단효과(group effect, 집단이 구성원 개개인에게 미치는 심리적 효과)를 극대화하고 있다.

---

4   T. L. Chartrand and J. A. Bargh, "The Chameleon Effect: The Perception-Behavior Link and Social Interaction," *Journal of Personality and Social Psychology* 76(6)(1999), pp.893~910; 프란카 파리아넨(Franca Parianen), 『나의 뇌는 나보다 잘났다』, 유영미 옮김 (서울: 을유문화사, 2018), 26쪽.

3) 북한에서 문화가 전이되는 방식

우리는 단순히 다른 사람을 관찰함으로써 많은 것을 배울 수 있다. 세대를 넘어 다음 세대로 문화가 전이될 수 있는 것은 우리가 타인들로부터 매우 빠르게 기술과 지식을 획득할 수 있는 놀라운 능력을 지녔기 때문이다. 유명한 예로 감자 씻는 원숭이를 들 수 있다. 일본에서는 한 원숭이 집단에서 감자에 묻은 흙을 없애기 위해 바닷물에 감자를 씻는 것이 관찰되었다.[5] 이들 원숭이는 감자를 씻는다고 알려진 유일한 집단이다. 감자를 씻어 먹을 경우 모래가 씹히는 불쾌한 느낌을 없앨 수 있다. 게다가 감자에 소금을 추가하면 맛도 더 좋아진다. 아기 원숭이는 성인 원숭이의 행동을 관찰하면서 감자 씻는 방법을 배우게 된다. 흥미롭게도 '감자 씻기'는 문화 전이의 한 사례로, 일종의 지역 전통이 되었다. 즉, 한 사회 내에서 지식을 전수하는 사례로 받아들여진다.

북한의 정치문화는 충효일심을 추구하는 독특한 수령 숭배 문화다. 북한 사람들도 감자 씻는 원숭이 집단처럼 독특한 전통과 문화를 다음 세대로 전수한다. 거울신경은 누군가를 관찰함으로써 행동하는 방법을 배우는 우리 능력의 기초라고 말할 수 있다. 수령 숭배의 북한에서 아이들은 부모나 어른들이 하는 행동을 관찰함으로써 많은 것을 배운다. 엄마 또는 탁아소 보육원이 "아~" 소리를 내면 아기도 "아~" 입을 벌려 음식을 받아먹는다. 어른들의 입모양을 따라 하면서 언어를 배우는 것이다. 어른들을 따라 옹알이

---

5   크리스티안 케이서스, 『인간은 어떻게 서로를 공감하는가』, 47쪽.

를 하게 되고 나중에는 어른들이 하는 말을 따라 하게 된다. "아버지 원수님 고맙습니다." 처음에는 따라 하기가 완벽하지 않지만 계속 반복하다 보면 훨씬 더 잘 따라 하게 된다. 더 커서는 어른들의 행동을 따라 하며 수령 숭배의 사회규칙을 배우게 된다.

북한은 뿌리 깊은 가족주의 인간관에 기반을 둔 거대한 대가족 국가체계다. 모방과 감정전염은 가족과 같은 친밀한 느낌 안에서 더 많이 일어날 수 있다. 부부가 살다보면 닮아가는 것도 바로 이런 이치다. 게다가 주체사상을 '선'으로, 다른 사상이나 의견을 일체 '악'으로 배척하며 수렴하지 않는 혁명가족의 도덕적 압력, 그리고 누군가의 '눈'이 항상 지켜본다는 긴장감을 떨쳐버릴 수 없는 감시통제의 생활환경은 훨씬 더 친사회적인 행동을 선동할 수 있다.

또한 '선'과 '악'의 흑백논리에 기반을 두고 있는 용서 불가능의 상과 벌의 체계는 대리경험 효과를 유발하며 강력한 모방행동을 촉진한다. 우리는 따돌림을 당한 경험이 있으면 그 이후의 만남에서는 따돌림을 당하지 않으려고 상대를 심하게 모방하는 경향이 있다.[6] 북한 사람들 역시 조직으로부터 따돌림을 당해 비판이나 처벌을 받을 경우 더 좋은 모습으로 보이기 위해 사회적 규범이나 규칙을 심하게 모방한다. 더 충성심이 높고 더 솔직하고 더 상냥하게 보이기 위해 이전의 나쁜 경험을 이용하는 것이다. 특히 공개처형과 정치범 수용소 체계는 북한 사람들에게 끔찍한 자극을 특정행위와

---

6   J. L. Lakin, T. L. Chartrand and R. M. Arkin, "I am too just like you: mimicry as an automatic behavioral response to social exclusion," *Psychological Science* 19(2008), pp.816~822; 프란카 파리아넨, 『나의 뇌는 나보다 잘났다』, 46쪽.

연결시키는 학습효과가 있다. 즉, 형벌을 통해 친사회적 행동화를 강화하도록 자극한다. 그와 같은 엄중한 대리경고를 통해 사람들의 불평불만과 일탈행동을 일격에 소거시키고 친사회적 행동화를 촉진하는 것이다. 즉, 혁명가족의 도덕률을 구현하기 위한 강력한 사회통제 시스템은 사회적 감염을 촉진하는 위력한 수단이다.

우리는 자신을 기분 좋게 해주고 더 많은 기회를 보장해 주는 사람과 친해지고 싶어 하고, 그럴수록 그 사람에 대한 모방행동이나 공감도 증진된다. 특히 호감을 얻으려고 심혈을 기울이는 상대에게는 더욱 그러하다.[7] 북한 사람들이 생존전략의 차원에서 심혈을 기울이는 상대는 혁명가족 아버지다. 아버지를 모방하는 것은 전적으로 자신에게 도움을 주며 생존에 유익하기 때문이다.[8]

---

[7]   J. L. Lakin and T. L. Chartrand, "Using nonconscious behavioral mimicry to create affiliation and rapport," *Psychological Science* 14(2003), pp.334~339; 프란카 파리아넨, 『나의 뇌는 나보다 잘났다』, 46쪽.

[8]   모방이 진화적으로 관철된 이유는 무엇일까? 그 이유를 상상해 보는 것은 어렵지 않다. 집단에서는 전염 메커니즘이 중요하다. 예를 들어 옆 사람이 몸을 계속 긁으면 당신도 몸을 계속 긁는 것이 유익하다. 자신의 몸을 벼룩의 하숙집으로 만들지 않고 이웃에게 돌려보내는 것이 낫지 않겠는가? 하품도 따라 하는 것이 유익하다고 한다. 다음날 모두 도보여행에 나서야 하는데 한 사람이 하품에 전염되지 않은 채 밤새 자지 않고 추리소설을 읽으면 어떻게 될까? 그러면 다음날 피곤한 나머지 다른 사람의 진행을 방해하게 될 것이다. 그러므로 다른 사람이 하품을 하면 나도 하품을 하는 것이 진화적으로 유익하다는 것이다. 감정의 전염 역시 개개인에게 유익하다. 예를 들어서 거대한 인파 속에서 갑자기 몇 사람이 소리를 지르면 불안에 전염되어 덜컥 겁이 난다. 그래서 "정말 큰 화재가 났나?" 하면서 위험한 상황을 확인하는 것이 아니라 그 반대 방향으로 무작정 도망가 버린다. 다른 사람이 모두 다리에서 뛰어내린다면 당신도 다리에서 뛰어내려야 할까? 아마 그래야 할 것이다. 당신이 모르는 걸 다른 사람이 알고 있을 테니 그냥 동참하는 것이 낫다. 우리는 일생 동안 그렇게 행동하고 있다. 그것이 생존에 유익한 탁월한 전략이기 때문이다. 프란카 파리아넨, 『나의 뇌는 나보다 잘났다』, 27, 51쪽.

북한 사람들은 '아버지'의 호감을 얻으려고 그의 많은 것을 모방한다. 일례로 아버지의 글씨는 비스름히 누운 서체다. 그의 글씨체는 '명필체'로 받아들여지는데, 김일성 시대에는 '태양 서체'로, 김정은 시대에는 '백두산 서체'로 불렸다. 북한 사람들이 쓰는 글씨체는 아버지의 글씨체를 모방한 서체가 대부분이다. 또한 북한 사람들은 아버지의 패션도 적극적으로 모방한다. 김정일 시대에는 그가 입은 잠바가 대유행이었다. 남녀노소가 그 옷의 색상까지 모방했다. 그 이전 시대에는 김일성의 인민복이 그러했다. 아버지의 모든 것을 모방하는 행동은 자신이 혁명가족의 일원임을 인정받으며 동질감을 높여주는 기능을 한다. 집단의 일원이라는 동질감은 편안한 기분을 느끼게 하며 안정감을 준다. 이와 같은 느낌은 생존에 유익하다. 그 결과로 모방행동을 지속하면서 북한의 독특한 문화가 전이된다.

2. 모방행동과 감정전염

1) 혁명가족 언어 모방하기

북한의 충효문화는 대부분 정치의 언어를 통해서가 아니라 혁명예술의 상징적 언어, 즉 영화, 연극, 드라마, 음악 등을 통해 내면화되고 다음 세대로 전이된다. 혁명예술은 오로지 김일성-김정일-김정은에 대한 절대적 복종의 언어와 감정, 충효의 행동화로 일색화되어 있다. 혁명가족의 도덕성은 유아기 때부터 어른들의 행동을 관찰하면서 모방된다. 부모는 아이의 행복한 미래를 위해서가 아니라 불행을 막기 위해 특정한 혁명가족의 문화를 전수할 수밖에 없다.

북한의 가정은 대부분 맞벌이여서 아이는 영아기 시절부터 어린이집에서 양육된다. 어린이집에서는 급식시간마다 혁명가족의 의례를 실천하는데, 바로 보육원과 아기가 함께 최고 존엄의 초상화를 향해 두 손을 높이 뻗어 경배하는 의식이다. "아버지 고맙습니다. 잘 먹겠습니다." 아기는 보육원을 따라서 함께 머리 숙이는 몸짓을 취한다. 아기가 보육원의 행동을 따라 하면 "아주 잘했어요", "충성동이, 효자동이로 잘 자라고 있어요" 기뻐하면서 죽을 입에 떠 넣어 먹여준다. 후식으로 달달한 사탕을 먹기 전에도 똑같은 의례를 반복한다. 아기는 만족하게 먹으면서 행복감을 느낀다. 좋은 기분은 모방행동에 대한 보상이다. 이는 우리 뇌의 도파민 작동성 회로가 보상중추를 활성화시켜 행복감을 만들기 때문인데,[9] 도파민은 행동의 동기와 관계되는 영역에 영향을 미친다. 즉, 접근하게 하고 애쓰게 하고 자신의 행동을 기분 좋게 확인받음으로써 자신을 자랑스러워하게 만드는 것이다. 이런 행복감은 아기로 하여금 자꾸 그렇게 행동하도록 만든다. 즐거움을 느끼는 것은 상당히 안정적인 행동 추진력으로 작용한다. 행복감을 높이는 물질은 중독성이 강하기 때문에 그와 같은 행동을 더욱 강화하도록 만든다.

이와 같이 아기는 입을 통해, 신체를 통해 혁명가족의 도덕을 배운다. '충성동이', '효자동이' 행동을 모방하면 보상중추가 활성화되고 학습효과가 나타난다. 그 유쾌한 기분은 기대행동으로 이어진다. 그와 같은 행동화는

9　같은 책, 79쪽.

자신에게도 유익한 일이다. 밥을 배불리 먹고 달달한 사탕을 먹으면서 기분이 좋아지기 때문이다. 아기는 좋은 느낌에 대한 기대에 기초해서 충효의 행동을 배운다. 아기는 세상에 태어나 아빠 엄마의 얼굴을 익히는 순간부터 혁명가족 아버지의 존재도 인식하게 된다. 자기에게 밥을 주고 달달한 간식을 주는 존재가 육신의 엄마 아빠이면서 동시에 혁명가족 아버지라고 몸에 익히는 것이다. 아기는 혁명가족의 의례를 따라 하면서 혁명가족의 아버지인 장군님이 밥을 주는 원천임을 신경계에 새기는 것이다.

학생인 아기는 교사인 어른을 통해서뿐만 아니라 점차적으로 북한의 혁명예술을 통해서도 혁명가족의 도덕성을 미러링, 즉 거울반사(타인의 특정 행동을 모방하거나 타인의 감정에 전염되는 현상 등)하게 된다. 혁명예술은 북한 사람들에게 오로지 하나의 도덕성, 즉 충효일심의 언어와 정서, 감각만을 전달한다. 유치원 시절부터 아이는 장군님의 어린 시절 이야기를 따라 배운다. 부모를 공경하고 섬긴 어린 시절의 장군님을 본받아 웃어른들을 공경하게 된다. 초등학교 시절부터는 장군님의 나라 사랑을 본받아 인민군대를 돕는 토끼 기르기, 꼬마계획 등의 활동을 초과 수행한다. 장군님에 대한 충효의 마음을 담아 이른 새벽 동상을 찾아 열심히 쓸고 닦는다. 방과 후에는 소년단 '가창대'로 장군님을 소리 높여 찬양하면서 골목골목을 누비며 행진한다. 장군님은 기뻐하며 그들을 '나라의 왕'이라고 불러준다. 자신의 탄생일에는 교복과 달달한 간식까지 무상으로 준다. 그래서 아이는 장군님을 더 좋아하며 더 열심히 따라 배운다. 출신성분이 좋은 아이에게는 소년영예상과 표창장까지 수여되는 영광이 따른다. 이런 아이는 많은 아이들 중에 뽑혀서 열두 살의 김일성 할아버지가 조국을 배우고 알기 위해 걸었던

'배움의 천리길'과 조국광복을 위해 걸었던 '광복의 천리길' 순례에 오른다. 어린 나이에 치르는 강행군은 고생스럽지만 수많은 아이들 중에서 '선택'받았다는 느낌 때문에 기쁨이 배가 된다. 운까지 따라준다면 소년단 대표로 매년 장군님을 모시고 개최하는 아동 청소년들의 설맞이 공연행사에 초대될 수도 있다. 공연이 끝난 후에는 참가한 아이들 모두가 장군님과 함께 기념촬영을 한다. 특별히 장군님과 개인적으로 만난 아이는 '접견자'가 된다. '접견자'의 명예는 밥과 권력의 원천이 된다.

이와 같은 일련의 과정이 북한 사람들이 어린 시절부터 상승 지향을 위해 차곡차곡 밟아가는 '충성동이', '효자동이'의 통과의례다. 이는 자신의 충효를 검증받고 증명할 수 있는 스펙이 된다.

2) 사회통제 시스템과 미러링의 활성화

독립된 주체성을 가진 성인기의 북한 사람들은 '잠금장치'의 사회현실을 경험하기 때문에 아동기처럼 자연스럽게 친사회적 미러링이 활성화될 수 없다. 미러링, 곧 타인의 특정 행동에 대한 모방과 감정전염은 자동적으로 일어나지만 의식적으로 그것을 억제할 수 있다.[10] 예를 들어 우리는 태어나면서부터 의식하지 않고 호흡한다. 하지만 가령 물속에 들어갈 때는 호흡을 잠시 멈출 수 있다. 게다가 우리의 높은 인지 능력은 사회적 능력에서 유연성을 발휘하도록 해준다. 이로 인해 공감을 억누를 수도 있지만, 또한 모

---

10   같은 책, 46쪽.

든 자극에 폭력적으로 반응하지 않으며, 성충동을 성공적으로 억제할 수도 있다. 또 스스로 더 많은 공감을 느끼게끔 할 수도 있다. 같은 뇌 영역을 활용해 감정을 불러일으킬 수도, 억제할 수도 있는 것이다. 덕분에 우리의 감정은 그에 상응하는 행동으로 자동적으로 연결되지는 않는다.

북한은 국가가 기대하는 행동을 동기화시키고 사회적 감염효과를 높이기 위해 강력한 국가 감시통제 시스템을 작동시킨다. 주민감시통제 체계와 정치범 수용소 체계, 조직생활체계, 인민반 감시체계 등 문어발처럼 무엇이든지 반사적으로 흡착하는 감시체계를 관철한다. 그래서 북한 사람들은 항시적으로 국가의 날카로운 '눈'이 감시하고 있다는 섬뜩한 느낌과 함께 살아간다. 촘촘한 감시통제의 망에서 사람들은 언제든지 타인의 판단대상이 될 수 있으며 정치범으로 색출될 수 있다는 끔찍한 느낌을 가진다.

진화는 거울신경체계에 '전 방위적 자기통제(panoptic self-control)' 메커니즘을 발달시켰는데, 덕분에 우리의 행동은 타인이 우리를 판단하고 평가할지 모른다는 가능성만 존재해도 사회의 가치나 도덕에 부합하는 방식으로 이루어지는 경향이 강하다.[11] 이러한 전 방위적 자기통제는 상황에 대한 합리적인 반응의 수준을 넘어 누가 자신을 볼지도 모른다는 막연한 암시만 제시되어도, 심지어 자신을 관찰하는 사람이 아무도 없다는 사실을 알고 있을 때조차 위력을 발휘한다. 우리가 타인의 관찰과 판단, 평가의 대상이 될 수 있다는 사실만으로 신경계의 자기억제 메커니즘이 활성화되면서 부정적인 행동을 저지르지 않거나 자발적으로 집단규범을 따르는 등의 친사회

---

11 매튜 D. 리버먼, 『사회적 뇌』, 343쪽.

적 행동이 촉진될 수 있다는 것이다.

북한의 문어발식 감시통제 환경에서는 누군가의 의심의 대상으로 판단될 수 있다는 막연한 느낌만으로 거울신경의 자기통제 노력이 활성화될 수 있으며, 이는 결국 사회적 순응으로 이어진다. 곧 상시적으로 타인이 자신을 엿보고 귀를 기울이고 지켜보고 있다는 암시를 주는 환경에서 사람들은 자기를 조심하고 통제하며 훨씬 더 사회규범과 질서에 순응하게 되는 것이다. 이와 같이 거울신경세포의 자기통제 메커니즘은 집단규범에 순응하는 행위를 촉발하며 집단의 정체성을 강화하고 집단 응집력을 확립하는 데 기여한다.

우리 뇌는 우리가 주변에 잘 적응하면 쾌감과 같은 보상을 주고 잘 적응하지 못하면 패닉과 같은 감정을 유발한다. 공동체 내에서 내가 좋아하는 것을 다른 사람도 좋아하면 보상학습 시스템이 작동해 이후 그것을 더욱 좋아하게 되지만, 사회적으로 거부당하면 신체적 아픔과 상당히 비슷한 아픔을 느낀다.[12] 우리의 기대가 수포로 돌아갔을 때, 우리가 사회규범을 어길 때, 또 자신의 생각을 밖으로 표현하지 못할 때면 도파민 분비가 저하되어 행복감이 바닥을 치는데, 이러한 패턴이 두드러질수록 이후 대다수의 의견에 맞추는 경향이 농후해진다.

12　A와 B가 플레이스테이션 게임을 하고 C는 그 게임에 동참하지 못할 경우 C의 뇌에서는 신체가 아플 때와 같은 영역이 활성화되는 것을 볼 수 있었다. 이렇듯 신체적 아픔과 사회적 아픔은 아주 가까이에 있기 때문에 신체적 통증에 민감한 사람은 사회적 아픔에도 민감할 것이라고 추측해도 틀리지 않다. N. Eisenberger, J. M. Jarcho, M. D. Lieberman and B. D. Naliboff, "An experimental study of shared sensitivity to physical pain and social rejection," *Pain* 126(2006), pp. 132~138; 프랑카 파리아넨, 『나의 뇌는 나보다 잘났다』, 294쪽.

북한은 집단으로부터 거부당하면 생존할 수 없는 전체주의 환경이다. 혁명가족의 충효의 규범과 다른 규범은 절대 용서되지 않는다. 신경생물학적으로 본다면, 북한 사람들에게 혁명가족의 규범과 질서를 어긴다는 것은 죽음을 의미할 수도 있기 때문에 패닉과 같은 감정을 유발한다. 자신의 가치관이나 생각을 표현하지 못하는 상황은 도파민 분비를 저하시키고 행복감이 바닥을 치게 만든다. 이와 같은 고통은 신체적 아픔과 상당히 비슷한 아픔을 느끼게 한다. 이 패턴이 일생 동안 반복되는 환경에서는 사람들의 거울신경이 자기 통제를 강화하며 집단규범과 질서에 순응하는 행동을 촉진한다. 이렇듯 사람들은 상벌을 미리 예상해 자기의 태도를 바꾸게 된다.

정리하자면 북한 사람들의 친사회적 행동화는 타인이 우리를 판단하고 평가할지 모른다는 막연한 암시만 주어져도 전 방위적 자기통제 메커니즘을 활성화시키는 거울신경세포에 의해 발현될 수 있다. 상벌을 예상하며 자기의 태도를 바꾸는 이 신경메커니즘은 충효의 가치와 도덕에 부합하는 행동을 강화한다. 더욱 주목할 것은 거울신경체계는 목표 지향적이어서 누군가가 의도한 것까지 간파한다는 사실이다. 이는 곧 북한 사람들도 최고존엄이 원하는 것, 그가 의도하는 것까지 간파하고 미러링할 수 있다는 것을 의미한다.

3) 집단 효과는 공감인가, 감정 전이인가?

거울신경체계는 뇌의 시각, 청각, 운동과 관련된 영역들이 서로 특정하게 연결된 패턴의 결과다. 그 연결이 강할수록 우리는 더 자동적으로 타인의 행위를 공유하게 되고 그들의 관점에서 사물을 보게 된다. 일례로 어떤 사람은 슬픈 영화를 보면서 울지만 어떤 사람은 아무런 감동을 받지 않는다. 공감적인 개인은 더 많은 것을 미러링할 수 있다. 특히 우리가 모든 사람을 똑같이 모방하지는 않는다. 가족이나 친한 사람, 그리고 의견이 같은 사람들은 서로 더 많이 모방하지만, 좋아하지 않는 사람과의 상호작용에서는 미러링을 중단하기도 한다.[13] 또한 독립적이고 주체적으로 살기 위해 노력하는 경우에도 미러링을 중단할 수 있다고 한다.

우리 뇌가 특정 방향으로 발달하는 경향은 어느 순간에 더욱 강화된다. 평소 특정 환경에서 자주 등장한 행동일수록 우리 뇌에서 연결이 더욱 순식간에 이루어진다. 발레리나의 거울신경세포가 일반인보다 춤꾼에 대해 훨씬 더 강하게 반응하는 것과 같은 이치다. 즉, 반복적으로 활성화되는 뇌 회로는 일어날 수 있는 가장 높은 반응이 기본 설정되어 고정될 수 있는 것이다. 같은 이치로 북한 사람들의 거울신경세포는 충효의 도덕성을 자극하는 선전선동에 더 강하게 반응할 수 있다.

특정한 방향으로 발달된 거울세포의 활성화로 인해 북한 사람들에게서 나타나는 충효의 집단적 행동화는 일사분란하게, 그리고 훨씬 더 강하게 발현될 수 있다. 대표적인 예로 김일성-김정일의 장례식 장면을 들 수 있다. 중앙매체를 통해 수십만 명의 애도자들이 평양의 광장을 메우고 진심어린 슬픔을 집단적으로 표현하는 모습이 방영되었다. 이는 단지 평양 시민만의

---

13   T. L. Chartrand and J. A. Bargh, "The Chameleon Effect: The Perception-Behavior Link and Social Interaction," pp.893~910; 프란카 파리아넨, 『나의 뇌는 나보다 잘났다』, 47쪽.

감정이나 행위가 아니었다. 북한 전역의 장례행사 분위기도 한결같았다. 유치원 어린이에서부터 노인에 이르기까지 남녀노소가 동원되어 거대하게 슬픔을 표현했다.

우리는 여기서 거울신경체계에 상당한 영향을 미칠 수 있는 한민족의 정신적 계보인 종족적 일체감에 주목해야 한다. 우리는 기본적으로 피로 연결되었다는 믿음을 가지고 있다. 한민족의 이 정서는 거울체계를 활성화시켜 집단효과를 높이는 또 하나의 요인일 수 있다. 북한은 우리의 민족정서를 정치적으로 활용해 이미 정치적인 것과 가족 혹은 사적인 것의 경계가 해체된 거대한 가족국가다. 북한은 거울신경의 미러링을 활성화하며 집단효과를 극대화할 수 있는 정치적·문화적 환경인 것이다. 따라서 북한 사람들의 친사회적 행동화는 높은 인지수준의 공감에 기반을 두고 있다고 하기 어렵다.[14] 이는 공감적인 행동이 아닌 단순한 미러링의 효과에 불과하다.

대부분의 사람들에게서 나타나는 친사회적 행동화는 명료한 자기 인식에서 출발한다고 보기 어렵다. 명료한 자기 인식을 가질 때 우리는 자신과

---

14   타자와 더불어 느끼는, 즉 감정이 전염되는 모든 존재가 친사회적이고 타자를 도우려는 것일까? 그렇다면 동료의 패닉(panic)에 쉽게 전염되는 기러기도 공감능력이 매우 높은 족속이라고 봐야 할 것이다. 감정전염과 공감의 차이를 설명하는 것은 어렵다. 감정전염과 공감 또는 도움을 베푸는 행동은 서로 다른 과정을 필요로 한다. 우리는 모든 감정을 그에 상응하는 행동으로 연결시키지는 않는다.
공감은 감정전염과 달리 왜 내가 이런 감정을 갖는지 약간이라도 알아야 한다. 감정전염에 약간의 이해가 더해지는 것이다. 기러기는 다른 기러기로 인해 패닉에 빠질 수 있으나 패닉이 어디에서 오는지는 모른다. 그저 동료로부터 패닉을 넘겨받아 자기 것처럼 취급한다. 기러기에게는 위험을 자신이 보았는지 아니면 다른 개체가 보았는지가 별반 중요하지 않다. 다른 기러기를 생각하지 않고 그저 자신에게 안 좋다는 것만 생각한다. 이는 나에게 닥치는 위험을 면하기 위해 상당히 중요하다. 감정전염은 높은 수준의 사회인지와는 크게 상관이 없다. 프란카 파리아넨, 『나의 뇌는 나보다 잘났다』, 60쪽.

타인에 대한 인식을 갖는다. 자신과 타인에 대한 인식을 갖는다는 것은 타인이 경험하고 느끼는 것을 자신이 느끼는 것과 구별할 수 있다는 뜻이다. 이런 인식으로 인해 우리는 자신의 감정에 휘말리거나 주의를 분산시키지 않을 수 있다. 또는 타인의 감정과 자신을 동일시하지 않으면서 다른 사람을 생각하는 데 집중할 수 있다. 높은 인지적 차원의 자기 인식과 타인 인식을 지니고 있는지 여부가 공감과 감정 전이의 차이를 만든다. 즉, 자신과 타인에 대한 인식을 가지는 것은 공감을 위한 기본 토대다.

수령의 교시대로 하나같이 되어야 하는 내집단에서 북한 사람 대부분은 자신과 타인, 자신과 집단을 구분하는 인지능력이 정지 혹은 둔화될 수 있다. 외집단을 적대시하며 의도적으로 두려움과 불안을 조성하는 내집단에서 사람들은 안으로 웅크리며 강한 결속력을 확립한다. 따라서 내집단과 자신을 동일시할 확률이 높다. 북한에서는 자신과 내집단을 동일시해야만 살아남을 수 있다. 덕분에 사람들은 손쉽게 타인의 감정에 전염되며 집단행동에 휩쓸릴 수밖에 없다. 북한은 내집단에서 정서 전이가 발생하면 순식간에 군중심리를 일으킬 수 있는 환경이다. 내집단에서 군중심리에 손쉽게 휩쓸리는 북한 사람 대다수는 자신의 행동 이유를 분명하게 알지 못한다. 다른 사람들이 그렇게 하니까 자기도 그렇게 할 뿐이다.

게다가 북한 사람은 자신이 불쾌하다고, 상대를 좋아하지 않는다고 해서 자신의 선택적 의지로 친사회적 미러링을 중단할 수 없다. 그들은 상대에 대한 호감도에 따라 선택적인 주의와 의지로 거울체계의 반응강도를 조절할 수 없는 환경에 처해 있다. 대부분은 내집단에서 '순응'과 '저항'의 모호성을 함축한 채 친사회적 행동화에 휩쓸리는 것이다. 그러나 그들 중 일부는 진심으로 공감할지도 모른다.

정리하자면 북한과 같은 억압적인 감시통제 환경의 압력은 집단 정체성과 집단효과를 훨씬 강하게 확립할 수 있다. 이 반응은 높은 수준의 사회적 인지의 공감과는 별 상관이 없다. 기본적으로 자신의 필요를 지향하는 단순한 미러링일 뿐이다. 북한 사람들의 미러링은 전체주의 환경에서 절대적으로 생존에 유익하다. 그들이 발현하는 집단효과는 생존 지향을 보여주는 처절한 몸부림의 산물이다. 이 집단효과는 외부환경의 압력이 약해지면 금세 사그라지는 허상이라고 할 수 있다.

제5장

/

혁명예술과 사회적 감염

북한에서 예술정치는 공포정치와 쌍기둥을 이루며 북한체제 안정과 지속성을 확보한다. 20세기의 모든 카리스마적인 인물은 결국에는 절대 권력의 필멸성에 굴복했다. 하지만 북한은 절대 권력의 필멸성에 저항하며 그러한 권위의 비영속적 성격을 극복하기 위해 정치예술이라는 국가정치의 기술을 발명했다. 정치적 행위로서의 예술은 대중적 사회동원과 대중적 정치교양을 위한 선전선동의 도구로, 인간 개조, 사상 개조를 위한 수단으로 활용되고 있다.

북한에서는 노래와 연극, 영화, 미술 작품 등 혁명예술뿐 아니라 군중집회와 대규모 행사, 그밖에 여러 가지 유사한 사상 보급과 선전선동 모두 대중정치의 책략으로 기능하며 진화해 왔다. 이 장에서는 혁명예술이 디자인하는 최고 존엄의 형상과 수령과 인민 간의 혁명적 의리의 관계, 존재적·역사적·문화적 의미체계, 충효의 도덕주의가 북한 사람들의 내면세계와 삶에 미치는 영향을 살펴보려고 한다.

1. 정치적 행위로서의 예술

1) 만주 빨치산 이야기: 개인 간의 경계 흐리기

북한에서 혁명예술이 발휘하는 사회적 감염효과는 과히 마력적이다. 혁명예술은 북한 사람들이 지닌 거울신경체계의 미러링을 활성화하며 집단적인 결속과 집단효과를 극대화한다. 혁명예술은 만주 빨치산 이야기를 장군님과 일심동체가 되었던 혁명가족의 따뜻한 이야기로, 혁명적 의리와 동지애의 이야기로 상당히 완벽하게 감동적으로 디자인한다. 과거 만주 빨치산의 이야기는 혁명예술에 반복적으로 노출되는 과정에서 우리의 거울신경체계에 의해 주체시대를 사는 오늘날 북한 사람들 이야기의 일부가 된다. 지금, 여기서, 나의 충효일심의 이야기가 된다. 거울체계는 만주 빨치산과 나라는 개인 간의 경계를 열어지게 한다. 과거와 지금의 시공간의 경계를 흐릿하게 한다.

사람들은 혁명예술이 만들어낸 '민족의 태양', '전설적 영웅', '사랑의 아버지'의 모습을 통해 수령의 위대성에 미혹되며 수령과 인민 간의 독특한 관계에 열광한다. 혁명영화 〈조선의 별〉[1]을 통해 미러링이 어떻게 일어나는지 생각해 보자. 백두 밀영에 백마를 타고 나타나 손을 흔들며 환하게 웃는 장군님을 흠모하며 열광하는 만주의 빨치산들, 발을 동동 구르고 눈물을

---

[1]   예술영화 〈조선의 별〉은 1920년대 말 북한의 대표적인 혁명시인 김혁이 지은 동명의 시에서 제목을 따왔다. 10부작으로 1980~1987년에 만들어졌다. 1920년대 말부터 1930년대까지 항일유격대의 전통을 다룬 내용으로, 조선의 별로 떠오른 수령형상을 신화화한 작품이다.

흘리며 목청껏 환호하는 유격구의 인민들과 만주 빨치산 혁명가족의 모습은 나의 경험의 일부가 된다. 김정은 시대에 아버지와 자녀라는 관계의 경험이 된다. 식량이 바닥난 고난의 행군길에서 한 홉 정도 남은 미숫가루를 가장 어린 소년 중대원에게 주고 자신은 흰 눈을 한 움큼 집어 입에 넣으며 배고픔을 달래는 장군님의 모습에서, 뼈를 에이는 추위 속에서 자신의 털옷을 병든 대원에게 덮어주는 장군님의 사랑 앞에서 사람들은 감동의 눈물을 평평 흘린다. 사람들은 일제의 학정 아래 고아가 된 아이들을 위해 어머니가 유산으로 남긴 돈 20원으로 옷을 해 입히고 소년중대를 만들어 돌본 장군님의 어버이사랑 앞에, '민생단사건'에 연루되어 죽음을 기다리던 조선인 항일투사들의 혐의를 용서해 주고 그들을 항일연군 주력부대에 편입시키며 해방 후 그들을 국가발전의 소중한 혁명자산으로 여긴 장군님의 의리 앞에 옷섶을 여미며 숭엄해진다.

지속적으로 혁명영화에 노출되는 경험을 통해 사람들은 장군님의 사랑에 깊이 현혹되어 눈물을 흘리며 열광한다. 장군님에게 환호하는 만주 빨치산의 숭상의 감정이 나의 감정이 된다. 그 순간만큼은 조국광복을 위해 만주의 엄동설한과 식량기근을 견디며 싸워 온 빨치산을 흠모하면서 오늘날 나의 굶주림과 고생이 견딜 만하다고 느낀다. 자신의 고통에 의미를 부여하며 나보다 더 어려운 이웃에 대해 연민의 정을 머금는다. 이 지점에서 과거 만주 빨치산의 경험은 우리의 거울체계를 통해 지금 여기서 나의 경험의 일부가 된다. 바깥의 세계와 나의 내면의 세계가 서로 뒤섞인다. 시공간을 넘어 만주 빨치산과 나의 경계가 흐려지는 것이다.

혁명예술은 과거 만주 빨치산의 이야기뿐만 아니라 오늘날 주체시대 사람들의 이야기도 똑같은 방법으로 완벽하게 디자인한다. 오늘날 북한 사람들의 이야기 역시 김일성-김정일-김정은과의 상호적인 사랑관계 안에서 살아가는 장군님 식솔의 이야기로 '아름답게' '감동적으로' 창조해 낸다. 사람들을 혁명적 동지애와 혁명적 의리의 관계 안에서 살아가는 충효의 인민으로 완벽하게 만들어내며 현혹시키는 것이다. 혁명예술은 공포정치 아래서 인간의 주체의식과 자율성을 잃고 풀이 죽고 힘 빠진 북한 사람들에게 특정한 충효의 정체성을 부여하며 체제 안정화에 막강하게 기여하고 있다.

혁명예술이 디자인하는 '사랑의 아버지'에 현혹되어 열광하는 간접경험은 북한 사람들의 내면세계에 당혹감과 혼란을 초래할 수 있다. 절대 권력이 지배하고 통제하는 현실세계에서 몸으로 경험하는 끔찍하게 '두려운 아버지'의 표상이 심하게 흔들리고 모호해지기 때문이다. 지속적으로 감성을 자극하는 '사랑의 아버지'에 대한 대리경험은 공포의 아버지를 흐릿하게 하는 효과가 분명히 있다. 사람들은 현실세계에서 억압통제하고 굶주림에 내모는 무자비하고 냉혹한 아버지를 직접적으로 경험함과 동시에 완벽하게 만들어진 자비롭고 따뜻한 아버지를 대리경험하면서 야누스와 같은 두 얼굴의 아버지를 만난다. 분열적인 아버지 표상은 통합되지 않는다. 두 얼굴의 아버지는 북한 사람들의 의식세계마저 분열시키는 것이다.

2) "인민의 어버이": 인민의 마음 훔치기

혁명예술은 만주 빨치산 혁명가족의 이야기를 계승하면서 8·15 광복 이후의 건국과 한국전쟁, 사회주의 건설 시기와 오늘날의 장군님 식솔의 이야기, '인민의 어버이' 이야기를 지속적으로 완벽하게 창조한다. 특히 김일성은 자신의 생애 동안 가장 많이 한 일 중 하나가 '현지 지도'였는데, 이는 사람들의 마음을 훔치고 자기 주위로 사람들을 결집시키기 위한 정치행보였다. 인민의 어버이는 일생의 좌우명이 "인민들 속으로 들어가라"였으며, "인민들 속에 들어가는 것으로 혁명 활동을 시작했고 인민들 속에 들어가는 것으로 인생을 정했다"라면서 감성정치의 시대를 열었다. '어떻게 하면 인민들의 생활을 더욱 풍족하게 만들 수 있을까?' 온통 이 생각뿐이라면서 인민의 감성을 자극했다. 오직 인민을 위해 '인민의 심부름꾼'이자 '인민의 충복'이 되는 것이 자신의 가장 큰 기쁨이고 행복이라면서 인민의 마음을 현혹했다.

　인민의 어버이 김일성은 백두의 천고밀림과 피 어린 준령들을 넘고 넘어온 노고를 쉬어갈 새 없이 해방 후 인민을 찾아 나섰다. 일제를 물리치고 20년 만에 돌아온 고향에는 늙으신 조부모님이 이제나 저제나 기다리고 있었지만 "고향이야 천천히 찾은들 어떻습니까! 나라가 있어야 고향도 있습니다"라면서 눈시울을 적신 후 강선의 노동자들부터 먼저 찾았다. 노동자의 기름때 묻은 손을 잡아주고 농민의 흙이 배인 손을 잡아주면서 누구나 잘사는 사회주의 지상낙원을 세워 인민의 세기적 숙망을 실현할 것이라고 약속했다. 길이 없으면 길을 내어서라도 심산의 골짜기 외진 화전민의 오두막을 찾았고, "옷은 넉넉합니까? 바깥출입할 때 입는 두루마기는 있습니까?", "식량은 부족하지 않습니까?" 따뜻하게 물으며 어려운 농가 형편을 가슴 아파했다. 떠나가면서는 농가의 어려운 살림 형편이 맘에 걸려 많은 돈을 남기고 대신 평양에도 흔하디흔한 멧새 여섯 마리를 가져가면서, 앞으로 모든 산을

'황금산'으로 만들어 산골 사람들도 잘사는 세상을 만들겠다고 약속했다.

현지지도의 관행은 김정일-김정은으로 이어지며 '자애로운 어버이', '친애하는 정치지도자'를 지속적으로 디자인한다. 특히 절대 권력을 확립한 김일성의 영광을 닮으려는 김정은은 김일성의 통치전략인 '인덕정치', '감성정치'의 행보를 완벽하게 재현하며 인민의 사랑과 믿음을 훔치려고 꿈틀대고 있다. 2020년 제8호 태풍 바비로 피해를 본 황해남도 피해복구 현장을 돌아본 김정은은 "인민들이 어렵고 힘들 때 그들 속에 깊이 들어가 고락을 같이하면서 힘과 용기를 주고 성심성의로 도와주는 것이 우리 당이 응당해야 할 최우선 과업 중의 하나"라고 역설하고 당은 기쁠 때도 힘들 때도 언제나 인민들과 함께 있을 것이라고 강조하면서 한지에 나앉은 인민의 마음에 손짓했다.

특히 같은 해 10월 10일 당 창건 75주년 기념행사에서 김정은이 한 연설을 보면 그가 얼마나 인민의 마음을 얻으려 애쓰는지 짐작할 수 있다. "위대한 우리 인민", "역사의 전능한 창조자", "앞으로 7500년이라도 나와 당을 지켜줄 인민", "나에 대한 믿음이 확고부동한 인민", "국가의 어려움을 자기 집안의 일로 여기는 인민", "가사보다 국사를 앞에 놓고 나와 함께 백 가지 어려운 일을 걸머지는 인민"이라는 표현을 구구절절 연발하며 애처롭게 인민에게 다가갔다. 김정은은 하늘같고 바다 같은 인민의 믿음에 대한 자신의 노력과 정성이 부족하고 산악처럼 일떠서는 인민의 충성에 보답하지 못해 면목이 없다면서 "미안하다", "고맙다"라는 말을 거듭 들먹이며 울먹이는 모습을 연출했다.

김정은의 모습은 1956년 8월 종파사건으로 위기에 내몰렸던 김일성의

'감성정치' 행보를 방불케 한다. 절대 권력에 도전한 8월 종파사건 때 위협을 느낀 김일성은 인민들 속에 들어가 반당반혁명 종파분자들 때문에 당이 어렵다고 털어놓으며 그들의 감성에 호소했다. 김일성은 자신은 "미제를 쳐부순 위대한 우리 인민", "백전백승의 우리 인민"의 힘을 믿으며 사회주의의 종국적 승리를 위해 투쟁할 것이라면서 자신을 믿고 따라달라고 호소했다. 김일성의 감성정치에 강선의 노동자들은 "종파분자들을 우리에게 보내달라. 용광로에 처넣겠다"라고 선참으로 호응했다. 방방곡곡의 인민들이 "우리는 장군님만 따를 것이다"라고 목소리 높여 외쳤다. 김일성은 '고래등같은 기와집에 비단옷을 입고 이밥에 고깃국을 먹을 수 있게' 해줄 것이라고 화답하며 인민의 마음을 훔치고 굴복시킴으로써 그들의 피와 땀과 헌신 위에 수령 숭배의 일인독재체제를 공고화했다.

1990년대 북한 위기 이후 절대 권력에 균열이 생기고 빈사상태의 경제로 인해 민심 폭발이 두려운 불안한 정치현실에서 김정은 역시 생존을 위해 "부흥번영의 이상사회 건설"을 앞당기겠다면서 인민의 마음을 어르며 미혹하고 있다. 지난날 당이 대고조를 호소하면 '천리마운동'으로 화답했고 당에서 대건설을 작정하면 '속도전'으로 일떠서는 인민이 있어 자신에게는 두려움과 불가능이 없으며, 자신에 대한 인민의 믿음도 확고부동하다며 자화자찬하고 있다. 김일성-김정일-김정은의 통치전략을 몸으로 경험한 오늘의 인민은 어제의 인민처럼 그의 약속과 믿음을 신뢰하지 않으며 그에게 호응하지 않을 수 있다는 사실을 김정은만 모를까? 지정학적 위기 속에서 핵무장의 전신갑주를 겹겹이 입은 김정은은 절대 권력을 확립하고자 김일성의 감성정치를 모방하며 '인민의 어버이' 투구까지 쓰려고 눈물까지 훔치며

용을 쓰고 있는 것이다.

정리하자면 북한은 김일성-김정일-김정은을 인민의 어버이로 완벽하게 창조하며 3대 세습의 체제 안정을 꾀하고 있다. 3부자의 말 한마디, 감정까지도 지고한 '교시'로 삼고 그들과 관련된 수많은 장소와 건물, 좁디좁은 골목길뿐 아니라 그의 손길이 닿았던 흔하디흔한 멧새에까지도 의미를 부여하며 인민의 어버이 전설로 새긴다. 인민의 어버이를 만났던 수많은 사람들은 '접견자'가 되어 영광스럽게 여겨진다. 오늘날 북한의 곳곳에서 구별되어 관리되고 있는 현지지도의 흔적들은 모두 인민의 어버이를 기억하고 계승하는 혁명의 성지가 된다. 성지순례를 통해 만주 빨치산의 이야기가 인민의 어버이 이야기로 이어지며 계승 발전되고 있다.

3) '도리대로' 사는 인민의 이야기

인민의 어버이는 혁명의 길에서 혈육과 가장 가까운 혁명동지들을 잃는 상실의 고통과 역경을 딛고 오로지 인민을 위해 모든 것을 다 바친 숭고한 도덕주의자, 애국적 영웅이다. 그는 인민의 가난과 슬픔, 고난의 삶을 함께 몸으로 겪은 인민의 어버이다. 그는 인민의 아픔과 눈물, 고통을 안다. 인민의 상처를 싸매주고 그들의 눈물을 씻어주기 위해 싸워온 분이다. 자나 깨나 어떻게 하면 인민에게 윤택하고 행복한 삶을 보장해 줄까 심혈을 기울이며 한평생을 쉬지 않고 일한다. 인민의 어버이는 자신에게 가장 큰 기쁨의 순간은 인민과 함께 있는 순간이라고 말한다. 노래 「세상에 부럼 없어라」는 인민의 어버이와 함께 살아가는 혁명가족의 기쁨을 디자인하고 있다.

하늘을 푸르고 내 마음 즐겁다

손풍금 소리 울려라

사람들 화목하게 사는 내 조국 한없이 좋네

우리의 아버지 김일성 원수님

우리의 집은 당의 품

우리는 모두 다 친형제

세상에 부럼 없어라

최고 존엄과 인민의 관계는 무한대인 사랑의 빚을 갚아야 할 절대적인 채무-채권관계다. 육신의 아버지가 이글거리는 용광로 앞에서 쇳물을 뽑는 용해공이라면 아들도 용해공으로, 아버지가 등골이 휘도록 농사짓는 농부라면 아들도 평생 농부로 자신의 도리를 다해야 한다. 대를 이어가며 장군님 식솔의 도리, 인민의 도리를 다해야 하는 것이다. 아버지가 만주 빨치산 출신의 지배 엘리트라면 아들도 지배자의 도리를 하게 된다. 김일성과 생사고락을 같이했던 만주 빨치산처럼 그들도 평생토록 혁명동지의 의리를 지켜야 한다. 또한 아버지가 백두혈통의 최고 존엄이면 아들도 최고 존엄의 도리대로 절대 권력을 장악한 '신'적 존재가 된다. 장군님 식솔은 이미 운명 지어진 각자의 분수에 맞게 도리에 따라 살아갈 때 충효일심의 인간이 된다. 이 지점에서 명실 공히 3대 세습의 명분과 정당성이 확립된다.

최고 존엄과 떼려야 뗄 수 없는 관계로 묶인 북한 사람들은 주체 혁명위업의 승리를 향해 허리띠를 졸라매고 배고픔을 견디며 험한 산을 넘고 진펄 길을 걷는 일념으로 '사회주의 강행군'을 이어간다. 수십만 명이 굶어죽는 고통 속에서도 우리는 행복하다고 호방하게 웃을 수 있어야 한다. 노래「혁명의 수뇌부 결사옹위하리라」는 인민의 어버이를 따르는 인민의 도덕적 의무를 완벽하게 디자인한다.

우리가 틀어잡은 총검마다엔
장군님 보위해 갈 맹세가 비꼈다
붉은 기 날리는 혁명의 수뇌부
천만이 총폭탄되어 결사옹위하리라

북한 사람들은 오직 한마음으로 최고 존엄을 결사옹위해야 할 인민의 도리를 다하느라 허리가 휜다. 갖은 고생을 참고 견디느라 진액이 다 빠진다. 그들은 아무리 고통스럽고 괴로워도 최고 존엄을 감히 거역할 수 없다. 최고 존엄에 대한 충효일심의 도리만이 그들의 생명을 보증한다. 북한 사람들에게 '도리대로 사는' 삶이란 생명보험과 같은 것이다. 그래서 사람들은 "우리는 진정 행복하지 않다", "우리는 늘 배고프다", "속박에서 우리를 좀 놓아달라"라는 원초적인 욕구조차 말할 수 없다. 단언컨대 그들은 감히 최고 존엄에게 대들며 싸울 수 있다고 상상조차 못하는 것이다.

최고 존엄에게 저항하는 조직적인 대중운동은 북한 사람들에게 '상상할 수 없는 것 이상의 상상도 할 수 없는 것'일지도 모른다. 그들은 외부 정보와 차단되어 다른 삶의 대안이 있다는 것을 상상할 수 없기 때문에 현재의 삶에 순응하는 것이 아니다. 그들은 최고 존엄에게 조직적으로 대항한다는 것을 상상할 수 없기 때문에 현재의 삶에 순응하는 척하는 것이다. 반면에 생존전략 차원의 비조직적이며 우발적인 일상의 저항은 광범위하게 퍼져 나가고 있다.

4) 미러링의 이점: 심리사회적 효과

혁명예술이 완벽하게 창조하는 장군님의 구원사랑의 이야기, 장군님과 만주 빨치산 혁명가족의 의리와 동지애의 이야기, 그리고 장군님을 향한 혁명가족의 충효의 이야기는 거울신경체계에 의해 현재 북한 사람 이야기의 일부가 된다. 일제 관동군 백만 대군이 그림자처럼 따라붙는 고난의 행군 여정에서도 혁명가요를 부르며 총대를 치켜들고 환호하며 군무를 즐기는 만주 빨치산의 낙천성은 오늘의 고난을 극복해 가는 인민의 노래, 인민의 기백이 된다. 일제와 싸워 조국광복을 이룬 승리의 경험과 지난 한국전쟁에서의 전승경험은 우리식 사회주의를 지켜가는 승리의 함성이 된다. 오늘의 어려움 속에 겪는 고통에 숭고한 의미가 부여되며 지난한 고통의 삶은 견딜 만한 도덕적 삶이 된다. 이와 같이 미러링의 이점은 그 순간만큼은 집단적 영웅주의가 한껏 고양되는 사회적 현상을 기대할 수 있다는 것이다.

그뿐만이 아니다. 대부분의 사람은 중첩되는 고통과 위기를 넘고 넘으며 조국광복을 성취한 만주 빨치산의 체험을 대리경험하면서 뿌듯한 성취감과 좋은 기분을 느낀다. 오늘의 고통 뒤에 영광스러운 승리가 있을 것이라는 자기도취에 빠져 일시적이지만 강력한 카타르시스를 경험한다. 그 순간만큼은 고달픈 일상에 대한 불평불만과 분노 감정이 사그라질 수 있다. 감정회복을 경험하며 심리적 안정감을 얻는 것이다. 이와 같이 혁명예술이 디자인하는 충효일심의 상징들은 거울신경을 통해 충효의 집단효과를 활성화시킬 뿐만 아니라 사람들의 감정을 치유하며 활기를 북돋우는 마력을 지니고 있다.

혁명예술이 완벽하게 창조하는 구세주 신화에 반복적으로 노출되면서 사람들은 상상된 장군님과 실제로 경험하는 장군님 간의 경계가 흐려지는 경험을 하게 된다. 한평생 인민을 위해 백두의 눈보라길, 불바다를 넘어오셨고 혁명의 승리를 위해 여전히 인민과 함께 고난의 행군길을 걷는 영화 속 허구적 표상을 실제라고 믿게 된다. 인민처럼 소박한 옷을 입고 인민이 먹는 강냉이밥도 마다하지 않는 영상 속의 서민적인 장군님 생활을 의심하지 않는다. 장군님은 실제로 인민과 더불어 먹고 마시며, 고통당하는 인민과 함께 살아간다고 느끼게 되는 것이다.

그러나 오늘날 북한 사람 2300만 명 중 유일하게 뚱뚱하고 비대한 장군님의 모습은 그가 인민과는 절대적으로 다른 삶을 살아가고 있음을 입증해 준다. 북한에서 유일하게 무소불위의 권력을 휘두르며 무제한적인 힘을 과시하는 장군님의 현실은 그가 절대적으로 무능한 인민과 같지 않다는 것을, 인민의 편이 될 수 없다는 사실을 말해준다. 나라의 방방곳곳 가장 수려한 곳마다 있는 장군님의 별장과 최고급 요트와 방탄벤츠는 그가 인민과 다른 초호화판 생활을 한다는 것을 명명백백히 보여준다. 그러나 사람들은 내가 직접 보고 듣고 만질 수 있는 실제보다는, 완벽하게 디자인된 허구에 감동하며 그 허구를 믿어버린다. 북한체제가 을러대는 것을 그대로 믿어버리는 것이 생존에 유익하기 때문에 사람들은 그대로 믿어버리는 것이다. "장군님이 과연 인민과 같을까?"라는 의문을 가지는 순간, 생존에 치명타를 입을 수 있다. 장군님과 자녀 간의 혁명적 의리라는 상상된 관계가 끊어지는 고통은 그들에게 견딜 수 없는 것이 된다. 우리의 뇌는 북한 정권의 정치적 목적과 그들이 기대하는 것까지 헤아리면서 스스로를 지키기 위해 보이고 만질 수 있는 실제를 믿으려 하지 않는 것이다.

이와 같이 거울신경의 미러링이 유발하는 심리사회적 효과는 매우 크다. 누군가의 '눈'이 지켜보고 있다는 사회적 암시가 북한 사람들의 거울신경이 지닌 전 방위적 자기통제 메커니즘을 강화한다. 그 결과로 생존전략적 차원에서 사회규범과 질서에 순응하는 충효의 미러링을 더욱 활성화하게 된다. 곧 친사회적 모방행동과 충효의 감정전염을 활성화하며 집단효과를 높이는 것이다. 일시적이지만 공포정치의 만성적인 고통 및 배고픔에 시달리는 사람들의 불평불만과 분노가 교정되는 심리사회적 효과가 나타나는 것이다.

북한 사람들은 지고의 도덕주의를 추구하는 혁명예술에 반복적으로 노출되면서 도덕적이고 애국적인 특정한 행동에 대해 더 잘 미러링하게 된다. 실제로 대부분의 북한 사람들은 이타적인 행동을 접하는 순간, 금세 눈시울이 촉촉해지며 감동을 받는다. 탈북민들 중에는 자신의 형편이 어려운데도 자신보다 더 어려운 이들을 위해 자원봉사를 하는 사람이 많다. 일부 탈북민 단체도 이타적인 활동에 적극 참여하고 있다. 도덕주의적으로 사고하는 것은 우리 민족의 정신적 특징이기도 하지만, 북한 사람들의 경우 이러한 사고가 더욱 강화되었을 것이라고 본다. 그러나 대부분의 경우 이와 같은 반응이 관련 행위와 바로 연결되는 것은 아니다.

2. 쉐마 교육으로서의 혁명예술

1) 이스라엘의 쉐마 교육

"이스라엘아, 들어라! 주 우리 하나님은 한 분이신 주님이다." 이스라엘의 신앙교육은 쉐마 교육으로 확립된다. 쉐마 교육이란 무엇을 의미할까? 쉐마는 '듣다'라는 뜻의 히브리어 동사 '샤마아'의 명령형이다. 우리말로는 '들어라'라는 뜻으로 번역할 수 있다. 쉐마는 '이스라엘아, 들어라'로 시작되는 신명기 6장 4절부터 9절을 지칭한다. 그 내용은 유대인들의 야훼 하나님의 유일성에 대한 신앙고백인 동시에 교육지침으로서, 자녀들을 신앙적으로 어떻게 양육할 것인가를 구체적으로 명시해 준다.

> 4절: 이스라엘아, 들어라. 주 우리 하나님은 한 분이신 주님이다.
>
> 5절: 너희는 마음을 다하고 목숨을 다하고 힘을 다해 주 너희 하나님을 사랑해야 한다.
>
> 6절: 오늘 내가 너희에게 명령하는 이 말을 마음에 새겨두어라.
>
> 7절: 너희는 집에 앉아 있을 때나 길을 갈 때나 누워 있을 때나 일어나 있을 때나 이 말을 너희 자녀에게 거듭 들려주고 알려주어라.
>
> 8절: 또한 이 말을 너희 손목에 표징으로 묶고 이마에 표지로 붙여라.
>
> 9절: 그리고 너희 집 문설주와 대문에도 써놓아라.
>
> (새 번역: 신명기 6장 4절~9절)

유대인들은 전통에 의해 쉐마를 정기적으로 암송하며 몸과 마음에 새기는 습관이 구약시대부터 정착되어 왔다. 유대인들은 이 말씀을 야훼 하나님의 명령으로 이해했고 문자 그대로 받아들여 매일 아침과 저녁 쉐마를 암송하는 전통을 확립했다. 바빌론 탈무트에 따르면 유대인 남자 아이가 태어나 말을 시작할 때 부모들은 가장 먼저 쉐마의 첫 절인 "이스라엘아, 들어라! 주 우리 하나님은 한 분이신 주님이다"를 가르치도록 규정되어 있다. 또한 역사적으로 보면 주후 2세기 랍비였던 아키바가 로마군에 처형당하기 직전에 마지막으로 쉐마를 암송했다고 전해진다. 이로 인해 죽음 직전의 모든 유대인은 자신의 마지막 신앙고백으로 쉐마를 암송하는 관습이 자리 잡았다. 결국 쉐마는 유대인들이 세상에 태어나 가장 먼저 새기는 신앙고백이면서 죽음을 앞두고 마지막으로 읊조리는 신앙고백인 셈이다. 이스라엘의 역사만큼이나 긴 전통을 지닌 쉐마는 구약시대 이스라엘을 지킨 신앙의 기본 핵심이었다.

　쉐마는 이스라엘 공동체의 의식구조와 정체성 형성, 외집단과 구별되는 내집단에 대한 강한 애착과 결속감뿐만 아니라 그들의 삶에도 가장 큰 영향을 끼친 신앙고백문이라고 할 수 있다. 쉐마는 유대인들의 모든 말과 모든 행위와 모든 사고의 근원으로, 유대인들을 외집단과 구별되는 선민으로 만들었고 신앙공동체의 집단효과를 상당히 강화했다. 또한 유일한 하나님에 의해 선택받고 구별된 민족이라는 유대인의 정체성과 자존감을 지키게 했고 수백 년 이어진 고난의 역사 속에서도 외집단에 동화되지 않고 끝까지 야훼 유일신 신앙을 이어올 수 있게 했다. 즉, 쉐마는 이스라엘 신앙 공동체의 신앙전통과 문화를 다음 세대로 계승하는 중요한 역할을 하고 있는 것이다. 쉐마의 핵심은 한마디로 유일한 주님이신 하나님을 사랑하라는 것이다. 하나님을 향한 사랑의 표현은 자신의 신체와 감정, 지성을 포함한 전부를 다해 하나님만 의지하고 순종하는 삶으로 나타난다.

2) 북한의 쉐마 교육

주체사상과 충효일심의 숭배의식으로 획일화되어 있는 북한사회가 일종의 종교적 특성을 띠고 있다는 것은 익히 알려진 사실이다. 모든 종교의 기본 전제는 외집단과 구별되는 내집단을 형성하고 특정한 신념을 받아들인다는 점이다. 북한의 경우 주체사상이라는 특정한 신념을 기반으로 형성된 구별된 집단이자, 김일성 민족의 정체성을 가진 거대한 하나의 혁명가족이다. 보편적인 외부 세계와 융화될 수 없는 오직 하나만을 신봉하는 '무공해' 집단이다.

KAL기 폭파사건으로 체포된 김현희는 북한에서는 김일성을 하나님으로 숭배했다고 고백한다.[2] 자신의 삶에서 김일성의 존재를 지운다는 것은 기독교인에게서 하나님의 존재를 지우는 것과 마찬가지라고 말한다. 성경의 하나님 아버지 자리에 '어버이 수령'을 대신 집어넣는다면 이제까지 북한에서 교육받아온 것과 다르지 않다는 것이다. 이것은 그녀 혼자만의 느낌이나 깨달음이 아니다. 탈북민들 역시 북한을 떠나 외부 세계를 경험하면서 비로소 주체사상과 충효일심의 획일화가 강한 종교적 특징을 가지고 있음

---

2   김병로, 『북한, 조선으로 다시 읽다』, 113쪽.

을 깨닫는다. 대부분의 탈북민은 신앙에 입문하면서 김일성을 '신'처럼 믿고 있었다는 느낌, 습관적으로 의존하며 복종했다는 기분을 강하게 받는다. 자신이 최고 존엄을 숭배하는 종교인처럼 살았다는 사실을 깨닫고 혼란스러워한다. 반종교 교육을 받으며 종교는 인민의 적, 아편이라고 혐오하며 무신론자로 살아왔는데, 지금껏 속고 살았다는 것에 분개한다. 그들은 북한에서 겪은 그 끔찍한 '종교' 경험 때문에 기독교를 떠나는 경우가 적지 않다.

북한에서 주체사상과 혁명가족 아버지에 대한 충효일심의 내면화 과정은 이스라엘의 쉐마 신앙교육과 일맥상통한다. 세상에 태어나 옹알이를 시작할 때부터 끊임없이 보고 듣고 새겨야 했던 북한판 쉐마 교육 역시 "북한아, 들어라! 우리 수령님은 오직 한 분이신 아버지시다"로 시작한다. 이 교육은 "너희 마음을 다하고 목숨을 다하고 힘을 다해 아버지 한 분만을 사랑해야 한다"까지 이른다. 북한은 사람들이 이 명령을 문자 그대로 받아들여 죽는 날까지 유일'신'을 따르는 전통을 확립하려고 한다. "우리 인민 누구나 이 땅에 태어나 처음으로 배운 말은 '경애하는 아버지 김일성 대원수님 고맙습니다'였고 처음 배운 노래는 '김일성 장군의 노래'였다. 첫 걸음마 떼던 그 시절부터 귀밑머리에 흰서리가 내리는 오늘까지 걸음걸음 받아 안은 것은 위대한 수령님의 사랑이었고 믿음이었다"[3]라고 고백하는 경지에 이르도록 만들어간다.

---

3   『조선중앙 연감』(1995), 35쪽; 전우택, 『사람의 통일, 땅의 통일』(서울: 연세대학교 출판부, 2007), 12쪽.

북한은 평생학습과정을 통해 "집에 앉아 있을 때나 길을 갈 때나 누워 있을 때나 일어나 있을 때나" 때와 장소를 가리지 않고 '계속 혁명세대'에게 북한판 쉐마 교육을 실시한다. 북한 사람들은 평생 동안 이 '신앙 고백'을 이스라엘 백성들처럼 "손목에 표징으로 묶고 이마에 표지로 붙이고" 살아가야 한다. 유일한 '신' 최고 존엄을 순종하고 따라야 한다. 구약의 이스라엘 공동체가 10계명을 어기고 야훼 하나님을 거역한 죄를 동물의 피로 씻어야 했다면, 북한 사람들은 당의 유일적 영도체계 확립의 10대 원칙을 어기거나 최고 존엄을 거역하는 행위를 저질렀을 경우 그 죄를 직접 자신의 피로 씻어야 한다. 자기 생명의 속전(贖錢)을 바쳐 죄의 값을 치르는 것이다.

북한의 혁명예술은 북한판 쉐마 교육의 가장 강력한 수단이다. 혁명예술이 디자인하는 충효일심의 혁명유산과 전통은 북한이라는 현대적 극장국가의 본질을 특징짓고 확립하는 주요한 구성요소다. 동시에 3대 세습으로 이어지는 카리스마 권력의 영속성을 확립하는 핵심적인 기반이다. 북한은 인민들에게 혈연가족의 조상을 기억하는 것처럼 만주 빨치산의 혁명 전통과 충효일심의 건국유산을 보존하고 계승하라고 교시한다. 가정생활 영역에서 부모를 공경하는 것처럼 정치적 무대에서 최고 존엄을 높이 공경하며 충효를 다하라고 가르친다.

혁명예술은 절대 권력의 영속성을 위해 만주 혁명가족의 유산과 전통을 반복적으로 소환하며 '장군님 식솔'의 충효의 이야기로 탁월하게 재현해 낸다. 마치 히브리인들이 유대교 신앙공동체 형성의 근간을 이루는 출애굽의 전통과 유산을 보존하고 계승하는 것과 유사하다. 히브리인들은 유월절 아침에 허리에 띠를 두르고 급하게 고난의 떡 무교병과 고난의 쓴 나물을 불에 태운 양고기와 함께 먹으며 출애굽의 기억을 소환한다. 절기 때마다 반복적으로 출애굽의 경험을 재현하며 신앙공동체의 정체성을 강화해 나간다. 대를 이어 유대교의 신앙유산을 계승해 가고 있다.

마찬가지로 완벽하게 디자인된 만주 항일빨치산의 충효의 유산은 마치 히브리인들이 신앙의 전통과 유산을 승계하듯 탁월하게 재현되며 장군님 식솔의 정체성을 강화한다. 외집단과 구별되는 내집단의 결속력을 다져간다. 만주 빨치산의 충효의 유산과 혁명적 도덕성이 지속적으로 '계속 혁명 세대'인 오늘날의 북한 사람들에게 전승되고 있는 것이다. 북한판 쉐마 교육은 3대 세습의 명분과 안정성을 확립하고 관철한다.

3) 내집단과 외집단에 대한 뇌의 차별적 반응

"어버이 수령님 송가가 없으면 민족의 핏줄이 끊어진다. 수령님 노래를 잃는 것은 민족의 생명도 미래도 잃는 것이다. 수령님 송가가 변함없이 높이 울릴 때 김일성 민족의 혈통이 굳건히 이어지고 수령님 위업이 대를 이어 승승장구해 나갈 수 있다."[4] 김정일이 했던 말이다. 위태로운 정치적 상황에서 북한체제가 생존하는 데서 지배적 혁명예술이 정치적 동원의 기능을 얼마나 강력하게 수행하는지를 보여주는 말이다. 공포정치의 시퍼런 칼날 위에서 혁명예술은 충효일심의 가무를 눈부시게 펼친다. 무차별적으로

---

4   "태양의 노래는 영원합니다", ≪로동신문≫, 2009.6.18; 권헌익·정병호, 『극장국가 북한』, 52쪽.

북한 사람들의 감성을 자극하며 마음을 현혹한다. 이처럼 혁명예술은 북한 사람들의 절대적 의존과 복종행동의 발현에 적잖게 기여한다.

북한은 같은 책과 같은 신문을 읽는 공동체다. 모두 하나같이 장군님 찬양과 결사옹위의 송가를 부르는 집단이다. 같은 드라마와 공연, 같은 영화를 보며 같이 웃고 같이 우는 장군님의 식솔이다. 북한사회는 가장 철저하게 외부 세계와 절연하고 차별화하며 독특한 집단적 도덕성과 정체성을 형성해 간다. 세계에서 가장 높고 견고한 내집단의 보호벽을 쌓아올리고 집단의 순수성이 외부 세계에 오염되지 않도록 물샐틈없이 지키는 사회다.

우리의 뇌는 외집단에 대해 차별적으로 반응한다. 신경과학자들은 사람들이 내집단 사람에게 반응할 때와 외집단 사람에게 반응할 때를 비교해 서로 다르게 미러링한다는 것을 밝혀냈다. 뇌 스캔은 우리가 정치적 성향이 다른 사람들을 어떻게 차별적으로 지각하는지 보여준다. 자신과 정치색이 다른 사람으로부터 "특정 정치 사안에 대해 어떻게 생각하는가?"라는 질문을 받으면 뇌에서는 복내측 전전두피질 대신 연역적 사고를 담당하는 등측 전전두피질이 활발해진다.[5] 즉, 우리는 외집단에 대해 단순화하고 일반화하는 방식으로 생각한다는 것이다.

반면 자신과 비슷하다고 여기는 사람들, 이를테면 가족이나 친구를 생각할 때에는 복내측 전전두피질을 더 많이 사용하는 것으로 보인다.[6] 복내측

---

5   F. Overwalle and K. Van Baetens, "Understanding others actions and goals by mirror and mentalizing systems: a meta-analysis," *Neuroimage* 48(2009), pp.564~584; 프란카 파리아넨, 『나의 뇌는 나보다 잘났다』, 309쪽.
6   프란카 파리아넨, 『나의 뇌는 나보다 잘났다』, 309쪽.

전전두피질은 감정 및 보상중추와 연결되어 있는 중추로, 긍정적인 사회적 감정들, 예를 들면 웃는 얼굴이나 우리를 따라 하는 사람들, 협력 등에 관여한다고 알려져 있다. 내집단에 속한 사람이 더 친절하고 더 지적이고 더 긍정적이라고 여기는 것이다. 20건 이상의 연구를 아우르는 메타분석 결과 외집단에 대한 생각이 복내측 전전두피질에 이르는 경우는 극히 드문 것으로 나타났다. 이와 같이 우리는 내집단에 대해 더 친절하고 긍정적으로 여기며 모방행동과 미러링을 훨씬 더 활성화한다.

북한은 김일성주의를 표방하는 독특한 집단이다. 북한은 내집단을 김일성 민족으로 차별화하고 사람들의 동질감을 높이는 전략을 강력하게 지향하고 있다. 북한은 역사적으로 외부 세계가 내집단에 대해 부정적인 표상을 가질 만한 진실들을 상징적·과시적 예술정치를 통해 덮으면서 김일성-김정일-김정은의 도덕성과 천재성, 인민성을 완벽하게 디자인하고 있다. 북한 사람은 최고 존엄에 의해 선택받은 사람들이다. 북한은 사람들에게 집단에 대한 애착을 가지고 내집단의 유대감을 강화하라고 교시한다. 곧 내집단을 특성화하는 전략으로 사회결속과 단결력을 도모하면서 체제 안정을 확립해 가고 있다.

북한은 내집단을 '선'으로, 외집단을 '악'으로 규정하고 적군과 아군의 첨예한 대립과 갈등구도를 재생산하면서 항시적인 긴장상태를 유지한다. 알다시피 우리 뇌는 외집단에 대해서는 경계심을 가동하며 추상적·연역적인 사고를 한다. 이러한 정형화된 사고는 한층 비인격적이고 덜 감정적이라고 할 수 있다. 즉, 우리는 외집단에 대해 편견과 고정관념을 갖는다. 북한 역시 외집단인 미국과 일본, 남한의 위협을 강조하는 전략을 통해 외집단을 비인간화하며 편견과 고정관념을 가지도록 조작한다. 동시에 내집단의 불안과 두려움을 항시적으로 촉발하는 전략을 통해 내집단의 동질감과 결집력을 지속적으로 관철해 나간다. 내집단 내에서도 구성원들을 상호 불신하게 하고 떨게 하는 강력한 감시통제망을 구축한다. 사람들을 가리가리 분열시켜 스스로 외집단과 같은 경계를 쌓도록 만든다. 내집단의 불안과 공포지수를 극대화하는 것이다.

극한적인 선악의 구도가 만들어내는 지속적인 불안과 두려움으로 인해 내집단은 더욱더 안으로 움츠리며 뭉치게 된다. 그러면 집단의 응집력과 정체성이 한결 강화되는 부수적인 효과가 나타난다. 반면에 외집단에 대한 편견과 고정관념은 더욱더 굳어진다. 또한 외집단의 공포와 불안을 방어하는 데 에너지를 집중하는 동안에는 내집단에서의 폭력성과 결핍, 사회적 고통을 덜 느낀다. 내가 몸담은 사회현실에 대한 고통스러운 경험의 의미와 신체적 고통을 인지하지 못하는 심리사회적 현상이 나타나는 것이다. 이것이 지정학적 적대상황에서 북한체제가 영속성을 확립해 가는 생존 메커니즘이다. 그 선봉에 혁명예술이 오만하게 서 있다.

제6장

/

북한 사람은 충효의 사람일까?

1. 포도밭의 노래

1) 야훼의 포도밭 노래

야훼 하나님은 430년 동안 이집트에서 노예살이 하던 이스라엘 백성들의 고통을 듣고 출애굽의 구원사건을 펼치신다. 시내산에서 모세를 통해 "나는 너의 하나님이 되고 너희는 나의 백성이 되리라"라는 사랑의 언약을 맺고 10계명이 기록된 돌판을 주신다. 40여 년 광야에서 이스라엘 신앙공동체를 인도하시며 낮에는 구름기둥으로 밤에는 불기둥으로 당신의 살아계심과 섭리하심, 사랑하심을 경험하게 하신다. 새로 태어나는 이스라엘 신앙공동체에서 하나님의 정의와 평화, 사랑을 구현해 나가시며 이스라엘 백성의 정체성 및 신앙공동체의 규범과 질서를 확립해 가신다. 그리고 모세의 지도력을 대신할 수 있는 강력한 후계자 여호수아를 앞세우고 약속의 땅, 젖과 꿀이 흐르는 가나안 땅으로 이스라엘을 인도하신다.

야훼 하나님은 가나안에 정착한 당신의 사랑하는 백성들이 오로지 유일한 하나님만 섬기고 순종하기 원하신다. 그런데 이스라엘 백성은 하나님의 말씀을 거역하고 이방 신들을 섬기며 불순종한다. 그들은 가나안의 풍요에 현혹되어 "각기 자기의 소견에 옳은 대로" 행했던 것이다. 성경은 이스라엘 백성의 불신앙과 불순종의 상태를 '포도밭 노래'로 표현한다.

> 1절   내 친구를 위해 나는 노래하리라
>
> 내 애인이 자기 포도밭을 두고 부른 노래를
>
> 내 친구에게는 기름진 산등성이에 포도밭이 하나 있었네
>
> 2절   땅을 일구고 돌을 골라내어 좋은 포도나무를 심었네
>
> 그 가운데에 탑을 세우고 포도 확도 만들었네
>
> 그리고는 좋은 포도가 맺기를 바랐는데 들포도를 맺었다네
>
> ……
>
> 7절   만군의 주님의 포도밭은 이스라엘 집안이요
>
> 유다 사람들은 그분께서 좋아하는 나무라네
>
> (새 번역 이사야 5장 1절~2절, 7절)

포도원 주인은 거친 땅을 일구어 아름다운 포도원을 만들고 좋은 포도나무를 심었다. 그는 좋은 포도가 맺히길 기대하면서 땀 흘리며 열심히 가꾸었다. 그런데 들포도가 맺혔다고 노래한다. 포도원의 주인은 야훼 하나님

을 뜻한다. 들포도는 하나님을 거역하고 배신한 이스라엘 백성을 의미한다. 야훼의 포도밭 노래는 들포도를 맺을 수밖에 없는 인간의 태생적 한계를 드러내고 있다. 인간의 본성적인 악함과 약함을, 곧 인간의 죄성을 보여주고 있는 것이다. 야훼 하나님은 죄인들을 구원하기 위해 우리가 아직 죄인 되었을 때 사랑하는 아들 예수를 보내주신다. 예수는 인간의 피할 수 없는 연약함과 고통, 상처에 공감하시며 우리를 죄와 고통으로부터 구원하려고 십자가에 달려 죽으신다. 그리고 사망의 권세를 이기고 부활하신다. 곁길로 빠질 수밖에 없는 죄인 된 우리의 모습을 있는 그대로 받아주시는 예수의 십자가 사랑 안에서 비로소 우리는 의인의 반열에 오르게 된다. 포도나무이신 예수 안에서 우리는 튼실한 포도나무 가지로 붙어 있으며 '좋은 포도'를 맺게 된 것이다. 전적으로 야훼 하나님의 구원의 은혜로 우리는 '좋은 포도'라는 명품 브랜드를 받게 된 것이다. 용서받은 죄인의 기쁨을 누리며 사는 우리들은 야훼 하나님이 기뻐하시며 인(印)치신 '좋은 포도'다.

2) 장군님의 포도밭 노래

야훼 하나님을 대신하며 북한이라는 자신의 포도밭에 보좌를 높이 튼 장군님 역시 '포도밭의 노래'를 부른다. 애초에 김일성은 좋은 포도밭을 만들기 위해 땅을 일구고 돌을 골라내듯이 정치적 반대세력들과 불평분자들을 골라내어 무자비하게 제거했다. 김일성의 뒤를 이은 3대 세습의 장군님 역시 다 같이 '포도밭의 노래'를 제창한다. 장군님은 인간을 마치 기계처럼 조종할 수 있다고 확신한다. 엄선해 오염된 것을 골라내고 순수한 것만 심으면 심은 대로 거둘 수 있다고 믿는다. 곧 인간을 자기의 입맛에 맞게 자기의 편익대로 사용하게끔 직조할 수 있다고 믿는 것이다. 인간을 만드신 창조주 야훼 하나님도 하지 않았던 일을 감히 '거짓 신'이 하려고 한다. 참으로 오만한 포도밭 주인이라 아니할 수 없다. 장군님은 절대 권력으로 혁명가족을 장악하고 지배하며 절대적인 규율과 도덕률을 기반으로 '인간 개조', '사상 개조'를 관철해 갔던 것이다.

그런데 이러한 노력에 한계가 드러나고 있다. 계기는 1980년대 말부터 북한의 가족친척들을 만나기 위해 관광차 북한을 방문한 해외동포들에게서 시작되었다. 해방 후 김일성의 포도밭에서 돌을 골라내듯이 팽개쳐졌던 사람들은 대거 남쪽으로 내려갔는데, 그들 대부분은 지주, 자본가, 지식인, 기독교인이었다. 이들은 북한의 핍박을 피해 남한으로 내려왔고, 북한에 남겨진 그들의 친인척들은 적대계급 출신으로 차별을 받으며 사회의 변두리에서 위축된 삶을 살아야만 했다.

하지만 이들이 북한을 방문하기 시작하자 불순분자로 낙인찍혔던 사람들이 친척의 든든한 경제적 후광에 힘입어 날개를 펴고 사회의 중심부로 이동하기 시작했다. 돈으로 출신성분을 살 수 있게 되면서 대학 입학과 함께 진로 선택과 승진도 수월해졌다. 비록 제한된 영역이지만 자신이 원한다면 돈으로 간부자리까지 차지하게 되었다. 음지에 있던 적대계층의 삶이 양지의 핵심계층의 자리로 이동하면서 사회적·경제적 지위가 역전되는 현상이 일어난 것이다. 그 결과로 충성경쟁이 아닌 돈에 의한 신분 상승이 탄력을 받는 획기적인 계기가 만들어졌다.

대부분의 사람들은 신분질서의 변화를 목격하면서 혼란에 빠지기도 했다. "해방 후 똑똑한 사람은 다 남조선으로 갔다", "왜정 때 못살던 머저리들만 조선(북한)에 남았다", "옛날에 잘살던 사람들은 지금도 계속 잘살고 옛날에 못살던 사람들은 계속 못산다"라며 한탄하기도 했다. 사회적 차별과 멸시의 대상이었던 사람들이 재력에 힘입어 삽시간에 존귀하게 대접받는 신분으로 역전된 것이다. 1990년대 북한 위기 이후 월남한 탈북민들의 가족들 역시 돈이라면 무엇이나 가능해진 덕분에 신분 상승을 경험했다. '돈이면 무엇이든지 다 되는' 새로운 세상이 열린 것이다.

야훼 하나님이 포도밭을 위해 포도밭 가운데 탑을 세우고 포도 확을 만들었듯이 장군님 역시 자신의 포도밭을 위해 공포정치와 예술정치의 쌍기둥을 확립했다. 그리고 완벽하게 디자인된 만주 빨치산의 충효의 전통과 유산을 본받아 사람들이 투철한 혁명투사로 개조될 것이라고 기대했다. 즉, 개인의 생명보다 수령과 당을 더 귀중히 여기며 기꺼이 목숨을 바치는 사람, 개인보다 집단과 조직을 더 사랑하고 정치적 생명을 귀중히 여기며 사회정치생활에 충실한 사람, 개인주의와 이기주의를 없애고 사회와 국가의 생명재산을 아끼며 잘 관리하는 사람, 동지를 사랑하고 인민을 사랑하며 서로 돕고 이끌면서 집단주의 정신을 높이 발휘하는 사람과 같이 흡족하고 맛좋은 '좋은 포도'가 맺히길 기대했다. 장군님은 리모컨으로 조종하는 로봇처럼 마음대로 원격조종할 수 있는 충효일심의 북한 사람을 원했던 것이다.

3) 북한 사람은 '좋은 포도'일까, '들포도'일까?

과연 장군님은 자신이 원했던 '좋은 포도'를 맺을 수 있었을까? 일심전심으로 오로지 장군님만 숭배하는 절대적 의존과 절대적 복종의 북한 사람을 직조할 수 있었을까?

대답은 'yes'와 'no' 둘 다일 수 있다. 눈으로 보기에는 '먹음직도 하고 보기에도 좋은' 극상품의 포도 같다. 그래서 'yes'다. 그러나 맛을 보면 '들포도' 맛이다. 그래서 'no'다. 겉과 속이 다른 북한 사람을 만들어낸 것이다. 아버지는 원하는 모습으로 조물조물 빚을 수 없는 인간의 태생적 한계를 "극복"하고 '좋은 포도'를 얻은 것이 아니라 인간의 태생적 한계를 '악용'했기에 보기에는 빛깔 곱고 향기로운 '좋은 포도'이지만 맛을 보면 시고 떫은 '들포도'를 얻었다. 끔찍한 공포 환경에서 충효일심의 혁명전사로 '살아가는 척', '순종하는 척', '따르는 척' 속이기에 능한 북한 사람을 얻은 것이다. 이것이 아버지의 포도밭 노래 이야기다.

북한 사람은 오로지 혁명가족의 전통과 유산을 모방하며 하나처럼 만들어진다. 무차별적으로 흡착하는 감시통제망은 친사회적 행동화를 발현하며 활성화한다. 북한 사람들의 친사회적 행동화는 높은 사회적 인지능력의 산물이 아니다. 사회적 공감에 의한 도덕적 행동도 아니다. 마치 교실에서 옆자리에 앉은 짝꿍이 웃으면 킥킥 따라 웃게 되고 그러다가 학생들 모두 이유도 모른 채 따라 웃었던 기억을 누구나 가지고 있을 것이다. 그렇게 웃음이 전염되듯이 북한 사람들도 그런 식으로 전염된 것이다. 다른 점이 있다면 북한 사람들은 절대적으로 따라 웃어야만 한다는 것이다. 그들은 자신의 선호도에 따른 선택적 주의로 모방행동을 중단할 수 없다. 왜냐하면 집단에서의 이탈은 때로는 죽느냐 사느냐 하는 생존과 맞닿을 수도 있기 때문이다.

이와 같이 북한 사람들의 친사회적 행동화는 거울체계의 전 방위적 자기

통제 메커니즘에 의해 발현되고 활성화된 것이다. '선이냐 악이냐' 을러대는 사회적 통제와 압력은 자신의 선택적 주의로 미러링을 멈출 수 있는 개인의 의지를 소멸시킨다. 그 결과로 북한 사람들은 눈으로 보기에는 '좋은 포도'처럼 존엄한 정신주의자 같지만, 실상은 '들포도'처럼 속이기에 능한 전략가일 수 있다.

남한의 일부 사람은 탈북민들 대부분이 북한에서 출신성분이 나쁘고 사회의 최하층계급으로 살다 왔기 때문에 저항의식이 강한 사람들이어서 북한에 대해 부정적이라고 말한다. 북한체제에 대한 '부적응자'라고 공공연히 말하기도 한다. 반면에 북한에 남아 있는 대부분의 사람은 충성심이 높은 사람일 것이며 북한은 정치적으로 잘 단결되어 있을 것이라고 생각한다. 과연 일부 사람들이 예단하는 것처럼 정말 그럴까? 북한 사람들에 대한 이와 같은 생각은 매우 단선적이고 결과론적인 이해일 수 있다. 이것에 대한 좀 더 깊은 논의는 뒤에서 계속 이어갈 것이다.

우리는 장군님의 포도밭에 심긴 북한 사람들이 좋은 포도일지 들포도일지 생각해 보았다. 이는 그들의 충효의 행동화가 자기성찰과 집단적 헌신이라는 높은 사회적 인식에서 출발한 도덕성의 표현인지, 아니면 생존을 지향하는 단순한 미러링에 의한 집단효과인지를 파악하는 과정이기도 하다.

북한 사람들의 친사회적 행동화가 단순한 미러링이든 아니면 높은 사회적 인지에 의한 공감적인 행동이든 간에 눈으로 보기에는 똑같이 정치사상적으로 높이 결속된 것처럼 보일 수 있다. 그러나 중요한 것은 단순한 모방은 외부의 압력이 사라지거나 권력자의 감시의 '눈'이 흐려질 때면 개인의 의지에 의해 선택적으로 멈출 수 있다는 것이다. 북한 사람들의 친사회적

행동화는 북한의 정권교체와 함께 삽시간에 사그라질 수 있는 사상누각일
수 있다.

4) 틈새로 스며드는 빛

탈북민들은 전체주의 북한에서는 외부의 정보가 절대적으로 차단되어
있기 때문에 남조선이 얼마나 잘사는지 몰랐다고 말한다. 자신들이 얼마나
속박 속에 사는지, 얼마나 속고 사는지 알지 못했다고 한다. 우리는 탈북민
들의 말에 동의한다. 실제로 북한은 폐쇄적인 사회여서 구조적으로 외부
세계와 절연되어 있기 때문이다. 그러나 우리가 제대로 알지 못하는 것이
있다. 외부 세계를 막고 차단하는 북한의 책략이 완벽하지 않다는 사실이
다. 북한 사람들이 조금만 여유를 가지고 멈추면 철옹성같이 잠긴 틈새로
외부 세계의 정보들이 차고 넘치게 흘러든다.

북한은 1990년대 북한 위기 이전까지 체제경쟁을 위해 남한에 대한 왜곡
된 선전선동을 멈추지 않았다. 그러한 정보는 역으로 남한사회의 정치적
자유와 경제적 발전상, 개인들이 누리는 인권과 자유 등 남한사회를 학습할
수 있는 엄청난 진실의 흔적을 무수히 내포하고 있었다. 일례로 북한을 뒤
흔들었던 임수경의 자유분방한 모습은 수많은 단서를 제공했다. 적대국인
북한까지 민간인의 자격으로 비행기를 타고 올 수 있다는 사실, 대통령과
국가를 거침없이 비판할 수 있는 의사표현의 자유로움, 남한의 가족과 학교
생활에 대한 이야기 등은 북한 사람들이 상상조차 할 수 없는 기막힌 나라
의 이야기였다.

북한 사람들은 신문과 TV를 비롯한 대중매체, 일본 조총련계 잡지 ≪시대≫ 등 공식적·비공식적 매개체를 통해 각종 형태의 외부 정보에 지속적으로 노출되고 있다. 조선중앙TV는 남한사회에 대한 혐오와 적대감을 조장하려는 목적으로 남한의 민주화 시위 장면을 종종 보여주었다. 북한 사람들은 경찰과 시위대 간의 대치 장면과 최루탄 발사 장면, 화염병을 던지고 몽둥이에 맞으며 잡혀서 질질 끌려가는 모습을 보면서 "감히 국가에 저항하다니"라고 경악하곤 했다. 공포에 얼어붙으면 인지적 사고가 정지되어 아무것도 느낄 수 없다. 하지만 자신의 현실을 인식하고 관심을 기울이면 비로소 많은 것이 보이기 시작한다. 시위 참가자들의 탱탱하고 멀끔한 얼굴과 탄력이 넘치는 모습은 거무튀튀하고 비쩍 마른 얼굴에 여위고 풀죽은 북한 사람들의 모습과 극명하게 대조를 이룬다. 시위대가 행진해 가는 잘 뻗어 있는 도로와 건물들, 자동차 등은 남한의 실상을 날것으로 보여준다. 각계각층의 사람들이 정부권력에 저항할 수 있고 인권과 이익을 위해 거리로 달려 나갈 수 있는 남한은 말 그대로 별천지인 것이다.

외부의 정보는 일본을 통해서도 거침없이 흘러든다. 일본에서 귀국한 동포들의 가족 방문을 통해 다양한 소문이 북한으로 흘러든다. '만경봉호'는 일본의 중고제품과 함께 자본주의 세계의 풍요도 함께 실어 나른다. 중고 의복은 대부분 'made in korea' 브랜드다. '상표의 라벨을 잘라버린 것은 남조선 옷'으로 통하는데 모두 최상품이다. 중국 국경을 통해서도 다양한 정보와 한류가 흘러들어오며, 러시아와 중동으로 나가는 많은 인력을 통해서도 외부 세계를 볼 수 있고 들을 수 있다.

실제로 수많은 정보가 넘쳐나지만 생존에만 사로잡혀 있으면 보일 리 없고 들릴 리 없으며, 만져보아도 감각이 있을 리 없다. 늘 생존수준에서 살아가는 사람들은 에너지의 설정 값을 오로지 생존에만 집중한다. 그래서 자신의 주변 환경에 관심을 기울이고 돌아보는 기능이 정지될 수도 있다.

오히려 다소 여유 있는 중간 계층의 엘리트나 돈 있는 계층은 어땠을까? 물론 중간 계층 중에서 당 간부나 보위원은 예단하기 어렵지만, 일반 행정 기관의 간부, 교수, 의사 등의 직업군은 저항의식을 가진 개인으로 볼 수 있다. 그들은 전체주의 틈새로 스며드는 외부의 정보를 들여다보고 성찰할 수 있는 여유와 지성을 가지고 있다. 나의 경험에 따르면 큰 도시에 사는 일부 중간 계층의 엘리트 또는 경제적으로 여유 있는 사람들은 1990년대 경제위기 이전부터 카세트플레이어(북한어로는 녹음기)를 통해 외부 세계의 소식에 노출된 경우가 적지 않았다고 추론할 수 있다.

카세트플레이어는 일본과 중국을 통해 혹은 해외 노동자로 나가 있던 사람들에 의해 반입되는 경우가 대부분이다. 또한 대북전단 삐라와 함께 북한에 떨어지는 라디오 수신기를 주워서 몰래 듣거나 시장에 내다 팔아 쌀을 사는 경우도 있었다. 일례로 1990년대까지는 평안남도 대흥군의 깊은 골짜기에도 삐라가 떨어지는 경우가 종종 있었다. 당시 북한의 ≪로동신문≫과 똑같이 편집된 신문이 삐라로 뿌려지기도 했는데, 농장의 세포비서가 삐라로 떨어진 ≪로동신문≫을 아침 독보시간에 사용했다가 직위에서 물러나는 등 큰 곤혹을 치르기도 했다. 대흥읍내에 살고 있던 나의 친척도 삐라 신문을 주워서 읽었으며, 당시 주웠던 라디오 수신기를 통해 꾸준히 외부 정보와 접촉하기도 했었다. 심지어 대북전단 대형 풍선이 함흥시 마전유원지 앞바다까지 둥둥 떠올라 해수욕을 즐기던 피서객들이 풍선을 터뜨려 외부

정보를 접하는 일이 가끔 발생하기도 했다. 내가 보았던 삐라는 김정일의 여성편력을 폭로하는 내용이었다. 대체로 김정일과 기쁨조 여성들의 소문을 알고 있던 터라 삐라의 내용은 그다지 놀랍지 않았던 것 같다.

외부 문물에 대한 북한 사람들의 호기심이 더욱 발동한 계기는 1980년대 말부터 1990년 초까지 발생한 혁명의 물결로 동구권이 붕괴되면서부터다. 1970년대 초, 북한에서는 외국영화 상영이 일체 중단되었다가 1980년대 언제부터인가 조선중앙TV가 일요일에 30~50년 전의 소련 영화를 비롯한 동구권의 흑백영화를 방영하기 시작했다. 그런데 동구권이 붕괴되면서부터 조선중앙TV의 외국 영화 방영이 다시 모조리 중단되었다. 다만 평양 사람들만 보는 만수대TV에서는 주말에 그대로 외국 영화를 방영했다. 늘 외국 문물에 목마른 사람들은 평양에서 방영되는 외국 영화를 보려고 TV 채널을 돌리다가 우연히 한국 TV 주파수에 맞춰져 한국 드라마에 푹 빠지는 경우도 있었다. 일례로 신포시의 해변 가에 위치한 한 아파트에 살고 있던 나의 친구는 우연한 기회에 그곳 몇몇 집에서는 "남조선 텔레비죤이 잡힌다"라고 알려주었다. 저녁이면 등화관제를 하고 "남조선 텔레비죤 련속극"을 보고 있다고 자랑삼아 말했었다. 화면은 늘 흔들리고 불안정하지만 그래도 좋다고 했다. 날씨 때문에 어떤 날에는 소리만 들리고 화면이 안 나올 때도 있지만 그래도 좋다고 했다. 함흥시 흥남바닷가 아파트에 살았던 한 탈북민도 북한살이 당시 짜릿짜릿한 스릴을 느끼며 남한 TV에 푹 빠졌었다고 말한 바 있다.

이와 같이 정부가 외국 문물의 침투를 금기시하고 막으면 막을수록 사람들의 호기심은 더욱 커져 수단방법 가리지 않고 외부 문물에 접속하려고 했다. 나의 기억에 따르면 한중 수교 이후에 북한 내부까지 광범위하게 퍼졌던 카세트테이프의 '연변 노래(한국 노래)'가 한류의 시작이었고, 북한을 찬양하는 듯 조롱하는 듯 아리송했던 '연변만담'은 체제에 대한 비난을 끼리끼리 모여 유쾌하게 공유한 최초의 경험이었다. 처음에는 남한의 문화가 CD와 DVD로 침투되었는데, 지금은 USB 시대를 거쳐 아이패드, 노트북으로 진화하면서[1] 외부 정보가 실시간으로 더 활발하게 공유되고 있다. 고난의 행군 이후에 훨씬 더 다양한 수단과 통로를 통해 스며드는 외부 세계의 정보와 놀이문화는 북한 사람들의 호기심을 자극하며 일상생활의 일탈을 더욱 부추기고 있다. 감시통제 속에서 합법과 불법의 경계를 넘나드는 소비행위는 재미에 더해 짜릿한 스릴을 함께 느끼게 할 뿐 아니라 일종의 승리감을 맛보게 한다. 사람들은 위험에 맞서는 자기주도적 경험을 통해 살아있는 기분을 느끼게 되는 것이다.

2. 충효의 도덕성이 무너지는 지점

1) 만성적인 배고픔

종교적 의례와 같은 세련된 책략과 압력에 의해 형성된 북한 사람의 도덕성이 무너지는 지점은 어디쯤일까? 어떤 지점에서 연극적인 친사회적 행동

---

1   정병호, 『고난과 웃음의 나라』, 342쪽.

화가 나타나지 않을까?

북한 사람들의 도덕성이 무너지는 이상 현상은 배고픔과 굶주림의 고통에서 비롯된다. 북한은 사람들의 주체의식과 자율성을 말살하며 사람들에게 말할 수 없는 심리적 고통뿐 아니라 배고픔과 굶주림이라는 극심한 신체적 고통까지 안겨준다. 북한 사람들의 배고픔과 굶주림의 고통은 1990년대 북한 위기 때에 비로소 나타난 단기적이며 일시적인 사회현상이 아니다. 개인의 밥그릇을 독점하고 최소한의 식량만 배급하는 절대 권력에 의해 배고픔의 고통은 이미 오래전부터 집단적 현상으로 만연하고 있었다. 이밥을 배불리 먹으며 살아가는 것이 평생의 소원인 북한 사람들에게 비만인 사람은 권력과 부의 상징으로 선호하는 대상이다.

북한의 혁명구호의 변화를 통해 북한의 정치적·경제적 변화를 분석한 이우영의 연구에 따르면 식량 부족의 징후는 1970년대에 처음으로 나타나기 시작했다.[2] 당시에는 "올해에 다시 한번 알곡 8백만 톤 생산고지 점령에로", "절약하고, 절약하고, 또 절약하자", "쌀은 사회주의다" 등 경제적 어려움이 드러나는 구호들이 등장했다. 동시에 이 시기의 정치구호는 수령과 관련된 것이 다수를 차지했는데, 일상생활 수준에서 수령에 대한 충성심을 강조한다는 점에서 이전 시기와는 차이가 있었다. 이때부터 수령의 유일지배체제가 사회 저변까지 확산되었음을 보여준다.

실제로 북한 사람들이 경제적 어려움을 겪기 시작한 것은 1970년대부터

---

2   이우영, 『북한사회의 상징체계 연구: 혁명구호의 변화를 중심으로』(서울: 통일연구원, 2002), 6쪽.

가 아니라 그보다 훨씬 더 이전일 것으로 추론할 수 있다. 한국전쟁 이후 10년간 성공적인 전후 복구 건설에서 놀라운 성장을 이뤄내다가 점차 성장의 동력을 잃어가기 시작하던 1960년대 말부터일 수도 있다. 그들의 만성적인 배고픔의 고통이 표면화되기 시작한 것은 1970년대부터다. 이때부터 사회 통합기제의 핵심인 식량과 기본 생활필수품의 국가배급체계가 충격적으로 불안해지기 시작했다. 이 시기부터 상점마다 쌓여 있던 사탕과자, 식용유, 어패류 등의 부식물이 서서히 줄어들기 시작했다. 또한 이때부터 몇 차례에 걸쳐 최소한도로 공급되던 식량의 배급량이 줄어들기 시작했다. 부식물과 생필품의 공급도 점차 감소되다가 어느 때부터인가 완전히 끊겼다. 필수 식품인 간장과 된장은 최소량이 공급되었다. 이와 같은 경제생활의 상실과는 대조적으로 1970년대 정치무대에서는 수령의 유일지도체제가 사람들의 일상생활의 영역에까지 확산되었으며, 해마다 주체농법을 찬양하며 수령이 가져다준 대풍작을 자랑했다. 즉, 북한의 절대 권력과 권위의 연극성 및 화려한 과시가 체계적으로 증폭되었던 것이다.

북한은 이 시기에 훨씬 더 극성스럽게 최고 존엄에 대한 개인숭배를 추진하며 만주 빨치산 전설에 지극히 영광스러운 권위를 부여했다. 국가의 물질적 힘과 경제력이 점차 약해지고 최고 존엄의 위상이 초라해질수록 북한은 예술정치로 절대 권력의 정통성을 디자인하며 폭발적으로 '구세주 신화'를 써내려갔다. 환상적이며 상징적인 혁명예술의 언어로 친사회적 행동화와 집단효과를 높이면서 체제 안정을 도모하려고 했던 것이다. 그러나 혁명예술의 환상적 언어로도, 공포정치의 끔찍한 채찍으로도 결코 제어할 수 없고 충족시킬 수 없는 것이 있었으니, 바로 그것은 만성적인 배고픔의 고통이었다. 공포정치의 무자비함과 예술정치의 회유와 기만으로 제 아무리 정신주의를 고취했어도 배고픔의 고통은 결코 해결할 수 없었다. 그렇다면 북한 사람들은 배고픔의 고통을 어떻게 해결했을까?

북한 사람들이 선택한 생존전략은 '훔치기'였다. 회사의 생산품을 훔치거나, 농장에서 농산물을 훔치거나, 어장에서 잡은 생선을 훔치는 등 공산품을 사유화함으로써 먹을거리를 장만했다. 그렇게 '훔치기' 전술로 하루 세 끼 먹을 밥그릇을 챙겨왔던 것이다. 밥그릇을 챙기기 위한 훔치기에는 남녀가 모두 가담했지만 훔친 것을 시장에 내다팔든지 멀리 가서 식량과 교환해 오는 것은 대체로 여성의 몫이었다. 또한 먹거리를 장만하기 위해 직업적으로 장마당에 진출하거나, 밀주를 제조해 팔거나, 뇌물을 주고받는 위법행위를 하는 등 수단과 방법을 가리지 않고 만성적인 배고픔에 대처해 나갔다. 이와 같이 북한에서는 일찍이 생존전략 차원의 '훔치기'와 '속이기' 등 각종 위법행위가 퍼져 있었다.

3대 세습의 국가 북한은 김일성-김정일-김정은 개인의 것, 그 이상도 그 이하도 아니다. 북한 사람들은 명목상 장군님의 식솔이지만, 사실상 그의 재산목록 가운데 일부와 동일시된다. 국가는 최고 존엄의 개인 기업이고, 국가의 재원은 최고 존엄의 개인 소유나 다름없다. 국가의 돈과 지하자원, 수산자원, 각종 농산품, 공산품을 비롯한 재원이 곧 최고 존엄의 개인재산인 것이다.

북한에서 국가의 것을 훔치는 행위는 최고 존엄의 곳간을 턴다는 것을 의미한다. 혁명가족의 자녀가 아버지의 것을 훔치는 배은망덕한 짓은 매우 위험한 행위로 반혁명적 행위가 될 수도 있다. 그들의 만성적인 배고픔의 고통과 배불리 먹고 싶은 원초적인 욕망이 그들로 하여금 혁명과 반혁명의 경계를 아슬아슬 넘나들게 만드는 것이다. 그래서 북한 사람들의 생존을 위한 일탈은 비조직적인 '저항'의 의미를 함축하고 있다고 말할 수 있다. 만성적인 배고픔에 무차별적으로 대처하는 이 위법의 지점에서 북한의 충효의 도덕성이 무너진다.

2) 생계형 먹이사슬

북한에는 1990년대 북한 위기 이전까지 거대한 생계형의 먹이사슬이 작동하고 있었다. 일찍이 사회주의적 공급체계와 비사회주의적 공급체계가 얽힌 강력한 생계형 먹이사슬이 형성되었던 것이다. 공산품 및 농산품의 훔치기와 물물교환, 비합법적인 장마당 활동, 밀주 제조 및 유통, 소토지 농사 등 불법적인 먹이체계가 사회주의 공급체계와 나란히 하나의 사회적 현상으로 자리 잡고 있었다. 사회주의와 비사회주의가 혼합된 생계형 먹이사슬은 북한 사람들의 생존 욕구와 심리적 불안, 불만을 해소하며 장기적으로 체제 안정화에 기여한 측면이 있다. 그런데 1990년대 경제위기와 식량위기에 처하면서 이 견고한 생계형 먹이사슬이 직격탄을 맞았다. 가장 안정적인 기반이던 배급제도와 훔치기 전략이 무너진 것이다. 반면에 밀주 제조와 소토지 농사, 장마당 활동 같은 위법행위가 더욱 활성화되었다.

북한에서 일찍이 평양과 지방의 소수 고위급 간부를 제외한 대부분의 북한 사람들, 특히 여성들은 하루 세끼 배불리 밥을 먹으려면 닥치는 대로 일하면서 밥그릇을 챙겨야 했다. 대체로 낮에는 식량 배급을 위한 '국가'의 일을 하고 밤이면 배곯지 않으려고 '비사회주의' 일을 했다. 그들은 밤이면 술과 맥주, 두부를 만들어 유통시켰다. 양곡을 좀 더 마련하기 위해 술 찌꺼기와 두부를 만들고 난 찌꺼기비지로 돼지를 길렀다. 시골에 살면 짬짬이 들에 나가 풀을 베어다가 사료를 보충하곤 했다. 당 간부와 보위부, 안전부 가족도 예외가 아니었다. 그들도 배고프기는 다 마찬가지였다. 간부 집에서도 불법으로 술을 만들고 그 찌꺼기로 돼지를 길렀다. 그들은 일반인들보다 한결 수월하게 돼지를 길렀다. 양정사업소에서 나오는 돼지 사료를 공짜로 가져올 수 있었기 때문이다. 좋은 사료를 먹는 간부 집의 돼지는 서민 집의 돼지보다 살찌고 보기도 좋아서 대체로 돈 많은 재일 귀국 동포들에게 더 높은 값에 팔렸다. 보통 돼지는 알곡과 맞바꾸는데 꽤 짭짤한 밥벌이가 되었다. 농민들의 경우는 의무적으로 돼지를 길러 세금처럼 군대에 바쳐야 했다. 납세의 의무를 이행하지 못하면 분배되는 쌀을 감량해야 했다.

북한 사람들은 훔치기, 속이기, 뇌물행위 등 위법행위를 당연한 일상처럼 여기며 배곯지 않으려고 치열하게 살아간다. 중간 계층의 엘리트들은 직위를 이용한 각종 뇌물행위와 위법으로 밥그릇을 더 두둑이 챙길 수 있다. 일례로 북한은 통행증이 있어야만 다른 지방으로 이동할 수 있다. 장사 목적으로 다른 지방으로 가거나 휴가차 친척집에 다녀오려면 통행증을 발급받아야 한다. 통행증은 뇌물 혹은 돈으로 발급받는 것이 사회적 관행처럼 되어 있다. 또한 병원에서 의사한테서 진단서를 발급받거나, 입원치료를 받거나, 좀 더 좋은 약을 처방받으려고 해도 뇌물을 주어야만 한다. 대학도 마찬가지다. 북한에 있는 대학의 학생은 70~80% 정도가 제대군인인데, 이들 대부분은 교수에게 뇌물을 주고 성적을 관리한다.

각박한 도시지역에 사는 노동자들은 훔치기에 능하다. 비료공장 노동자들은 비료를, 탄광 노동자들은 무연탄을, 신발공장 노동자들은 신발을, 화장품 공장 노동자들은 화장품을, 담배공장 노동자들은 담배를 훔친다. 훔치기는 단독으로 하는 경우가 대부분이지만, 마음이 맞는 두세 사람이 짜고 훨씬 더 대담하게 작전을 꾸미는 경우도 있다. 그 경우에는 훔친 것을 밖으로 빼돌리기 위해 회사 경비대와 결탁한다. 이렇게 빼돌린 각종 공산품은 장마당에서 유통된다. 자신이 직접 물건을 파는 경우도 있지만 대체로 시장 상인에게 도매가로 넘긴다. 때로는 주말을 이용하거나 휴가를 내어 외진 시골까지 찾아가서 직접 식량과 맞교환하기도 한다. 한 푼이라도 더 받기 위해 배낭을 메고 몇십 리를 걸어 집집마다 찾아다니며 먹거리와 바꾸는 것이다. 이와 같은 공산품 훔치기로 도시지역 대부분의 노동자는 간신히 배고픔에서 벗어난다.

쌀을 생산하는 농민들도 배고프기는 마찬가지다. 농민들은 집 앞의 텃밭과 불법적으로 산림을 훼손해 일군 뙈기밭을 생존수단으로 활용하고 있다. 농민들은 협동농장의 밭에 뿌려야 하는 비료와 농약들을 훔쳐와 제집 밭에 뿌리고 제집 농사에 집중하느라 협동농장 일은 건성으로 때운다. 농장 밭에서 일하다가 점심 먹으러 집으로 올 때도 제철에 나오는 알곡과 채소를 재량껏 훔쳐서 가져온다. 탈곡 시에는 따로 곡식을 챙겨서 땅에 파묻어 두었다가 빼내오기도 하고, 탈곡장을 지키는 경비병과 결탁해 볏가마니를 빼돌리기도 한다. 혹은 정미소와 결탁해 갓 찌어낸 쌀을 대량 확보하기도 한다. 그렇게 확보한 농산품으로 식량 여분을 마련하기도 하고 필요한 생필품을 충당하기도 한다.

군인들도 마찬가지다. "100리 안에 북한군이 주둔하면 가축이든 무엇이든 남아나질 않는다"라는 말이 유행할 정도로 '습격(훔치기)'이 일상화되었다. 무엇이든 훔쳐서 상급자에게 갖다 바치면 '충성심'으로 평가받고 당원이 되기도 쉬워진다. 군부대 인근 도시를 중심으로 군대 배급량이 비공식적으로 유통되기도 한다. 정치범 수용소 완전통제구역의 군인들도 예외가 아니다. 밤마다 정치범 가족마을에서 강냉이, 감자, 콩, 고추 등 농산물을 마대에 넣어 훔쳐오면, 군관들은 그 농산물을 배고픈 군인들에게 먹이지 않고 TV나 자전거, 녹음기(카세트플레이어)로 바꿨다.[3]

이와 같이 훔치기, 속이기, 뇌물행위 등 각종 위법행위로 뒤엉켜 작동되던 먹이체계가 1990년대 위기로 인해 순식간에 무너졌다. 배급이 끊기고 제2의 수입원이던 공장이 멈추면서 수십만 명이 굶어죽는 끔찍한 사태가 일어났다. 탈북민들은 이 시기에 소위 당성이 뛰어나거나 주체사상의 교육대로 살던 사람들은 거의 굶어죽고 약아빠진 '승냥이와 여우'(위법행위를 하는 사람)만 남게 되었다고 말하기도 한다.[4]

그러나 굶어죽은 사람 대부분은 죽으면서까지 주체사상과 당의 법도를 지켰던 '충성스러운' 사람들이 아니다. 그들도 살기 위해 훔쳤고 속였고 각종 위법행위에 몸담았다. 집안에 돈이 될 만한 것은 닥치는 대로 내다 팔며 한 끼 한 끼를 때웠다. 텔레비전과 이부자리, 가마솥, 밥그릇과 수저까지 팔았으며, 최후의 수단으로 쌀 몇 됫박에 집까지도 팔았다. 알몸으로 한지에

---

3   안명철, 『완전통제구역』(서울: 시대정신, 2007), 104쪽.
4   박영신·박종소·이범성 외, 『통일 사회통합 하나님 나라』(서울: 대한기독교서회, 2010), 146쪽.

나앉으면서까지, 사랑하는 가족이 뿔뿔이 헤어지면서까지 살아남으려고 몸부림쳤던 사람들이 굶어죽은 것이다. 극한적인 식량위기에 대응하면서 굶어 죽어간 수십만 명의 시체를 딛고 자생적인 장마당 경제체제가 구축되었고 이는 일상 속에 뿌리내리게 되었다.

3) '낮에는 사회주의, 밤에는 자본주의'

북한에서는 혁명가족의 '도리대로' 따르지 않는 행위에 대해 '반사회주의' 또는 '비사회주의'라는 주홍글씨를 새긴다. '반사회주의'는 정치범과 관련시켜 '반혁명적 행위'로 처벌된다. 정치범에게 결코 용서란 없다. 이들은 정치범 수용소에 끌려가 세상에 존재한 적이 없었던 것처럼 지워진다. 반면에 '비사회주의'는 경중에 따라 교도소에서 징역살이를 하거나 혁명화의 책벌을 받는다. 위반 수준이 미미할 경우에는 생활총화에서 비판을 받는 정도의 '망신주기'로 끝날 수도 있다. 비사회주의가 광범위하게 정상적인 것으로 여겨지고 일상화된 환경에서 처벌받았던 사람들은 단지 운이 나빴을 뿐이다.

1990년 위기 이전까지 북한에서는 장사를 하는 행위가 엄연하게 비사회주의 요소였다. 공산품과 농산품을 훔치는 것 역시 형사 처벌대상이었다. 훔치기나 장사활동에 대한 처벌방법은 주로 물건을 빼앗는 것이었다. 즉, 훔친 공산품이나 농산물을 빼앗거나 장마당에서 장사물건을 빼앗는 식이었다. 빼앗은 물건은 사법요원들의 차지가 되기 일쑤였다. 사법요원들은 상인이나 외화벌이 하는 사람들의 물건을 빼앗거나 되돌려주는 과정을 통해 그들과 공생관계를 맺는다. 시장 상인들은 담합해 수시로 각종 생필품과 기호품은 물론이고 현금까지 뇌물로 바치면서 자신들의 장사활동을 보호받는다. 이런 방법으로 사법요원들은 위법행위를 하는 개인들과 손잡고 쏠쏠하게 밥벌이를 하고 있다.

그뿐만 아니다. 사법요원들은 한편으로는 비사회주의에 직접 가담하고 다른 한편으로는 비사회주의를 단속하는 '비사회주의 그루빠'로 공익임무를 수행하면서 이중으로 위법행위를 감행한다. 그들은 비사회주의를 감시하고 단속하는 과정에서 처벌을 면제해 주는 대가로 또다시 뇌물을 챙긴다. 실제로 지위를 이용한 간부들의 비사회주의는 일반 주민들보다 훨씬 더 일상적이고 광범위했다. 이와 같이 북한에서도 비사회주의 먹이사슬이 작동하는 '제2의 사회'가 존재했던 것이다.

북한 사람들은 비사회주의가 개인주의적이고 이기주의적인 자본주의 생활양식이라는 것을 잘 알고 있다. 동시에 그들 모두는 각자 비사회주의로 밥그릇을 챙기고 있다는 사실 또한 알고 있다. 사람들은 각자의 비사회주의를 암묵적으로 인정하면서도 고발하지 않으며, 은근히 앞 다투며 경쟁을 벌이기도 한다.

북한 사람들은 비사회주의로 인해 배곯지 않게 되면서 자본주의는 돈이 없으면 못 사는 '개 같은 세상'이라고 학습했던 신념이 흔들리게 되었다. 사회주의 역시 돈 없으면 못 사는 '개 같은 세상'이라는 것을 알게 된 것이다. 그들은 치열한 생존경쟁을 통해 '돈이면 모든 것을 다 할 수 있다', '돈이 최고'라는 물질만능의 세계관을 신념화하게 되었다. 그래서 밝은 낮에는 '사회주의자'로, 캄캄한 밤에는 '자본주의자'로 두 얼굴로 살아오게 된 것이다.

그들 자신도 공공연하게 "낮에는 사회주의를 하고 밤에는 자본주의를 한다"라고 시인하고 있다.

1990년대 북한 위기는 삶의 영역에서 사회주의 대 비사회주의, 사회주의 생활양식 대 자본주의 생활양식이라는 흑백의 경계선이 허물어지는 결정적인 계기가 되었다. 그 이전에는 불법이던 장마당 활동이 장마당 경제체제로 전환되고 일상화되었다. 이제는 장사로 돈을 버는 행위가 능력으로 인정받는 세상이 된 것이다. 장마당 경제가 북한 사람들을 먹여 살리면서 장사는 애국주의 활동, 도덕적인 행위가 되었다. 특히 절대 권력의 지배가 무력해지는 혼란 가운데서 아동청소년기를 보낸 장마당 세대는 일찍이 돈의 맛에 눈떴으며 명분보다 실리를 앞세운다. 심각한 수동형, 복종형이던 부모 세대에 비해 자기주도적이며 매우 자유롭게 현실적으로 처신한다.

1990년대 위기 이후에도 북한은 세계에서 가장 억압적인 체제 중 하나로 여전히 남아 있다. 전체주의 체제의 심각한 균열에도 불구하고 북한의 감시체제는 그 잔혹성에서 다른 어느 나라에 뒤지지 않는다. 그럼에도 불구하고 북한사회와 사람들은 변화하고 있다. 기존의 감시통제 체계가 일부 유명무실해지면서 많은 틈새가 생기고 있으며, 장터를 중심으로 사적인 담론의 공간도 확장되고 있다. 소리 없이 고요하게, 눈에 띄지 않지만 깊숙한 흔적을 남기며 변화의 물결은 도도히 흐르고 있다.

4) 언제부터 돈이 최고였을까?

북한 사람 중 일부는 일찍이 돈의 맛을 알고 있었다. 척박한 대도시에 살고 있던 소수의 사람들은 1970년대부터 밥그릇을 좀 더 두둑이 챙기기 위해 불법적인 장마당 활동에 뛰어들었다. 해방 후에 북한에서 허용되었던 '농민시장'의 기능은 농민들이 텃밭에서 가꾼 농산물을 파는 것이었다. 대체로 10일장으로 운영되지만 배급체계가 충격적으로 불안정해지면서 대도시들에서는 사실상 매일 장마당이 섰다. 최소한의 생활용품조차 간부와 영예군인 같은 유공자들에게만 공급되고 대다수 사람에게는 공급이 끊기다 보니 자연히 농민시장이 활성화되었다. 대도시 장마당은 늘 사람들로 북적였다. 장마당에서는 "고양이 뿔 말고는 다 있다"라는 말이 유행할 정도로 필요한 것을 언제든지 구입할 수 있었다.

북한은 구조적으로 공급 사회다 보니 정상적인 공급이 이루어지던 시기에는 대체로 돈의 교환가치가 매우 보잘것없었다. 그래서 사람들은 박봉에도 불만이 없었고 돈을 하찮은 것으로 여기기까지 했다. 게다가 돈과 상업을 천하게 여기는 도덕주의 신념이 강하다 보니 '돈'과 '장사꾼'을 천하게 여기는 경향도 은연중에 있었다. 그러나 배급체계가 매우 불안해지고 만성적인 배고픔을 겪게 되면서 전통적인 가치는 서서히 사그라질 수밖에 없었다. 특히 각박한 대도시를 중심으로 생존을 위한 각종 장사행위가 성행하고 사람들이 점차 '돈의 맛'에 현혹되면서 돈의 교환가치를 알게 되었다.

돈의 맛에 현혹되어 일찍이 장마당으로 진출한 사람들과 외화벌이에 몸담은 사람들은 밥이 넘쳐나자 이제는 돈을 저축하기 시작했다. 1992년 화폐교환을 통해 돈을 잃게 되면서 엔화나 달러로 교환해 돈을 보관했다. 돈의 맛은 중앙기관 간부들에게 더욱 매력적이었다. 전 영국 주재 북한대사관 공사 태영호는 자신의 책 『3층 서기실의 암호』에서 북한 외무성 요원들

의 일탈에 대해 밝힌 바 있다.[5]

태영호 공사는 1980년대 말, 어떤 나라에서 참사로 근무하던 시절의 일화를 소개한다. 당시 대사나 당 비서, 보위원들은 자신들에게 부과된 일은 하지 않고 사적인 돈벌이에만 열중했다. 당시는 동구권 국가에서 북한 외교관이라고 하면 단속도 하지 않던 시절이어서 물가가 저렴한 나라에서 담배를 사와 비싸게 되파는 식으로 돈벌이를 했다. 물론 당시에도 이와 같은 비사회주의적 일탈에 가담하지 않는 사람이 있긴 했다. 그는 생활총화 시간만 되면 "수령님께서 대사관에서 장사를 하지 말라고 했는데 일부 동무들은 이를 어기고 있다"라면서 대사를 비판하곤 했다. 이미 돈의 맛을 알게 된 대사와 동료들에게 그는 큰 골칫거리였다. 어느 날 대사가 그를 불러 여권을 쥐어주며 인근 국가에 가서 담배를 사다 팔아서 생활비에 보태라고 권고했지만 무슨 소리냐며 대사의 제의를 거절했다. 다들 담배 밀수를 하면서 돈을 축적했지만 그는 끝까지 고지식하게 수령의 교시대로 근무하다가 귀국했다. 그 후 몇 년이 지나 고난의 행군이 시작되었다. 해외에서 수령의 교시를 어기고 돈을 벌어온 사람들은 도시락을 잘 싸왔지만 끝까지 충효의 신념을 지킨 그 사람은 돈이 없어서 밥 말고는 가지고 올 수가 없었다(고위급 간부들에게는 쌀이 공급되었다). 태 공사는 돈 한 푼 없고 퇴직할 날도 얼마 남지 않은 그 사람의 남은 생을 생각하면 자신의 눈앞이 아뜩했다고 말한다.

북한 위기 이후 오늘날의 북한 사람들은 충효일심이 자신의 생존을 보장

---

5   태영호, 『3층 서기실의 암호』(서울: 도서출판 기파랑, 2018), 68쪽.

해 줄 수 없다는 사실을 뼈저리게 체득했다. 그들은 돈이 있어야 생존할 수 있다는 진리를 알아버렸다. 그래서 이제는 뭐니 뭐니 해도 돈이 최고라는 것을 알고 있다. 북한에서 돈이 있느냐 없느냐는 행복감 척도나 삶의 안녕과 관련된 통계적 개념이 아니다. 그것은 죽느냐 사느냐의 생존과 관련된 근본적인 문제다. 원초적인 욕구와 관련되기 때문에 더욱 절박하게 돈이 최고가 될 수 있는 환경인 셈이다. 돈이 최고가 될 때 명분과 도덕성을 외치는 북한 사람은 더 이상 존재하지 않게 된다.

3. 주체종교가 무너지는 지점

1) 다종교의 나라, 북한

다종교가 평화롭게 공존하는 남한처럼 북한 또한 명목상으로는 다종교 국가처럼 보인다. 현재 북한에서 공식적으로 활동하는 주요 종교단체는 조선불교도연맹, 조선그리스도교연맹, 조선천도교회 중앙지도위원회, 조선정교위원회 등 5개 종교단체와 이 단체들의 협의체인 조선종교인협의회가 있다. 북한 자료에 따르면, 불교는 현재 60개의 사찰에 300여 명의 승려(대처승)가 있으며, 전국에 1만여 명의 불자가 있다. 천도교는 천도교청우당이라는 정치조직으로 존재하고 있으며 신자는 1만 5000여 명이다. 개신교는 2개의 교회와 520여 개의 가정예배소가 있으며, 20여 명의 목사와 130여 명의 전도사(책임지도원) 및 약 1만 2300명의 신도가 있다. 평양신학원에는 학생 10명이 공부하고 있고 봉수교회와 칠골교회에 각각 300명, 90명의 교인이 있다. 천주교는 1개의 장충성당에 전체 신도 수는 약 800명(혹은 3000명)이며, 신부와 수녀는 아직 없는 실정이다. 2000년대에 들어와 그리스정교회 계통의 정백사원이 건축되면서 조선정교회도 설립되었다.

진정 북한에도 신앙의 자유가 있을까? 실제로 종교단체들이 자유로운 종교 활동을 하고 있을까? 형식적으로 보면 북한에도 신앙의 자유가 있다. 북한 헌법에도 신앙의 자유를 규정해 놓았다. 그 권리는 종교 건물을 짓거나 종교의식을 허용하는 것으로 보장된다. 그런데 여기에 조건이 붙는다. "누구든지 종교를 외세를 끌어들이거나 국가 사회질서를 해치는 데 이용할 수 없다"라는 조항이다. 이 조항에 따라 외국의 종교인들이 종교 시설 밖에서 종교의식을 갖거나 선교활동을 하는 행위는 불법이다. 북한에서 합법적으로 규정한 신앙의 자유는 북한에 드나드는 외국인에 대해서만 제한적으로 허용된다.

북한에서 종교단체가 재등장한 것은 외부적으로 국제사회와의 종교교류를 통해 정치체제를 안정시키고 정상국가의 이미지를 만들어가려는 정치적 책략 때문이었다. 북한의 종교단체들은 "북한이 종교 자유를 인정하고 있다고 선전하기 위해 결성한 대외선전용 종교기구"로 평가된다. 실제로 종교단체들은 "정부의 정당정책을 높이 받들고 나라의 융성 발전을 위해, 조국의 자주적 평화통일을 위해 투쟁하는 것을 기본 사명"으로 삼는다.[6] 이들 종교단체는 순수한 종교단체가 아닌 정치적 목적을 가진 정치단체의 성

---

6   "지금 북한에는 어떤 종교단체가 활동하고 있나?" ≪원불교신문≫, 2019.6.20.

격이 강하다.

대체로 북한 사람들은 종교에 대한 인식이 매우 부정적이었다. 그들은 종교를 미신으로 평가하거나 비과학적·몰상식적이라고 평가한다. 또는 혁명투쟁을 마비시키는 아편이자 '무식하고' '얼빠진' 사람이나 믿는 것이라고 생각한다. 이 때문에 반종교 의식이 강한 것이 사실이다. 북한에서는 최고 존엄을 숭배하는 전체주의의 특성상 신앙의 자유는 원천적으로 허용되지 않는다. 북한의 주체종교는 혁명가족의 아버지를 숭배하는 '유일신 신앙'이다. 당의 유일적 영도체계 확립의 10대 원칙은 '김일성 외 다른 신을 섬기지 말라'라는 10계명이나 다름없다. 김정은 시대에도 이 계명은 그대로 유효하다. 그래서 원칙상 주체종교 이외에 다른 종교란 존재할 수 없다.

2) 종교 박해 국가, 북한

2018년 황해북도 반간첩투쟁전람관에서 제작된 것으로 추정되는 "종교미신에 빠지면 반역의 길을 걷는다"라는 선전물이 공개되었다.[7] 이 선전물에서 북한은 적들이 핵무기로도 깨뜨릴 수 없는 일심단결의 정신력을 종교미신을 통해 좀먹으려고 어리석게 책동한다면서 열을 올린다. 북한은 기독교를 종교미신이자 반혁명적 행위로 규정하면서 탈북민 출신의 여성 기독교인을 반공화국 종교교육을 받은 간첩으로, 종교 광신자로, 놈들의 '개'로 몰아갔다. '지하 종교망'을 만들었다는 이유로 그녀의 종교 활동을 간첩행

---

7   "북한 기독교 박해 선동: 반혁명적 사상독소", 2020.3.20. https://youtu.be/z3vAkB0Etyc.

위로 단죄하고 처벌했다. 북한에 종교의 자유란 있을 수 없다. 종교 활동은 최고 존엄에 대한 반역행위, 체제전복 행위로 엄중하게 처벌되고 있다.

김정은 시대의 북한 사람들은 바깥세계의 사람들이 알고 있는 사실, 곧 북한에 종교의 자유가 있고 자유롭게 신앙생활을 할 수 있는 종교단체들이 존재한다는 사실 자체를 알지 못한다. 그러나 당의 외곽조직이 '종교'의 간판을 달고 바깥의 종교단체를 대상으로 정치행보를 하고 있다는 사실은 알고 있다. 북한에서의 '종교단체'란 당의 정치행보를 대신하는 사이비 조직이라는 것을 암묵적으로 공인하고 있는 것이다. 혹시 우리 중 누군가가 북한 사람들에게 그것은 정치단체가 아닌 종교단체라고 아무리 설득하더라도 그들은 절대로 받아들이지 못할 것이다. 북한을 다녀온 일부 목회자가 북한에 예배를 드릴 수 있는 종교의 자유가 있다고 발언하는 데 대해 한국에 살고 있는 탈북민들이 분개하는 이유도 이 때문이다.

평양출신 고위급 탈북민의 증언에 따르면, 평양 교회는 주일마다 예배를 하지 않는다. 외국인들이 올 때에만 미리 준비된 사람들이 행사에 동원되어 예배를 한다. 교인은 보위부와 안전부 현직에 있는 사람이거나 퇴직자들과 그 가족들이다. 목사는 통전부 산하 해외동포영접국 종교과 소속의 책임지도원과 부원들이다. 행사를 마치면 '교인'들에게 옥류관 식권이나 광복백화점 상품권이 제공되는데, 보상이 없으면 핑계를 대면서 행사에 동원되지 않으려고 버티기 때문이다. 국가 행사에 버티기로 맞선다는 것은 1990년대 북한 위기 이전에는 상상도 할 수 없었던 현상이다. 이렇게 행사에 동원된 '교인'들은 그 자리에서 비로소 성경을 펼쳐본다. 북한 '목사'들의 설교는 체제선전에 맞추어져 있다고 전해진다. 남한의 일부 목사는 평양에서 예배에 참여하는 사람들이 비록 '가짜 교인'이라고 할지라도 예배를 드리다 보면 성령의 역사로 '진짜 교인'이 될 것이라고 말한다. 단언컨대 우리가 바라는 '성령의 기적'은 일어나지 않을 것이다. 북한 사람들은 종교에 대해 철저하게 무지할 뿐 아니라 미신으로 혐오하며 불신한다. 돌밭과 가시밭에 떨어진 씨앗이 뿌리를 내리지 못하고 말라죽듯이 불신의 마음 밭에 뿌려지는 성경 말씀도 허공을 감도는 메아리처럼 스치며 지나갈 수 있다.

나 자신도 북한에 있을 때 카세트플레이어로 몰래 극동방송을 들으면서 기독교에 노출되었던 경험이 있다. 종종 설교방송을 들었지만 그것은 기쁜 소식이 아니라 '이상한 소리'였다. "문명세계에 사는 사람들이 왜 이런 미신을 믿지?"라는 생각만 들었다. 당시 들은 설교는 온전한 사람을 얼빠진 사람으로 만들려는 미신이었을 뿐, 그 이상도 이하도 아니었다. 고난의 행군 시에는 교회들이 어려움을 겪고 있는 북한 사람들에게 쌀과 의약품을 지원하기로 했다는 소식에 눈물이 나고 감사했지만 그 기쁜 소식이 '신'의 은총과는 아무런 상관이 없었다. 신적 인식과 신적 감정, 혹은 영적인 깨달음이나 체험과는 어떠한 접촉점도 일어나지 않았다. 북한에서 남한의 쌀을 후원받지 않으려고 했다는 소식을 들으면서 "짐승보다 못한 놈"이라고 김정일에 대한 분노를 표출하기도 했다. 북한에서 극동방송을 들었던 경험이 있는 다른 탈북민들도 나와 비슷한 느낌을 가지고 있었다.

평양의 '가짜 교인'들도 마찬가지가 아닐까? 정략적인 이유로 정치단체의 활동에 '동원'되어야 하는 교인들에게 오직 수령과 조국의 융성 번영을 위해 기도해야 한다고 말하는 설교가 '복음'이었을까? 단지 지루한 선전선동의 반복이 아니었을까?

현대적 극장국가 북한은 외국인들과 함께 드리는 예배에서 북한 '기독교인'들이 찬양하며 기뻐하는 모습, 평화와 통일을 위해 눈물 속에 부르짖는 모습을 자연스럽게 연출할 수 있을 것이다. 마치 수십만 명이 굶어죽는 참담한 현실 속에서도 대집단체조 공연을 통해 '세상에서 가장 행복한 인민', '활짝 웃는 인민'을 완벽하게 연출했듯이, 최고 존엄의 장례식을 '통곡의 마당'으로 연출했듯이 말이다.

3) 북한에도 기독교인들이 있다

(1) 그루터기 성도

북한에서는 진정한 종교의 자유가 말살되었지만, 그럼에도 불구하고 과거에 기독교를 믿던 그루터기 성도들이 남아 있다. 많은 탈북민들의 증언을 통해 과거에 기독교를 믿던 사람들과 그 후손들이 끈질기게 기독교 신앙을 지켜오고 있다는 사실을 알 수 있다. 그러나 과거 기독교인들 대부분은 자손들에게 신앙의 대를 물려주지 않은 것 같다. 탈북민들은 한국에 와서야 부모님이 과거 기독교인이었다는 사실을 알게 된 경우가 많다. 그들의 부모님들은 자신의 신앙은 지켜오면서도 자녀들에게는 믿음의 바통을 넘겨주지 못했던 것이다. 그렇지만 일부는 후손에게 신앙유산을 물려주며 가족 공동체로 신앙생활을 유지한 경우도 있다.[8]

나 역시 할머니가 기독교인이었다는 사실을 남한에 살고 있는 고모를 통

---

8   김병로, 『북한, 조선으로 다시 읽다』, 319쪽.

해 알게 되었다. 할머니는 막둥이였던 나의 아버지의 손을 잡고 예배를 드리곤 했었다. 어린 시절에 나는 할머니가 눈을 감고 기도하는 모습을 매일 봤었다. 눈 감고 앉아 계시는 할머니를 볼 때마다 "할머니, 또 졸음이 와?"라고 말하며 베개를 갖다 드리기도 했다. 내가 감기로 고열에 시달릴 때마다 할머니는 나의 머리에 손을 얹어주시곤 했다. 그때마다 마음이 진정되고 편안함을 느끼곤 했었는데, 그것이 할머니의 안수기도였다는 사실을 나 자신이 기독교인이 된 지금에서야 깨닫게 되었다.

북한에서는 1990년대 위기 이후 종교 활동의 공간이 가족 범위를 넘어서게 되었다. 이제껏 그들을 보호해 주던 생계형 먹이사슬이 붕괴되고 수십만 명이 굶어죽고 어떻게 먹고 살지 절망과 불안이 팽배하던 그때에 그루터기 성도들을 통해 성경의 이야기가 솔솔 퍼져 나돌기도 했다. 내가 살던 대도시에서는 고난의 행군 시기에 하나님이 세상을 심판할 것이라는 성경 이야기가 많이 나돌았던 것 같다.

북한에는 마땅한 여가문화가 없기 때문에 마을돌이 문화가 발달되어 있다. 평양을 제외한 대도시에는 아파트보다 단층주택이 더 많아서 마을돌이가 자연스럽게 이루어진다. 사람들은 장마당에서 하루 종일 치열하게 밥벌이를 하고 돌아와 저녁을 먹고 잠시 틈이 생기면 모여든다. 모이는 사람은 주로 여성들인데 남자들도 종종 낀다. 사람들은 마당에 멍석을 깔고 앉아 이런저런 세상 이야기를 나눈다. 성경도 종종 이야깃거리가 되었다.

그때 내가 들었던 이야기 중 하나는 하나님이 옛날에는 물로 세상을 심판했는데 이번에는 불로 심판한다는 것이었다. "하나님이 하루빨리 이놈의 세상 심판했으면 좋겠다", "이놈의 세상 콱 망해야 한다", 사람들은 이구동성으로 말했다. 동시에 모호한 "이놈의 세상"을 설명하는 상투어를 부연했다. 남조선에 핵무기를 끌어들이고 전쟁 소동을 벌이는 미국 놈들을 심판할 것이고, 수많은 사람들이 죽어가는 부익부 빈익빈의 썩어빠진 자본주의를 심판할 것이라는 얘기였다. 그들이 스스로를 지키기 위한 전략의 '언어놀이'로 이러한 말을 상투적으로 덧붙일 수밖에 없었던 것이다. 그렇다면 그들이 실제로 염두에 둔 "이놈의 세상"은 무엇이었을까? 그 자리에 있던 어떤 이도 "이놈의 세상"을 사실 그대로 밝히진 않았지만, 그들 모두 "이놈의 세상"이 어디인지 알았으리라. 모두가 "이놈의 세상"이 망하길 원한다는 사실을, 고통 없는 세상을 꿈꾼다는 사실을 직감적으로 공유했으리라. 고통스러운 세상에서 살고 싶지 않은 것, 고통을 피하고 싶은 것은 인간의 원초적인 욕구니까.

(2) 지하교회

1990년대 북한 위기를 기점으로 탈북민들이 생겨나면서 북한의 기독교 운동에서 '지하교회'라는 새로운 공간이 형성되기 시작했고, 이를 통해 기독교의 전파가 훨씬 더 광범위하게 이루어졌던 것 같다. 지하교회는 북한이 명실 공히 인정하는 합법적인 종교조직이 아닌, 북한의 통제 밖에서 '불법적'으로 활동하는 기독교 신앙조직을 일컫는 말이다.

중국에서 수십만 명의 탈북민들이 떠돌며 방황할 때, 그들 대부분을 먹여주고 재워주며 관심을 가지고 보살펴주었던 곳은 다름 아닌 교회공동체였다. 교회에서 탈북민들은 불안으로부터 벗어날 수 있는 안식처를 제공받으며 신앙생활을 시작했던 것이다. 실제적인 위기에서 벗어나 안정감을 획

득하면서 그들 대부분은 자신을 도우시고 지키시는 구원자 하나님을 인격
적으로 경험했다. 그들 중 일부는 북한 구원을 위한 종교적 열망을 안고 신
앙공동체에서 다양한 신앙훈련을 받았다.

불행하게도 그 과정에서 중국 공안에 체포되어 북송된 탈북민들이 많았
다. 그들은 보위부 구류장에서 조사를 받았는데, 질문의 초점은 주로 "기독
교를 접한 적이 있는가?", "남조선 사람을 만난 적이 있는가?"였다. 보위부
에서는 탈북민들이 소지한 돈을 빼앗기 위해 옷을 발가벗기고 알몸을 검색
한다. 끔찍한 조사를 마치고 나면 노동단련대로 이송되어 몇 달 혹은 몇 년
동안 혹독한 노역을 치르고 나서 출소된다.

그들은 고된 노역을 마치고 나와 생활하면서 탈북 전에 들었던 극동방송
을 다시 듣는 경우가 종종 있었다. 종교에 무지하고 이를 부정적으로 인식
하던 때에는 설교방송이 종교 미신 또는 '이상한 소식'이었는데, 신적 존재
를 경험하고 종교의 세계를 인식하자 비로소 설교방송이 '기쁜 소식'으로
다가왔음을 고백한다. 하나님을 인격적으로 만난 후에 다시 듣는 설교방송
은 말 그대로 구원의 소식, 복음이었다. 사랑의 하나님의 음성이 들렸고 보
였고 만져졌던 것이다. 성령의 놀라운 기적을 경험하면서 그들은 친인척들
이나 친구에게 복음을 전하며 기독교를 전파했다. 대부분은 다시 탈북에
성공해 지금은 남한에서 목회자로 부름 받고 북한 구원 사역을 하고 있다.
그렇지만 일부는 북한을 떠나지 않고 선교단체와 연계되어 지하교회 활동
을 하고 있다. 그뿐만 아니라 다양한 경로를 통해 중국에 왔다가 신앙을 접
하고 돌아가 지하교회 활동을 하는 경우도 있다.

최근에는 북한 접경지역에서 장마당을 중심으로 복음전도가 은밀하게

이루어지고 있다. 장마당에서는 성경책이 '귀신 쫓는 책'으로 알려져 강냉이 20킬로그램에 팔리는데, 이 성경책을 산 사람에게 복음을 전하는 것이다. 일례로 장마당 쌀장사 중에 유독 쌀을 잘 팔아 높은 매출을 올리는 상인이 있다면, "내 물건은 안 팔리는데 네 것은 왜 그렇게 잘 팔리니?" 궁금해서 묻는 경우가 있다. 그러면 "내가 매일 아침 귀신 쫓는 책을 읽고 나온다"라고 하면서 상대의 호기심을 더욱 부추긴다. 상대가 "나도 귀신 쫓는 책을 살 수 있게 도와달라"라고 요청하면 성경책을 구입할 수 있도록 주선해 주고 (사실 그 사람이 지하 교인 복음 전도자일지도 모른다) 그 후에 그 사람에게 체계적으로 접근하며 신앙을 가질 수 있도록 돕는 식이다. 비슷한 맥락으로 황해북도에서 지하 종교망을 만든 간첩이라는 명목으로 반역자로 처벌된 여성은 사리원 시내에 살면서 함흥과 혜산으로 오가며 지하교회 활동을 했었다. 과거의 기독교인 집사들을 찾아내고 또 새로운 사람들을 전도해 지하교회를 조직한 것이다. 그녀는 바쁜 농사철에도 주일이면 반드시 일손을 멈추고 한적한 곳에 모여 예배활동을 했다. 국경연선을 넘어 북한 내부 깊숙한 곳까지 바이러스처럼 기독교가 퍼져나가고 있는 것이다.

이와 같이 지금 북한에서는 고난의 행군 이전에는 상상할 수 없었던 엄청난 변화의 물결이 일고 있다. 이는 물샐틈없었던 감시통제의 그물망이 그만큼 숭숭 뚫렸다는 명명백백한 증거다. 미미하지만 기독교가 전국적으로 퍼져나가면서 주체종교의 근간을 뒤흔들고 있는 것이다.

탈북민들을 비롯해 남한 사람 중 일부는 전체주의 감시통제 시스템에서 지하교회가 존재할 수 있는지에 대해 다소 회의적인 시각을 보이기도 한다. 그러나 기독교 역사를 보면 기독교의 생명력은 박해 속에서 꽃핀다. 김일성을 우상으로 숭배하는 북한은 역사적으로 기독교 박해국가다. 그럼에도 불구하고 북한에서는 그루터기 성도들을 통해 기독교가 끈질기게 생명력을 이어오고 있다.

특히 고난의 행군 시기를 거치면서 생존을 위해 두만강을 넘나들던 수많은 접경지역 사람들이 복음을 접했다. 그들이 현재 가족단위의 신앙공동체로 존재하기도 하고, 지하교회 형태의 예배활동을 벌이기도 하고, 홀로 친한 이웃에게 기독교를 전하기도 하면서 다양한 방법으로 기독교를 확산시키고 있다는 사실이 드러나고 있다. 현재 선교단체들과 탈북 출신 목회자들의 북한 구원 사역에 의해 지하교회는 그 속도는 아주 느릴지라도 점차 전파되고 확장되고 있다.

4. 북한판 민속종교

1) 음지의 민간신앙

북한 사람들은 주체종교가 결코 채울 수 없는 종교적 욕구를 무엇으로 채웠을까? 내면의 불안을 무엇으로 잠재웠을까? 고통과 죽음의 문제에 어떻게 대처해 나갔을까?

주체사상은 조선시대 성리학적 도덕주의와 위정척사사상을 수령 숭배와 전체주의, 반미 반기독교, 민족주의 등의 사상과 절묘하게 혼합함으로써 전체주의 북한체제를 유지하고 결속시키는 지배종교다. 주체종교는 초자연적인 신 관념을 현실세계의 절대 권력 최고 존엄으로 대체한다. 또한 학문과 교양을 통해서만 그 원리를 익힐 수 있는 것으로 고도의 합리성과 주지주의적 성격을 지닌다.

주체종교는 원리적으로 사람들에게 삶의 의미와 방향성 제시, 내면의 불안 해소 같은 종교적 욕구를 채워주기에는 처음부터 한계를 가지고 있었다. 사람들은 절대적 숭배의 대상인 독재자에 대한 실제적인 '경험의 표상'과 예술정치와 혁명학습, 사상교양을 통해 인식되는 '관념적 표상' 간의 괴리로 인해 내면적인 단절감과 이질감을 느꼈다. 현실세계에서 보장하겠다고 약속한 최고 존엄의 사회주의 이상촌과 지상낙원에 대한 소망도 허망해지고 불신만 짙어갔다.

불안한 사회 환경에서 사람들은 내면의 두려움과 공허를 달래고 삶의 동력을 얻기 위해 민간신앙에 매달릴 수밖에 없었다. 민간신앙은 고대로부터 생활을 통해 전승되면서 남북한 정신세계에 살아있는 현재적 종교다. 동시에 생활 수단화되어 일상의 일부가 되어버린 주술행위이기도 하다. 민간신앙이 우리의 정신세계에 미치는 영향은 정신적 불안 해소, 생활에 대한 희망 부여, 역사의식에 대한 심적인 유대 강화 등이다.

주체종교는 민간신앙의 이 기능을 결코 대체할 수 없었다. 오로지 유일신 최고 존엄만을 숭배해야 하는 북한에서 민간신앙은 반혁명적 요소로서 음지로 숨어들 수밖에 없었다. 특히 무속신앙에서 무당의 기능과 역할이 간소화되었다. 무당의 기능 중에서 기우제 등을 주관하는 사제의 기능과 가무의 기능은 축소되었다. 치병의 기능과 예언적 기능, 축귀의 기능만 남아 있다. 또한 무당의 독특한 액막이 수단과 형식이 간소해졌다. 핍박과 박해를 피하려다 보니 주술의 다양한 과정에서 쓰이는 제물과 북, 바라, 종, 점을 치기 위한 상자, 그리고 지팡이가 축소되거나 간소화되었고 수많은 주문과 부적이 변형되었다. 그러나 무속의 기능은 결코 축소되거나 제한되지 않았다. 무속신앙이 말로 다 할 수 없는 고통 속에 살아가고 있는 북한 사람들에게 강력한 영향을 미쳤다는 것은 두말할 여지가 없다.

많은 기능이 축소되었지만 민간신앙은 끈질기게 살아남아 북한 사람들의 일상생활의 중요한 방편 가운데 하나로 스며들어 살아있다. 민간신앙은 절대 권력에 의해 고통과 불안에 내몰린 북한 사람들의 내면을 어르고 달래고 치유와 회복, 미래에 대한 소망을 제시하면서 큰 영향을 미쳤던 것이다. 북한에서 종교미신은 반당반혁명적 요소로 갖은 핍박을 받아왔지만, 그럼에도 불구하고 민간신앙의 생명줄은 한 번도 끊어지지 않았다.

특히 무당들은 '반당반혁명적 행위'를 한다는 피할 수 없는 운명 때문에 보위부, 안전부와 전략적으로 얽히고설켰다. 무당들은 감시통제기관과 돈이나 인맥으로 긴밀히 연결되었고 동시에 감시와 통제를 받으면서 무당의 생업을 이어왔다. 생로병사를 예언하면서 불안과 불만을 해소시키고 희망을 제시하는 무교의 기능은 사람들의 내면을 안정화시킴으로써 장기적으로 체제 유지에 기여한 측면도 있다.

2) 살아있는 생활종교

북한판 민간신앙은 북한 사람들의 일상에 스며들어 살아 숨 쉬는 생활 속의 종교다. 내가 1970년대에 북한에서 보낸 초등학교 시절 이야기를 통해 민간신앙의 주술행위가 북한 생활에서 얼마나 자연스럽고 일상적이었는지 살펴보려 한다. 북한은 모든 사람이 조직생활에 망라된 조직사회다. 학교생활도 예외가 아니다. 초등학교부터 고등중학교까지 학급별로 '소년단' 조직 또는 '사로청' 조직으로 나뉜다. 그 조직이 세분화되어 5~7명 정도의 '학습반'으로 묶인다. 방과 후에는 학습반 단위로 조직생활을 한다. 학습반 친구들의 집을 돌아가면서 조직생활 장소를 정하는데, 대체로 그날 주어진 숙제를 하거나 학습반별로 주어지는 다양한 사회적 과제를 수행한다.

초등학교 시절 어느 날, 우리 학습반이 한부모 가정의 친구 집에서 숙제를 하게 되었다. 윗방 한 구석에 자그맣게 가림막으로 가린 곳이 있었는데, 아이들은 호기심에 가림막 안을 들여다봤다. 그곳에는 돌아가신 친구 아버지의 사진과 글을 쓴 종이, 마른 음식 따위가 놓여 있었다. 그때 친구는 아빠의 제사상이라고 말해주었다. 남한에 와서야 어린 시절에 보았던 그것이 조상의 위폐, 곧 신주를 모시는 주술행위임을 알게 되었다.

또 다른 예를 들어보자. 1970년대에 북한에서는 '이 잡이 운동'이 활발했다. 이를 없애기 위해 모두 흰 가루 주머니를 차고 다녀야 했다. 그 흰 가루를 남한에서는 'DDT', 북한에서는 '우와독스'라고 한다. 이를 박멸하기 위해 학교에 등교하면 수업을 시작하기 전에 이 검열을 한다. 위생반장으로 선출된 학생들이 매일 학우들의 옷을 벗겨 검열하는데, 옷을 벗기고 보니 어떤 학생이 자그마한 빨간 주머니를 목에 걸고 있었다. 호기심에 그 주머니가 뭐냐고 묻자 친구는 아프지 말라고 엄마가 목에 걸고 다니라고 했다고 알려주었다. '아, 그런 것도 있구나.' 수긍했던 기억이 있다. 이처럼 민간신앙의 주술과 제사, 의례는 일상에 녹아 있었다. 다만 그것이 민간신앙 행위라는 사실을 몰랐을 뿐이다.

1990년대에 국가적인 위기를 경험하면서 무당이 우후죽순처럼 늘어났다. 아니, 비온 뒤 죽순처럼 새로 자란 것이 아니라 음지에서 번성했던 무당들이 양지로 나온 것뿐이었다. 북한 사람들도 남한 사람들과 똑같이 정신세계에 민간신앙이 살아있기 때문에 우리의 삶이 불행해지는 것은 귀신의 영향일 수 있다고 믿는다. 살아가면서 겪는 불운, 공직에서의 좌절, 질병, 금전 손실 따위의 인간 삶의 모든 불행이 귀신의 영향 때문이라는 생각을 갖고 있다.

우리는 무당의 힘으로 인간의 삶을 흔드는 재앙을 종결시킬 수 있다고 믿는다. 무당이 귀신을 쫓아낼 수 있다고 믿는 근거는 무당이 막강한 귀신을 지배할 수 있도록 신들림을 받았기 때문이다. 따라서 무당이 귀신의 힘을 대신 행사할 수 있다고 믿는다. 이와 같은 믿음 때문에 남한에서는 부자에서부터 가난한 사람에 이르기까지, 권력을 가진 정치인에서부터 기업인, 직장인, 학생에 이르기까지 각계각층의 사람들이 무당을 찾아가 불운을 막으려고 하는 것이다. 북한 사람들도 이와 한 치도 다르지 않게 처신한다.

결혼 전에 궁합을 보는 것, 이삿날을 잡는 것, 묏자리 풍수지리나 자신이 살고 있는 집의 풍수지리를 보는 것, 조상의 위폐, 즉 신주단지를 모시는 것, 장삿길을 떠나는 날을 잡는 것, 대학 입학이나 승진 같은 큰일을 미리 점치는 것, 큰 병이 들면 부적을 붙이고 주문을 외우는 것, 혼기를 놓친 처녀총각이 액막이 하는 것 등 민간신앙은 북한 사람들 삶의 구석구석까지 살아 영향을 미친다. 한국에서 살고 있는 대부분의 탈북민은 무당을 통해 남쪽으로 가면 좋은 일이 생긴다는 예언을 듣고 탈북을 하게 되었고 남한까지 오게 되었다고 말한다.

무속신앙과 함께 조상숭배의 제사의식도 북한 사람들의 정신세계에 큰 영향을 미치고 있다. 사람들은 조상을 섬기는 제사의식을 통해 조상이 가정의 불운을 막아주고 가족을 보호해 주길, 가족에게 복을 주길 염원한다. 그와 같은 주술행위를 통해 사람들은 위안을 얻고 안정감을 느끼며 미래의 소망을 꿈꾼다. 현실 삶의 어려운 여건이 풀려서 조금 나아지면 조상이 도와주었다고 믿는다. 장사가 잘되어 돈을 벌었다든지, 자녀가 좋은 대학에 입학했다든지, 좋은 배필을 만나 결혼했다든지, 병을 앓다가 나았다든지 등 좋은 일을 겪으면 돌아가신 조상신이 돕는다고 믿으며 활기를 찾는다.

그들은 주체종교가 결코 해결할 수 없고 치유할 수도 없는 두려움과 불안, 공허함, 절망 같은 심적인 고통과 혼란은 물론 현실 삶의 애환까지도 민간신앙을 통해 달래며 위안을 받는다. 특히 귀신을 쫓아내고 미래를 예언하는 무당을 통해 삶의 활력과 희망을 찾는다. 무속신앙은 북한 사람들의 현실의 고통을 줄이고 경제적 이익을 추구하며 안정감을 획득하려는 내적인 욕구를 달래고 희망을 고취함으로써 어떤 면에서는 사회질서에 긍정적으로 기여한다. 이러한 기여 때문에 북한 당국은 종교미신을 반역행위라고 단죄하고 으름장을 놓으면서도, 한편으로는 기독교 같은 고등종교처럼 초월적인 신에 대한 숭배사상이 없고 삶의 의미도 제시하지 않으며 오로지 현실 속 개인의 생로병사에 치중하는 무당에 대해서는 조금 관대했는지도 모른다. 어쩌면 체제 유지 차원에서 전략적으로 민간신앙을 일정 정도 활용했는지도 모를 일이다.

정리하자면, 북한판 민속종교는 주체종교가 약속하는 현세의 지상낙원도, 내세의 정치적 생명체의 영원성도 허상으로 만들어버린다. 주체종교는 사람들의 두려움과 절망감, 불평불만만 더해줄 뿐, 현세의 문제들을 해결하거나 내적인 불안과 고통을 달래지는 못한다. 주체종교는 나의 안위나 미래의 소망과는 상관없으며, 현재의 나의 삶과도 아무런 상관이 없다. 그래서 사람들은 현재의 고통과 삶의 문제를 해결하기 위해, 미래의 소망을 붙잡기 위해 민간신앙에 매달릴 수밖에 없다. 북한 사람 대부분은 기독교와 민간신앙을 분별하지 못한다. 다 같은 종교미신으로 취급하며 인민의 아편이라고 부정적으로 인식한다. 그러면서도 동시에 현세의 고통을 피하고 소망을 찾기 위해 종교미신에 매달리는 이율배반적인 태도를 취하고 있다.

제3부

공포 정치와 트라우마

제7장

공포의 지정학

오늘날 한반도는 지정학적으로 초강대국들 간 이해관계의 소용돌이에 휘말려 정치적·군사적·국제적으로 대결과 대립, 분열을 겪고 있으며 긴장감도 매우 높은 상황이다. 적대적 분단체제가 양산한 한국전쟁과 극단적 이념 대결, 적대적 공생의 남북관계, 북핵문제, 안보 불안 등 한반도적 현상이 유발하는 트라우마는 매우 거대하지만, 그 크기를 측정할 수 있는 객관적인 도구는 없는 실정이다.

북한으로서는 한반도를 가로지른 분단체제와 초강대국 미국과의 대립, 경제대국 남한의 위상과 북한 간의 격차, 국제적 고립 등이 거대 공포가 아닐 수 없다. 김정은은 절대 권력을 위해 양심의 가책이나 감정의 동요 없이 지속적으로 전술핵무기 개발에 천문학적인 돈을 쏟아붓고 있다. 북한의 핵무기는 북한 사람 수백만 명의 목숨과 최악의 인권상황이라는 끔찍한 폭력적 대가를 지불한 것으로, 결코 값으로는 환산할 수 없는 거대한 살인무기다.

김정은의 거대 공포는 가공할 전체주의 폭력성의 형태로 구체적으로 발현된다. 북한 사람들 또한 이 총체적 폭력에 의해 비인간적인 환경에 내몰리며 거대한 공포현실에 직면한다. 이 장에서는 지정학적 공포가 만들어내는 김일성-김정일-김정은의 폭력성이 북한 사람들의 정신세계와 사회적 행동화에 어떠한 흔적을 새기는지 살펴보려 한다.

1. 김정은의 공포

1) 김정은의 생존 열망

전 세계가 주목하는 전체주의 북한의 폐쇄적·자폐적 정치문화와 북핵문제, 인권문제, 경제위기, 식량위기 같은 북한적 현상은 한반도 트라우마로 인해 발현되는 전형적인 현상이다. 이 현상은 대내외적인 위기와 만성적인 불안으로부터 스스로를 지키기 위한 절대 권력의 생존전략에서 비롯된다. "김정은이 핵을 포기할 수 있을까?", "김정은에게 진정 핵 포기 의지가 있을까?" 이 물음은 현재 한국과 미국은 물론 국제사회에서도 초미의 관심사다. 그동안 북핵문제 해결이 지지부진하면서 이 물음은 '할 수 있을까?'에서 '할 수 없다'는 쪽으로 수렴되는 듯하다. 김정은의 핵 포기는 체제 보장과 안전, 곧 생존하느냐 소멸하느냐 하는 원초적인 문제와 직결된다. 그래서 김정은의 핵 포기가 고난도의 과제일 수 있다. 하지만 김정은이 자신의 정치적 생존과 생물학적 생명이 보장되고 스스로 안전하다고 느낀다면 핵을 포기하는 것이 불가능하지 않을 수도 있다.

"핵 없이도 안전하다고 느낄 수 있다면 왜 우리가 핵을 가지겠느냐?" 2018년 판문점회담 당시 문재인 대통령과 함께 도보다리를 걸으면서 김정은이 했던 말이라고 전해진다. 김정은이 만능보검처럼 믿는 핵을 포기할 수 있는 가능성은 바로 그의 말에서 유추해 볼 수 있다. 즉, 북한이 남북미 관계에서 자신의 생존이 담보될 수 있다고 안정감과 신뢰를 느끼는 지점을 찾아야 한다. 김정은이 원하는 것은 경제적인 보상이 아니라 자신의 생존과 체제를 보장할 수 있는 보상이다. 그가 가장 열망하는 것은 체제 안정과 보장이다. 미국과의 관계 개선을 통한 신뢰 형성, 적대감정의 치유, 정서적 공감 등 다층적인 측면에서 약속과 이행을 보장받는 것이다. 김정은에게는 경제적 보상을 통해 인민들의 안정된 삶을 보장받는 것보다 자신의 생존문제가 더욱 절실하다. 따라서 우리는 북핵문제에 접근할 때 분쟁과 갈등의 당사자인 남한과 북한, 그리고 미국이 겪고 있는 다층적인 정서적 갈등을 동시적으로 다룰 수 있도록 미래지향적인 틀 안에서 단계적으로 접근해야 한다.

역사적으로 볼 때 급진적으로 사회가 격변하는 상황에서, 곧 국가권력이 위기에 처한 상황에서 전체주의를 지향하는 카리스마적인 인물이 출현한다. 변화에 대한 사회적 열망을 기존의 전통적인 사회체계로는 충족시킬 수 없을 때 이러한 인물이 출현하지만, 이들은 사회위기를 수습하면 사라지는 특징이 있다. 곧 카리스마 권력은 사회적 위기상황에서 출현하지만 사회가 안정되면 사라지는 비영속적인 권력인 것이다. 전체주의 권력의 이와 같은 특징으로 미루어볼 때, 북한체제가 오늘날까지 소멸되지 않고 있는 이유는 단 하나다. 오늘날까지 북한체제가 지속적으로 위기와 불안에 내몰려 있기 때문이다.

아이러니하게도 지정학적 위기는 오늘날까지 전체주의 북한의 3대 세습과 절대 권력의 영속성을 보장하는 요인이었다. 지금껏 북한체제의 생존을 보장해 준 것은 한반도를 둘러싼 강대국들의 이익관계에 따라 밀고 당기는, 곧 냉탕과 온탕을 오가는 지정학적 특수성이었다. 불안정하고 예측 불가한 이 현실은 세습권력의 영속성을 보장해 주는 동시에 최고 존엄과 극소수 지배연합의 거대 공포를 발현하는 촉발기제이기도 하다.

전체주의 절대 권력에게 세계 최강의 미국과 군사적으로 대립하는 것은 그 자체가 죽음의 전장처럼 느껴질 수 있다. 극한경쟁의 상대인 쌍둥이 국가 남한의 눈부신 경제성장과 경제대국으로서의 위상, 민주화의 위력은 북한 지배 권력의 불안감과 두려움을 더욱 촉발할 수 있다. 국제사회로부터 고립되어 고강도 경제제재의 늪에서 헤매는 김정은이 느끼는 상시적인 불안과 두려움, 수치심은 이루 말할 수 없을 것이다.

오늘날 남북미관계에서 김정은이 보여주는 웅대한 자기상, 한국에 을러대는 과도한 허세는 내면의 무력감과 불안, 수치심에 대처하는 방어기제일 수 있다. 한마디로 최고 존엄의 공포와 무력감이 북핵문제의 근원이다. 북핵문제는 지정학적 공포로부터 자기를 지키려는 최고 존엄의 생존 열망이 낳은 산물이다.

2) 김정은의 트라우마

김정은과 소수의 지배연합은 지정학적 거대 공포에 어떻게 반응할까? 그들의 거대 공포는 체제의 생존과 유지를 위해 어떠한 심리사회적 현상으로 발현될까?

2017년 국제 심리학자와 신경과학자들은 미국의 소리와의 인터뷰에서 김정은을 직접 상담하거나 진료하지 않아 정확성을 담보할 수는 없다고 하면서도 그의 심리상태가 "매우 위험해 보인다"라고 밝혔다. 절대 권력과 위협에 대한 김정은의 스트레스가 심각한 편집증과 경계선적 장애, 나르시시즘 등의 성격장애로 일관되게 발현되는데, 이는 그의 아버지의 증상보다 심각하다고 진단했다.[1] 유혜란 박사는 김정은의 할아버지 김일성의 '악성 나

---

[1]　이란계 미국인으로 독재심리 전문가인 조지타운대학교의 파타리 모가담 교수는 김정은의 자기도취증(나르시시즘)과 권모술수에 능한 마키아벨리즘이 극도로 더 악화되는 것 같다고 분석한다. 모든 것을 자신에게 집중하고, 폭력적 성향을 보이며, 관용을 베풀지 않고, 주위를 아군 아니면 적이라는 흑백논리로 보는 독재자의 특성이 김정은에게서 더욱 명확하게 나타나고 있다는 것이다. 그는 김정은의 김정남 암살 배후설이 결코 놀랍지 않은 이유는 자기도취와 마키아벨리즘이 합해지면 잠재적 위협세력을 더 빠르게 제거하는 것이 절대 권력자의 전형이기 때문이라고 분석한다.

　미 콜로라도대학교의 행동심리-성격장애 전문가인 프레데릭 쿨리지 교수는 김정은에게서 자기도취와 반사회성, 가학성이 더해져 아주 심각한 편집증 등 성격장애의 여러 심각한 유형이 일관되게 나타나고 있다고 분석한다. 이런 유형은 자신이 매우 특별하다고 생각하는 동시에 작은 위험에도 빠르게 반격하며, 냉혹하고, 타인의 고통에 무감각하다. 2007년에 직접 개발한 성격장애 진단 프로그램(CATI)으로 김정일을 독재자 아돌프 히틀러, 사담 후세인 전 이라크 대통령과 비교했던 쿨리지 교수는 김정은의 가학적 증세가 아버지 김정일보다 더 심각해 보인다고 말한다.

　아일랜드의 세계적인 신경학자이자 심리전문가인 트리니티대학교의 이안 로버트슨 교수는 김정은의 상태를 "현실적인 편집증"으로 분석한다. 절대 권력과 위협에 대한 스트레스가 그를 심각한 편집증과 경계선 장애자로 변화시키고 있으며, 그 결과 성격이 극도로 위험해지고 있고 예측하기 힘든 행동을 한다고 지적한다. 그는 김정은처럼 절대 권력을 가지면 극단의 자기도취에 빠져 주위로부터 인정받기를 원한다면서, 이 때문에 핵미사일로 외부 세계를 위협하면서 관심과 존중을 동시에 받으려고 하는 것이라고 풀이했다.

　독재자와 연쇄살인범들의 뇌 구조와 행동 유형에 대한 연구로 주목을 받았던 미국캘리포니아주립대 어바인대학교 의대의 짐 폴른 교수는 김정은을 "끊임없는 권력의 도파민에 중독된 독재자"에 비유한다. 그는 김정은에게서 타인의 감정에 대한 관심이 적고 죄책감이 거의 없으며, 현실에 늘 만족하지 않는 반사회적 인격장애인 소시오패스 증세가 보인다고 분석한다. 이런 소시오패스 성향과 절대 권력의 도파민은 끝없이 권력을 추구하게 만들기 때문에 주위

르시시즘'적 성격[2]과 아버지 김정일의 '편집성, 네크로필리아(Necrophilia)'

성격[3]에 주목하며 절대 권력의 만성적인 불안을 '북한체제 트라우마'로 분

나 외부에서 김정은을 멈추게 하는 것은 거의 불가능해 보인다고 분석한다. 심리 전문가들은 그러나 김정은이 정신병자는 아니며, 매우 이성적이고 조직적으로 권력에 집착하고 있다고 평가했다. "세계적 심리학자들 '김정은 심리상태 매우 위험한 상태'", 2017.2.22. www.voak orea.com/kerea/korea-politics/3734940.

2   미국정신의학협회(APA)에서 발행한 『정신질환의 진단 및 통계편람』(약칭 DSM)의 다섯 번째 개정판, 즉 DSM-5에 따르면 자기애성 성격장애의 주요 특성은 과대성, 숭배 요구, 감정이입의 부족이 광범위한 양상으로 퍼져 있고, 청년기에 시작되며, 여러 상황에서 나타난다는 점이다. APA, 『정신질환의 진단 및 통계편람 제5판』, 권준수 외 옮김(서울: 학지사, 2015), 731쪽.

유혜란은 '무절제형자기애(unprincipled self love)'와 '고집의 의지(willfulness)'를 김일성의 "악성나르시시즘(unprincipled self love and willfulness)"이라고 표현했다. 악성 나르시시즘 성격장애자인 김일성은 민족을 상대로 6·25전쟁을 도발했으며, 정치적인 과대망상으로 자신을 신격화하며 세습을 위해 무고한 사람들을 희생시켰다. 김일성의 자아팽대증(김일성 동상 만들기와 김일성 배지 가슴에 달기, 족벌체제의 강화)은 민족 전체가 가는 길에 부정적·비극적·역사적 퇴행으로 작용했다. 김일성의 악성 나르시시즘 성격은 불변의 신념인 '살아남기 콤플렉스'와 '큰 인물 되기 콤플렉스'로 인한 과장된 지각과 과도한 찬사, 착취적인 대인관계, 감정이입 능력의 결여에서 비롯된 것이다. 김일성은 연극성 무한기만 원칙, 가학성과 무한억압 원칙, 피해의식과 무한보복 등으로 점철된 매우 특이한 병리적 성격에 기초해 북한을 통치했다. 백창상, 『정신분석학자가 본 맑스, 모택동, 김일성 그리고 한국사회』(한국사회병리학연구소, 1989); 유혜란, 「탈북민을 통하여 본 북한체제 트라우마」, ≪한국기독교상담학회지≫, 제25권 1호(2014), 117~155쪽.

3   DSM-5에서 말하는 편집성 성격장애의 주요 특징은 불신과 의심 때문에 타인의 동기를 악의적으로 해석하는 것이다. 이 양상은 성인기 초기에 시작되며 다양한 상황에서 나타난다. APA, 『정신질환의 진단 및 통계편람 제5판』, 708쪽.

유혜란은 김정일을 편집성 성격장애와 네크로필리아 성격의 소유자로 본다. 유혜란에 따르면, 이러한 성격의 소유자는 동일한 대상에 대해 애정과 증오를 동시에 느낄 경우 이 두 가지 감정을 통합하지 않고 완전히 분리시킨 후 모든 악한 것을 외부에 투사한다. 또한 자신은 항상 희생자 역할을 한다고 느끼면서 경직된 사고와 방어를 유지한다. 한편 네크로필리아적인 사람은 상대가 살아있거나 움직이면 불안하기 때문에 시체와 성적관계를 맺음으로써 전능감을 느끼고자 한다. 아버지 김일성의 뒤를 이어 온 나라를 감옥화한 김정일은 '거대한 종교적 계명'(10대 원칙)으로 공포정치를 정당화하면서 북한 주민들의 인권을 침해하고 박탈했다. 또한 수많은 자국민이 굶주림으로 죽어가는데도 3대 세습을 위해 핵무기를 개발한 것도 그의 편집성 인격장애 및 네크로필리아적인 성격과 무관하지 않다. 유혜란, 「탈북민을 통하여 본 북한체제 트라우마」, 117~155쪽.

석하고 있다. 절대 권력을 위협하는 지정학적 공포에 대한 스트레스가 김일성-김정일-김정은의 심리적·정신과적 장애로 나타나고 있는 것이다. 즉, 최고 존엄의 성격장애는 한반도 지정학적 공포로 인한 트라우마의 깊은 증상에 지나지 않는다.

최고 존엄의 트라우마는 역사적으로 북한체제의 가공할 폭력성으로 구체적으로 나타나고 있다. 수용소관리 체계를 모방한 무수한 통치전략, 무균사회와 무균이념을 확립하려는 억압형벌기구는 거대 공포에 반응하는 최고 존엄의 트라우마가 발현된 것이다. 이는 지정학적 공포로부터 스스로를 보호하고 지키기 위한 기본적인 생존전략이다. 무자비한 폭력정치로 발현되는 최고 존엄의 트라우마는 북한체제와 북한 사람들의 정신세계에도 깊은 트라우마 흔적을 남기고 있다.

무자비한 폭력정치도 김정은의 두려움과 생존 불안을 잠재우기에는 충분하지 못한 듯하다. 문어발식 감시통제로 '내부의 적'을 제거하고 핵과 위협공갈로 '외부의 적'을 방어하면서 무적의 방탄벽을 쌓지만, 김정은의 공포를 없애기에는 무척이나 역부족인 듯 보인다. 김정은은 자신의 공포와 불안을 잠재우기 위해 자신의 정치적 후견인이자 권력의 제2인자인 고모부 장성택을 한순간에 반당반혁명 종파분자로 낙인찍어 기관총 난사로 사형시켰다. 또한 자신의 이복형 김정남을 화학무기 VX 액체로 독살했다.

김정은의 자기방어적 폭력행위는 그가 얼마나 공포에 떨고 있는지, 자신의 두려움이 촉발하는 생존 열망이 얼마나 강렬한지 보여준다. 친형제까지 숙청하며 안정감을 확립하려는 것 자체가 생존에 대한 과도한 집착을 보여주는 것이다. 그것은 김정은이 극한적인 생존위협을 느끼고 있음을 말해준다. 김정은의 광기는 미성숙한 자기방어 전략이다. 거대 공포에 반응하는 최고 존엄의 미성숙성이 무자비한 폭력성, 총체적 지배의 정치현실로 구체적으로 드러나고 있는 것이다.

김정은이 도보다리에서 했던 말, "왜 우리가 핵을 가지겠느냐?"라는 말은 다소 우회적인 표현이다. "왜 내가 핵을 가지겠느냐?"라는 것이 더 직접적인 표현일 것이다. 북한 사람 어느 누구도 북한에 핵이 없다고 공포를 느끼지 않는다. 초강대국 미국의 존재가 자기 자신의 생존을 위협하는 요인이라고 느끼지도 않는다. 북한 사람들은 오히려 자신들의 기본적인 신체적·사회적 욕구를 말살하고 속박하는 현실을 매우 두려워한다. 항시적으로 무서운 '눈'이 감시하고 통제하며 정치범을 색출하는 현실적 공포를 감당하기 어려워한다. 그래서 절대적으로 복종하며 꼭두각시처럼 놀아나기도 한다. 그들은 자신들의 안정감과 안전함을 확립할 수 없는 생존환경에서 만성적인 굶주림에 시달리며 오늘을 사는 데에만, 또 내일을 어떻게 살아갈 것인가에만 집착할 뿐이다. 현실적인 고통과 두려움에 대처하며 자신을 보호하고 살아가는 데 자기 에너지의 설정 값을 모두 집중하고 있다.

나의 삶에 직접적인 영향을 미칠 수 없는 멀고도 낯선 곳에 있는 미국이 두려울 까닭이 있을까? 실제로 나를 장악하지 못하고 지배하지도 못하는 미국이 나와 무슨 상관이 있을까? 내 것을 빼앗지도 않고 나를 직접적으로 공갈하지도 않는 나그네를 두려워할 까닭이 어디 있을까? 역사적으로 북한이 체제 안정을 위해 미국을 '악의 축'으로 규정하고 미국의 침략성, 야수성을 지속적으로 수혈했지만, '계속 혁명세대'에게는 그 사실이 가슴에 와 닿지 않는다. 실제로 북한 사람들을 두렵게 하는 것은 자신이 몸담고 있는 북한의 현실이자 최고 존엄의 독점적 권력인 것이다.

3) "콱 전쟁이나 일어났으면"

김정은은 절대 권력에 대한 공포를 내부를 향해서는 심각한 횡포로 발현하고 외부 세계를 향해서는 핵 공갈 협박으로 발현함으로써 전능감을 확립하고자 했다. 그렇다면 북한 사람들은 전체주의 공포로부터 도망가기 위해 어떠한 방법을 추구했을까? 늘 화난 몸으로 살아가는 그들의 무력감과 분노는 어떠한 심리사회적 현상으로 발현될까?

아이러니하게도 북한 사람들은 폭력으로부터 도망가는 방법을 '전쟁'에서 찾는 듯하다. 가공할 폭력을 피하기 위한 출구를 절대 파괴, 절대 죽음의 전쟁에서 찾는 것이다. 그것은 전체주의 공포정치를 전쟁보다 더 고통스럽게 느낀다는 의미가 될 수 있다. 폭력 아래 일생 동안 고통당하면서 '살아있는 죽은 자'처럼 사느니 차라리 죽는 한이 있더라도 화끈하게 고통을 끝내고 싶다는 내면심리를 반영한다고 할 수 있다. 비인간적인 환경에 지속적으로 내몰리는 북한 사람들이 고통스러운 현실에서 벗어날 수 있는 길은 동서남북 땅 끝, 그 어디에도 없다. 넓디넓은 하늘과 바다, 그 어디에도 없다. 저항할 수도 도망갈 수도 없다. 숨을 곳도 피할 곳도 없다. 살기 위해서는 오로지 포로병처럼 두 손 들고 항복하는 길밖에 없다. 어쩌면 그들은 포로병으로서 겪는 길고도 멀기만 한 '살아있음'의 고통보다 화끈하게 끝을 볼 수 있는, 그러나 죽을 수도 있는 전쟁의 고통이 더 견딜 만하다고 생각하는지도 모른다.

정병호 교수는 1999년 12월 중국 연변지역에서 식량을 구하러 왔던 한 북한 사람을 만났던 일화를 소개한다.[4] 식량을 구하지 못한 채 북한으로 돌아가겠다고 하는 그에게 조선족 가게 주인이 먹을 것도 없는 북한에 왜 돌아가려 하느냐고 묻자 그는 굳어진 얼굴로 우리식 사회주의를 지키며 살겠다고 말했다. "미국 놈들이 봉쇄를 해서 그렇지, 우리식 사회주의가 옳은 것 아니요?" 가게 주인이 "그러길래 핵 개발을 하지 말았어야지"라고 말하자 그는 "우리가 핵폭탄이 있다고도 없다고도 난 말할 수 없지만, 미국이 북한을 공격하면 세상은 끝이요. 우리 북한 사람들은 이래저래 살기 어려운데 전쟁 한번 화끈하게 하고 죽자고들 하고 있소"라면서, "조선이 없으면 세계도 없소"라고 눈을 부릅뜨고 말했다고 한다.

"우리식 사회주의를 지키며 살겠다", "미국 놈이 공격하면 세상은 끝이다", "우리식 사회주의는 옳다", "조선이 없으면 세계도 없다"라는 정치언어는 북한 사람들의 관용어다. 그들은 낯선 상대 앞에서 자기보호를 위해 본능적으로 관용어를 사용하곤 한다. 특히 "이래저래 살기 어려운데 전쟁 한번 화끈하게 하고 죽자고들 하고 있소" 이 말 또한 고통스러운 세상이 뒤집히기를 바라는, 그 세상에서 도망가고 깊은 퇴행심리가 반영된 그들만의 상투어다.

전체주의 환경에서 대부분의 북한 사람은 고통으로부터 탈출할 수 있는 손쉬운 방법이 전쟁이라고 생각한다. 기나긴 고통의 굴욕적인 삶을 끝낼 수 있는 확실한 수단이 너 죽고 나 죽는 전쟁뿐이라고 생각하는 것이다. 북

---

4   정병호, 『고난과 웃음의 나라』, 198~199쪽.

한 사람이라면 누구든지 흔히 "살든지 죽든지 간에 전쟁이나 콱 일어났으면 좋겠다", "이놈의 세상 빨리 망해라", "이대로는 너무 힘들다"라는 어른들의 푸념을 종종 들으며 자랐을 것이다. 그리고 그 자신 또한 끝나지 않는 억압적인 현실을 탄식하며 전쟁을 수없이 들먹였을 것이다.

군사복무 10여 년 세월 동안 늘 배고픔을 견디며 극한적인 노동현장에 내몰린 군인들도 다를 바 없다. 서해갑문 건설, 금강산발전소 건설, 터널공사, 땅굴 파기 등 살인적인 공사현장에 내몰려 극한적인 스트레스를 경험했던 군인들은 극심한 과로와 영양실조, 질병, 각종 사고로 죽어나가는 전우들을 보면서 "너무 괴롭다. 전쟁이나 콱 일어났으면" 하고 입술을 깨물며 수없이 되뇌었다고 한다. 수용소 정치범들도 끔찍한 고통에서 풀려나는 방법은 자살 또는 전쟁뿐이라고 생각했다. 지금의 잔혹한 현실을 피하고 싶고 탈출하고 싶은 강렬한 생존욕구가 아이러니하게도 절대적 파괴와 죽음을 동반하는 전쟁을 욕망하는 형태로 분출되는 것이다. 전쟁이라는 극한적인 개입을 통해서라도 끝날 것 같지 않은 끔찍한 현실을 화끈하게 끝장내고 싶은 것이다. 내가 죽거나 말거나 노예살이 멍에를 벗고 싶은 것이다.

북한 사람들은 북한살이 경험을 통해 정치적 반대세력은 무자비하게 절멸될 수 있으며 특히 집단적인 저항은 절대로 성공할 수 없다는 사실을 자연의 법칙과도 같은 불변의 법칙으로 새기게 된다. 1990년대 북한 위기 이전은 말할 것도 없고 고난의 행군 시 수십만 명이 굶어죽는 최악의 상황에서도 이러한 법칙은 불변한다는 것이 증명되었다.

이 시기에 송림시 황해제철소에서는 불법으로 철판과 식량을 교환하는 등 생존전략 차원에서 조직적인 저항이 발생했는데, 이 저항으로 인해 10

여 명이 반당반혁명분자 및 간첩의 누명을 쓰고 공개처형 당했다. 당시 탱크부대가 송림시에 진입해 공포 분위기를 조성했고, 격앙되었던 사람들의 불평불만을 순식간에 제압했다. 북한 당국은 이 참극이 전파되는 것을 막으려고 한동안 물샐틈없는 감시통제로 송림 사람들의 이동을 원천 차단했다. 2~3개월이 지나서야 내가 살고 있던 함흥시에 이 소식이 알려졌는데, 그 충격은 불평하고 분노하던 함흥 사람들을 순식간에 얼어붙게 하고도 남았다.

북한 사람들에게 공포현실을 탈출하는 마지노선은 '전쟁'이다. 그들은 외부세력이 개입하는 전쟁이 무의미한 내부세력만의 생존항쟁보다 승산이 있다고 믿는다. 그들은 북한이 전쟁에서 이기든지 지든지 승패에는 전혀 관심 없다. 자신을 가뒀던 이놈의 세상이 망하기만을 바랄 뿐이다. 이놈의 세상을 무자비하게 파괴해서 탈출하고 싶은 욕망뿐이다. 그들 모두의 바람이 곧 나 자신의 바람이기도 했다. 나 또한 "전쟁이 일어나서 이놈의 세상이 콱 망했으면", "전쟁이 일어나면 남조선으로 갈 거야" 이렇게 주문을 걸며 도망가기를 기대했다. 놀랍게도 나는 지금은 그곳을 탈출한 뒤 남한에 정착해 새로운 세계에서 살고 있다.

북한 사람들이 절대 파괴, 절대 죽음을 수반하는 전쟁을 열망한다는 것은 오랜 세월 억압과 속박에 눌러온 내면세계의 분노가 얼마나 심각한지 잘 반영해 준다. 기회만 주어진다면 기나긴 고통의 현실을 파괴하고 싶은 욕망이 뜨겁다. 그 끔찍한 현실을 피해 멀리 도망가고 싶은 욕구 또한 불같다. 그들이 끔찍한 전쟁을 욕망한다는 것은 그들이 지금의 전체주의 현실을 얼마나 끔찍하게 느끼고 있는지를 잘 보여준다.

2. 북한 사람에게 아버지가 갖는 의미

1) 혈연가족인 '나의 아버지', 혁명가족인 '우리 아버지'

거대한 가족국가에서는 김일성-김정일-김정은을 혁명가족의 '우리 아버지'라고 부른다. 자신을 낳아 키운 혈연가족의 아버지는 '나의 아버지'라는 지위를 가진다. 북한 사람들은 운명적으로 혁명가족과 혈연가족이라는 이중적인 가족관계 안에서 '우리 아버지'의 아이로, '나의 아버지'의 자식으로 살아간다. 전체주의 가족국가에서 혁명가족과 혈연가족의 의미는 모호해지며 그 경계는 무의미해진다. 가족국가는 국가의 영역과 사적인 가족의 경계를 허물어버리고 오직 하나의 혁명가족으로 살도록 구조화되어 있으며 사람들에게 충과 효를 다해 '우리 아버지'만을 공경하고 복종하며 결사옹위하라고 을러댄다.

북한 사람들은 사회적 관계 안에서 혁명가족의 '우리 아버지'와 유기적 생명체로 연결되어 살아간다. 그들 모두 장군님의 아이로서 '우리 아버지'와 사회정치적 생명체로 결합된 독특한 관계를 맺는다. 아이에게는 혁명가족 자녀의 '도리대로' 살아야 할 충효의 도덕적 의무와 법도가 주어진다. 아이는 절대적으로 '우리 아버지'만 믿고 공경하며 효도해야 한다. '우리 아버지'의 말씀을 명령처럼 받들고 무조건적으로 복종해야 한다. 혁명전사의 의리를 지켜 필요하다면 기꺼이 자기의 한 몸을 신체폭탄처럼 던져 '우리 아버지'를 결사옹위해야 한다.

'우리 아버지'와 아이의 관계, 그리고 '나의 아버지'와 자식의 관계는 본성적으로 다른 특징을 지닌다. '우리 아버지'와 아이의 관계는 일방통행적인 관계다. '우리 아버지'는 무분별한 권위와 힘을 남용하며 아이에게 절대적인 복종과 헌신을 명령한다. 충효일심으로 아버지만을 섬기고 따르라고 요구한다. 아버지를 거역하거나 불순종하는 행위는 용서 불가능한 '악'으로 정죄하며 처벌한다. 그러나 '나의 아버지'와 자식의 관계는 상호의존적이다. '나의 아버지'의 권위와 힘은 매우 제한적이며 사려 깊다. '나의 아버지'는 필요하다면 기꺼이 자식을 위해 힘을 내려놓는다. 자식이 아버지를 배신하고 거역할지라도 끝까지 용서한다. 무조건적으로 자식을 사랑하며 필요하다면 자신의 목숨까지 내어준다.

혈연가족인 '나의 아버지' 역시 '우리 아버지'의 아이로서의 지위를 가진다. 혁명가족의 폭정으로 인해 '나의 아버지'는 한 개인으로서의 독립성과 용기를 잃은 김빠진 아버지다. 자율성을 잃고 수동적인 존재로 굴욕을 당하는 무기력한 아버지다. 만성적인 스트레스로 인해 아버지는 혈연가족에게 덜 애정적이고 덜 공감적이며 덜 섬세하다. 또한 더 비판적이고 더 처벌적일 때도 있다. 그럼에도 불구하고 아버지는 진심으로 자식을 사랑한다. 어떤 상황에서도 자식을 신뢰하고 믿어준다. 자식을 위해 기꺼이 자신을 희생하고 헌신한다. 자식들은 아버지의 마음을 진심으로 이해하며 아버지를 의지하고 좋아한다.

혈연으로 맺어진 가정에서 효는 중요한 법도다. 이 법도를 거스르지 않을 때 "사람이 되었다"라고 말한다. 효의 법도를 어기면 사람이 아니라 짐승이나 다름없다. 아버지는 간혹 엇나가는 자식에게 "사람질"을 하라고 매를 들기도 한다. "네가 사람이냐? 짐승이지"라는 심한 욕설도 서슴지 않는다.

이 말은 깊은 모멸감을 자아내는 뼈아픈 욕이다. 그래서 될 수 있는 한 자식들은 '사람이 되기 위해' 부모와의 관계나 타인과의 관계에서 '도리대로' 살려고 노력한다.

반면에 혁명가족인 '우리 아버지'의 독점적 권위는 절대적이다. 완벽하게 디자인된 '우리 아버지'는 자애롭고 따뜻하다. '우리 아버지'의 은혜는 다함이 없고 부족함이 없다. '우리 아버지'에게는 불가능한 것도 없고 못해낼 것도 없다. 광대하고 무한한 '우리 아버지'는 온갖 좋은 것을 아이에게 준다. 아이의 삶의 세세한 부분까지 열정적으로 살피며 관심을 표현한다. 아이는 '우리 아버지'의 품 안에서 부러울 것이 전혀 없다. 더욱 영광스러운 것은 '우리 아버지'와 함께 영원한 정치적 생명을 누릴 수 있다는 것이다. 곧 아이는 정치적 생명체로 죽지 않는 존재가 된다. '우리 아버지'의 아이는 세상에서 가장 행복한 아이인 것이다.

사회정치적 생명체인 '우리 아버지'의 아이로 살아가는 북한 사람들의 의무는 실로 막중하다. 한 치의 어그러짐도 없이 '도리대로' 살아야 한다. 이같은 인생의 무게는 측정할 수 없을 정도로 무겁다. '우리 아버지'의 아이에게 충효는 일반적인 윤리적 개념이 아닌 일종의 정언 명령으로서, 무조건적으로 반드시 해야만 하는 것이다. '절대 선'으로서 종교적 신앙처럼 고양되는 것이다. 따라서 '우리 아버지'를 거역하는 것은 이단자와 같다. 그것은 용서 불가능한 '악'이자 박멸해야 할 대상이다. 혁명가족의 아이로 살아간다는 것은 '우리 아버지'에게 충효일심으로 의지하고 절대적으로 복종하는 삶을 살아야 한다는 것을 의미한다. '우리 아버지'의 아이로서 도덕적 책임을 다할 때 자신의 목숨을 보존할 수 있다. 나뿐만 아니라 혈연가족의 목숨도 안전해진다.

2) '우리 아버지'의 표상인 거대 공포

북한 사람들이 일생 동안 경험하는 '우리 아버지'의 표상은 어떠할까? '우리 아버지'는 아이의 정신세계에 어떠한 모습으로 새겨질까?

북한 사람들이 삶을 통해 경험하는, 실재하는 현실의 '우리 아버지'는 과시적·상징적 예술정치가 완벽하게 만들어내는 '상상된 아버지'의 모습이 아니다. 매일의 일상에서 만나는 '우리 아버지'는 '은혜로우시고 노하기를 더디 하시고 오래 참으시는' 따스하고 자애로운 아버지가 아니다. 아이를 먹이고 입히고 안정적인 삶을 영위하도록 기회를 만들어주는 가장이 아니다. 아이를 위해 헌신하며 돌보는 따뜻한 아버지가 아니다. 아이가 현실생활에서 경험하는 살아있는 '우리 아버지'는 국가의 언어를 통해 완벽하게 디자인된 '상상된 아버지'와 극과 극의 대조를 이룬다.

아이의 경험 속에 살아있는 '우리 아버지'는 매우 낯설고 두렵다. 마치 아이를 방 안에 가두고 학대하는 아버지와 다를 바 없다. '우리 아버지'는 아이를 구속하고 통제하면서 몸을 마음대로 쓸 수 없게 만든다. 그리고 아이의 목숨까지 농락한다. 감시통제를 통해 아이의 말 한 마디, 미세한 감정표현, 행동 하나하나까지 감시하고 엄중하게 죄와 벌을 묻는다. 마음에 들지 않으면 처벌하고 야단치며 죽이기까지 한다. 심지어 연좌제로 혈연가족의 친인척까지도 절멸시킨다.

'우리 아버지'는 자신은 초호화판 생활을 누리면서 아이들은 늘 노역에 내몰고 배곯게 만든다. 심지어 영양실조와 각종 질병으로 수십만 명을 죽음에 이르도록 만들기까지 한다. 체제 생존을 위해 최고 존엄 우상화와 핵개발에 천문학적인 돈을 쏟아붓는다. 한마디로 현실의 '우리 아버지'는 무자비한 폭군이다.

이와 같은 '우리 아버지'는 감정불능에 빠진 정신적 장애인이나 다름없다. 수십만 명의 억울한 죽음과 가정의 해체라는 말할 수 없는 고통을 초래하고도 일말의 양심의 가책도 느끼지 않는다. 인민의 고통과 괴로움을 공감하지 못한다. 타인의 정서를 공감하는 기능이 손상된 사이코패스를 방불케 한다. 그럼에도 불구하고 아이는 '우리 아버지'에게 시시비비를 가리며 저항할 수 없다. 도망갈 수도 없다. 어디 숨을 곳도 없다. 아이는 아버지의 거대하고 억센 손아귀를 벗어날 수 없는 것이다.

'나의 아버지'와의 관계에서는 자식이 윤리적·도덕적 가치를 어기는 행위를 할 경우 비난을 감수하고 모멸감을 견뎌내는 아픔만 따를 뿐이다. "너는 사람이 아니다", "너는 짐승이다"라는 말을 듣고 인격에 손상을 입을 수는 있다. 또는 신체적 체벌을 당하면서 자신이 '도리대로' 살지 못했다는 자책감과 수치심, 우울감 같은 심리적 고통을 느낄 수도 있다.

그러나 '우리 아버지'에 대한 불효 또는 배은망덕은 "사람이 아니다"라는 윤리적·도덕적 판단을 넘어선다. 절대 '악'으로서 박멸해야 할 대상이 되는 것이다. '우리 아버지'에 대한 불효는 선이냐 악이냐 하는 절대 도덕률로 바뀌는 동시에 사느냐 죽느냐 하는 실존적인 절대 요청으로 변환된다. 곧 '우리 아버지'에 대한 충효일심의 도덕률은 정언 명령으로, 생사존망을 결정하는 식으로 판이 뒤집히고 인간존재의 '소멸'이라는 끔찍한 결과를 가져온다. '우리 아버지'는 아이에 대한 인격 살해뿐 아니라 신체 살해까지 마다하지 않는다.

오늘날 북한 사람들이 경험하는 '우리 아버지'는 거대 공포 그 자체다. 따라서 그들이 절대적으로 의존하고 복종하는 대상은 '우리 아버지'가 아닐지도 모른다. 그들이 습관적으로 복종하고 의지하는 대상은 '우리 아버지'가 아닌 거대 공포의 유령일 수도 있다. 실제로 북한 사람들은 거대 공포에 굴복해서 절대적으로 의존하고 복종하는 것처럼 보인다.

북한 사람들은 '우리 아버지'에게 '도리대로' 행해야만 생존할 수 있는 전체주의 문화권에서 살아왔기 때문에 인간적인 도리를 지켜야 한다는 강박 성향이 강하다. 대부분의 사람들은 사람의 도리를 지키는 것이 자기 자신의 존엄과 품위를 지키는 것, 곧 자존심을 지키는 것이라고 믿는다. 결국 사람의 도리를 하는 것을 자존심을 지키는 것이라고 느낀다. 역으로 사람의 도리를 다하지 못하는 것은 자존심이 짓밟히는 것으로 느낀다. 게다가 사람의 도리를 다하지 못하는 것은 '악'으로 여겨지므로 생존을 위협받게 된다. 이와 같은 성향으로 인해 북한 사람들은 자존심을 건드리면 거의 이성을 잃는다. 자신의 자존심을 건드리는 것은 "네가 사람이냐?"라는 모멸감과 수치심을 넘어 생존에 대한 위협으로 이어지기 때문이다. 탈북민들이 자존심이 상하면 금시에 공격적으로 돌변하는 이유는 이 같은 내면세계의 특성과도 어느 정도 관련이 있다. 그 심리적 역동의 기저에는 무의식적 거대 공포인 '우리 아버지'의 표상이 있다고 말할 수 있다.

3) 북한 사람들의 이중사고

1994년 김일성의 죽음은 한 순간에 북한 사회를 정지시켜 버렸다. 수십만 명의 사람들이 집단애도하는 모습은 표면적으로는 자식의 도리, 사람의 도리를 다하는 충효일심의 발현으로 보였다. 외부 세계에는 북한 사람들이 애도하는 모습이 자신의 친아버지의 죽음을 슬퍼하는 것과 같이 비춰졌다. 탈북민들도 사랑하는 가족을 잃었을 때의 슬픔과 아주 비슷한 감정을 느꼈다고 말하기도 한다. 반면에 무릎을 꿇고 앉아 머리를 푹 숙이고 눈치를 보면서 가짜로 우는 척했다는 반론도 팽팽하게 맞서고 있다. 어떤 여성들은 죽은 남편이 생각나서 통곡했다고 말하기도 한다. 대체로 탈북민들은 거대한 국가 장례식에서 표현했던 자신의 감정에 대해 혼란스러워하며 살기 위해서는 어쩔 수 없는 선택이었다고 말한다.

김일성대학에서 낭독된 한 추도사에 따르면,[5] 애도기간에 조선을 방문했던 한 자본주의 국가의 실업가들과 기술자들은 자기 나라에 돌아가 기자들과 면담을 가졌는데, "조선에서는 전체 인민이 위대한 수령님에 대한 절대적인 흠모와 존경심을 지니고 있으며 그의 서거에 비통함을 금치 못해 가슴을 치며 통곡했다. 세상에 이런 사람들은 처음 본다"라고 말했다고 한다. 추도사는 미국의 CNN 보도를 인용하며 다음과 같이 전했다. "김일성 주석께

---

5   "위대한 수령님께서 서거하신 후 우리 인민들 속에서 수령님에 대한 끝없는 경모의 마음이 뜨겁게 발현된 데 대하여", 「위대한 수령님을 높이 모시고 수령님의 위업을 끝까지 완성하자: 위대한 령도자 김정일 동지의 불후의 고전적 로작」, 김일성 종합대학에서의 기념연설(2009. 4.23), https://www.ournation-school.com/Radio_lecture/w2-72/w2-72.htm(접속일: 2009. 12.9); 권헌익·정병호, 『극장국가 북한』, 42쪽.

서는 생존 시 북조선은 한 가정이라고 말씀하셨는데, 그때 서방 사람들에게
는 그이의 말씀이 리해되지 않았다. 그러나 화요일에 진행된 영결식은 북
조선 인민들이 김일성 주석을 자기들의 어버이로 모셔왔다는 것을 명백히
보여주었다. ··· 김일성 주석의 서거에 대한 북조선 인민들의 비분의 감정
은 강요된 것이 아니라 진정으로부터 우러러 나온 것이다."

　김일성의 죽음이라는 대국상(大國喪)에서 보여준 북한 사람들의 거대한
슬픔을 어떻게 설명할 수 있을까? '우리 아버지'라는 거대 공포는 북한 사람
들의 사회적 행동화에 어떠한 영향을 미쳤을까?

　주디스 허먼(Judith Herman)에 따르면, 속박 속에서 살았던 사람들은 의
식을 변형하는 데 있어서 숙련가가 된다. 고통 가운데서 스스로를 보호하
기 위해 해리(무의식적 방어기제)의 실행, 자의적인 사고 억제, 사고 축소, 때
로는 완전한 부정을 통해 견딜 수 없는 현실을 변형시키는 방법을 학습한
다.[6] 의식적이기도 하고 무의식적이기도 한 이러한 정신적 책략의 복잡한
배치가 심리학적 용어로 명명되어 있지 않지만, 아마도 '이중사고'라고 칭
할 수 있을 것이라고 허먼은 말한다.

　조지 오웰(George Orwell)은 이중사고에 대해 다음과 같이 설명한다. "이
중사고는 두 가지 모순된 신념을 하나의 정신에 동시에 담아두고 이 둘을
모두 받아들이는 힘을 말한다. 사람은 자신의 기억이 어느 방향으로 변형
되어야 할지를 알고 있다. 따라서 자신이 현실에서 속임수를 쓰고 있다는
것을 안다. 그러나 이중사고를 통해 한편으로는 현실이 침해되지 않는다고

6　주디스 허먼(Judith Herman), 『트라우마』, 최현정 옮김(파주: 열린책들, 2012), 155쪽.

스스로를 안심시킨다. 이 과정은 의식적이어야 하는데, 그렇지 않다면 만족스러울 만큼 정밀하게 수행되지 못할 것이다. 그러나 또한 무의식적이어야 하는데, 그렇지 않다면 허위의 느낌을 가져올 수 있을 것이다. … 심지어 이중사고라는 단어를 사용하는 데에도 이중사고를 실행하는 것이 필요하다.”[7] 허먼은 모순되는 신념을 동시에 지니는 능력인 최면 몰입 상태와 지각을 변형시키는 능력도 이중사고의 한 가지 방법이라고 말한다.

만성적으로 속박 속에서 살아가는 북한 사람들의 집단적 애도장면은 의식적이기도 하고 무의식적이기도 한 복잡한 정신적 능력인 이중사고로 설명할 수 있다. 그들은 이중사고를 통해 '사랑의 아버지' 대 '두려운 아버지', 이 두 가지 모순되는 신념을 하나의 정신에 동시에 담아두고 의식의 변형을 통해 이 둘을 모두 받아들이는 숙련가다. 수만 명의 애도자가 의식적으로 속임수를 써서 진심어린 슬픔을 연출하는 것이든, 눈치를 보면서 적당히 슬퍼하는 기색을 보이는 것이든, 제사상을 차려와 동상 주위에서 철야를 하며 상제노릇을 하는 것이든, 육신의 혈육이 죽은 듯이 진심으로 슬퍼하며 대성통곡하는 것이든, 상실의 고통으로 인해 병적으로 흥분하거나 졸도하는(애도 현장에서 실제로 이와 같은 일이 일어났다) 최면 몰입 상태에 빠지는 것이든 간에 이 모든 양상은 의식의 변형이 유도하는 생리학적 반응이라고 볼 수 있다.

북한 사람들은 위협적인 상황에서 스스로를 보호하기 위해 사회에 부합

---

7   조지 오웰(George Orwell), 『1984』, 정회성 옮김(서울: 민음사, 2003), 176~177쪽; 주디스 허먼, 『트라우마』, 156쪽.

하는 친사회적 행동을 연출해야 한다. 애도 기간에 결혼식을 올렸거나 몇몇이 모여 술을 마신 사람들은 출당 처분되고 탄광이나 광산으로 추방당했다는 소문이 흉흉하게 떠돌았다. 어떤 탈북 여성은 장례식에서 울지도 않고 장례식에 몇 번 빠졌다는 이유로 남편이 정치범으로 고발하겠다고 협박하자 이혼을 하기도 했다. 또한 어떤 여성은 임신 막달이어서 엎드려 울지 못하고 뻣뻣하게 서 있었다는 이유로 고발당해 비판서를 쓰기도 했다.

이와 같은 감시통제를 통해 북한 사람들은 북한 당국이 애도 장면에서 무엇을 기대하는지 간파하고 있었다. 외부인들에게 보인 거대한 슬픔, 진심 어린 슬픔은 속박 속에서 살아가는 그들이 생존전략 차원에서 수행한 고도의 자기 방어적 전략일 수 있다. 스스로를 지키기 위해 최면 몰입 상태로까지 의식을 변형하면서 가혹한 현실에 적응해 나가는 트라우마 반응이라고 볼 수 있는 것이다.

이와 같은 생존전략 차원의 행동화는 충효일심의 정신적 위력처럼 외부세계에 선전되고 비춰진다. 북한 당국은 장례식을 통해 진심어린 슬픔을 성공적으로 보여줌으로써 이를 북한의 사상적·정신적 무장력을 과시하는 정치적 행위로 만들었다. 북한 사람들의 충효일심은 북한체제의 지구력을 유지하는 핵폭탄급 이상의 무기임을 과시한 것이다. 세상 사람들의 놀라움을 자아내는 이 사상적·정신적 위력은 북한 사람의 정신세계에 똬리를 틀고 있는 거대 공포 유령에 의해 발현된다.

3. 거대 공포의 통치시대

1) 불안사회

북한체제는 북한 사람들 각자의 개성을 파괴하면서 비인간화를 조장해 간다. 북한의 주체사상과 '당의 유일적 영도체계 확립의 10대 원칙'은 "한 인간을 다른 인간으로부터 구별지어 주는 것"은 무엇이든 용납하지 않는 다. 거대하게 하나로 박제된 충효일심의 인간, 곧 하나만이 용납된다. 북한 의 방방곡곡에 도배되어 있는 최고 존엄의 초상화와 동상, 벽화들은 불꽃같 은 '눈'으로 사람들을 주시하며 지켜보고 있다. 또한 최고 존엄을 찬양하는 선전선동 포스터가 즐비하게 늘어져 있으면서 충효일심을 품으라고 을러 댄다.

북한에서 사람들은 아주 어린 시절부터 정치범 이야기, 정치범 수용소와 관련된 공포 이야기에 체계적으로 노출된다. 북한 사람 대부분은 어린 시 절 '공포동화'를 들었던 기억이 있을 것이다. 나 역시 어린 시절 할머니에게 서 이 이야기를 들었다. 햇살이 눈부신 아침, 엄마 손에 이끌려 유치원을 가 던 한 아이의 이야기다. 한글을 갓 깨우치기 시작한 아이는 유치원 가는 길 에 무수하게 나붙은 포스터의 선전 문구대로 "김일성 동지 만세", "조선노 동당 만세"를 큰소리로 낭독하곤 했다. 그렇게 되풀이하던 아이는 어느 순 간부터 "김일성 동지 아이 만세", "조선노동당 아이 만세"로 읽었단다. '아이 만세'라는 것은 '만세가 아니다'라는 뜻이다. 결국 '김일성 동지 만세가 아니 다', '조선노동당 만세가 아니다'라는 의미로 낭독했던 것이다.

그렇게 읽으면 의미가 어떻게 왜곡되는지 아이가 알았을 리 없지만 지나가던 사람이 그 광경을 목격하고 보위부에 밀고했다. 결국 아이는 부모와 떨어져 바다 건너 땅 끝에 있는 수용소에 끌려가 죽었고, 부모와 가족 친척들도 수용소에 끌려가 죽었다는 내용이다. 할머니는 이야기 말미에 "말밥에 오르지 마라", "말을 조심하지 않으면 죽는다"라고 경고하곤 했다.

어린 시절 들었던 이 이야기가 실제인지 허구인지는 모른다. 그러나 대부분의 아이에게는 수용소에 대한 섬뜩한 이미지가 신경계 깊이 새겨져 있다. 나의 뇌리에 새겨진 정치범 수용소는 몬테크리스토 백작이 갇혔던 이프섬에 있는 지하 감방과 같은 표상이었다. 어떤 탈북 여성은 정치범 수용소를 동해의 무인도에 있는 정글같이 무시무시한 곳으로 알았다고 말한다. 삶의 경험을 통해 북한 사람들은 정치범 수용소에 대해 이 같은 섬뜩한 표상을 지니고 있다. 북한 사람들은 정치범 수용소를 일단 들어가면 나올 수 없는 곳이라고 믿고 있다. 그곳에 들어가면 이 세상에 존재한 적이 없었던 사람처럼 흔적도 없이 지워진다는 것을 안다. 그곳을 정치범 자신뿐 아니라 친인척까지 모조리 빨아들이는 죽음의 블랙홀로 느끼고 있는 것이다.

어린 시절 죽음의 '공포동화'를 들으며 자란 아이는 다음과 같이 실제로 일어난 이웃집 사연을 통해 오싹한 공포를 경험한다. 어느 날 아침, 눈을 떠 보니 한동네에 살던 이웃집의 어린 아들이 바람과 함께 사라졌다. 정치범 수용소로 끌려갔던 것이다. 그의 아버지는 러시아 프룬제 군사대학 출신으로 1995년 6군단 군사 쿠데타로 알려진 사건에 연루되어 정치범으로 처형당했다. 그 당시 핵심계층 출신이었던 그의 어머니는 남편과 이혼하고 갓 태어난 아들과 함께 남겨졌다.

정치범 수용소에 끌려간 아이는 학교 입학을 며칠 앞둔 여덟 살 아이였는데, 정치범의 '핏줄'을 잔인하게 끊어버렸던 것이다. 이 이야기는 구체적인 실체가 있는 공포 이야기다. 쉬쉬 하는 와중에 꼬리에 꼬리를 무는 공포 이야기, 통제감시의 무서운 '눈'이 사람들을 식별하고 있는 현실은 사람들을 벌벌 떨게 만든다.

북한 사람들 일상의 단편을 엮어보면 늘 생존을 위협하는 현실에 노출되어 있다고 할 수 있다. 전체주의 북한은 항시적으로 미국과 남조선이라는 외부의 적을 상정해 내부의 불안과 공포지수를 높이는 통치전략들을 확립해 왔다. 게다가 실체가 없는 여론전을 터뜨리며 내부의 긴장감을 끌어올려 사람들을 움츠리게 만든다. 보위부와 안전부는 다양한 수법으로 불안한 분위기를 조성한다. 일례로 보위부에서는 각 개인의 필적을 정밀분석하기 위해 수시로 필기노트들을 거두어들이곤 했다. 필적 감정을 통해 낙서행위를 한 '반동'을 판별하고 처벌하기 위해서였다. 공포에 압도된 사람들은 필기노트를 제공하며 '누가 또 어디에 낙서를 했지?' 서로 경계하고 의심한다. '내가 의심받는 거 아닌가?'라며 몸과 마음이 긴장되고 움츠러든다.

그뿐만이 아니다. 시도 때도 없이 불순분자를 색출하기 위한 표적수사를 하며 두려움과 불안을 드높인다. 적대계층 신분이던 우리 집에도 수시로 숙박검열을 명목으로 인민반장을 앞세우고 감시병들이 들이닥쳤다. 식구들이 곤히 잠든 고요한 한밤중에 불시에 문을 두드리며 들이닥쳐서는 잠든 가족들을 깨워 들볶곤 했다. 그때마다 나는 쿵쾅쿵쾅 뛰는 심장을 부여잡고 바짝 몸을 웅크려서 이불 속에 숨곤 했다. 감시병들은 낯선 사람이 오지 않았는지, 어떤 일을 모의하지 않는지 살폈고, 놀란 우리들의 얼굴에 일일이 손전등을 들이대면서(북한은 전압이 낮아 전등이 어두우며 정전도 잦다) 신분증과 대조한다. 윗방 아랫방의 문을 열어젖히면서 구석구석을 살피다가 헛물을 켜고 떠나곤 했다.

이와 같은 공포 경험은 북한 사람들의 삶에서 특별한 체험이 아닌 북한살이 그 자체다. 지속적인 공포와 불안 경험으로 인해 과민화된 신경계는 두려움에 특화된 그들만의 심리생리학적 반응을 유도한다. 그들 대부분은 사소한 스트레스에도 쉽게 제압당하고, 특정한 중립적인 자극에도 두려움을 느끼며 과잉대응으로 일관한다. 일상화된 공포정치가 새긴 트라우마의 흔적은 깊고도 넓다.

2) 거울체계의 자기통제 활성화

역사적으로 김일성-김정일-김정은 3대 세습으로 이어지는 전체주의 북한은 무서운 '눈'이 지켜보며 을러대는 거대 공포에 의해 통치된다고 말할 수 있다. 절대 권력이 시공간을 장악하고 지배하는 북한은 조지 오웰이 자신의 소설에서 보여주는 환경, 즉 사람이 움직이는 대로 눈동자가 따라가면서 움직이도록 고안된 커다란 얼굴의 포스터가 곳곳에 붙어 있어 "빅브라더가 당신을 지켜보고 있다"라고 섬뜩하게 경고하는 거대 공포 환경과 매우 흡사하다.

거울체계의 '전 방위적 자기통제(panoptic self-control)' 메커니즘으로 인해 우리는 타인이 우리를 판단하고 평가할지 모른다는 가능성만 존재해도 사회의 가치나 도덕에 부합하는 방식으로 행동하는 경향이 있다. 이러한 전 방위적 자기통제는 누가 자신을 볼지 모른다는 막연한 암시만 제시되어도, 심지어 자신을 관찰하는 사람이 아무도 없다는 사실을 알고 있을 때조차 위력을 발휘하며 자발적으로 집단규범을 따르도록 만든다.

한반도의 지정학적 위기가 유발하는 거대 공포는 전체주의의 독점적 권력에 명분을 제공하며 가공할 폭력성을 정당화한다. 거대 공포는 최고 존엄의 생물행동학적 과정을 추동하는 핵심 정서다. 이 정서가 전체주의 폭력성으로 구체화된다. 북한에서 '선'과 '악'에 따른 '상'과 '벌'의 도덕법칙은 체제 안정과 유지를 위한 일종의 '정언적 명령'이나 다름이 없다. 이 명령에 절대 복종하는 것은 실존을 위한 절대 요청이라고 할 수 있다.

인간이 실존한다는 것은 매 순간 생명의 본질, 곧 생존을 지향해 나아간다는 것을 의미한다. 생존에 중요한 필수 요건 중의 하나가 안정감을 느끼고 다른 사람들과 더불어 안심하면서 지낼 수 있는 환경일 것이다. 그러나 북한은 생존환경에 절대적인 요소인 안정감을 확보할 수 없는 반생명적인 사회구조다. 한마디로 북한 사람들은 반생명적인 환경에서 실존을 위해 '정언적 명령'을 따라야 하는 것이다.

북한은 최고 존엄에 대한 절대적 의존과 숭배, 절대적 복종을 '신앙화'할 것을 교시한다. 충효일심으로 '도리대로' 살도록 감독한다. 북한에서 억압통제기구인 주민감시통제 체계, 정치범 수용소 체계와 연좌제, 공개처형 등은 홀로코스트에서 의도한 절멸의 기능과 닮아 있다. 출신성분 체계, 조직생활 체계, 공급 체계, 거주 이전의 자유 및 표현의 자유 박탈, 추방령 등은 러시아 굴락수용소의 억압형벌 기능과 매우 유사하다. 즉, 북한은 수용소와 유사한 폭력 시스템으로 사람들을 감시하고 통제하며, 구속하고 처형

한다. 충효일심의 도덕률에 반하는 세력은 절대 '악'이며 사람이 아니다. 북한에서 선악의 판단기준은 혼란스럽고 광범위하다. 일례로 직장에서 일하는 노동자의 경우 그날 과제를 끝내지 못하면 사상적으로 글러먹었다고 비판받기도 한다. 학생의 경우 공부를 잘하지 못하면 충성심이 부족하다고 비난받기도 한다.

거대 공포정치는 수백 개의 빨대가 달린 문어발 같은 감시통제로 무엇이든지 흡착한다. 그래서 사람들로 하여금 늘 무서운 '눈'이 감시하고 있다는 느낌을 떨쳐버릴 수 없게 한다. 누군가가 지켜보고 있다는 이 느낌은 그들 모두가 하나처럼 자발적으로 사회규범을 따르고 순응하도록 뇌의 전 방위적 자기통제 메커니즘을 강화한다. 즉, 자신이 감시당하고 있다고 상상하게 함으로써 자발적으로 굴복하게 만든다. 사람들을 웅크리게 하고, 눈치 보게 하고, 알아서 기게 한다. 끔찍하게 무서운 '눈'이 주체적이고 자율적으로 살아가려는 생명의 힘을 붕괴시키는 것이다.

이에 더해 공포정치의 상징인 정치범 수용소는 총체적 폭력과 테러의 온상으로 사람들의 일상 속에 깊숙이 스며들어 있다. 북한 사람들에게는 정치범 수용소가 존재하는 것 자체가 두렵기만 하다. 그들은 가까운 이웃이 정치범으로 사라지는 현상을 목격할 때는 물론이고 누군가가 정치범이 되었다는 것을 전해 들을 때에도 벌벌 떨게 된다. 그들은 잠재적인 정치범으로서 상시적인 감시 속에 살아가면서 고발당하면 언제든지 정치범으로 찍힐 수 있다는 두려움을 신경계에 새긴다.

정리하자면, 북한 사람들은 무서운 '눈'이 상시적으로 보고 있다는 공포와 암시를 떨칠 수 없는 폭력 환경에서 자신의 주도권과 분투를 포기한 채 자발적으로 굴복하고 의존하는 심각한 수동성에 빠져들 수 있다. 그들의 삶이란 폐쇄적인 인권의 불모지에서 어떻게든 살아남기 위한 생존 게임과 다를 바 없다. 그들의 삶 자체가 인간의 기본적인 욕구를 모독하는 비인간 화의 경험이다. 그들은 자신의 일상이 폭력적이라는 사실조차 모르고 있기 때문에 주관적 고통이나 공포를 느끼지 않을지도 모르지만, 그럼에도 불구 하고 속박 가운데서 겪은 무력감과 굴복의 경험은 깊은 트라우마의 흔적을 새기게 마련이다.

3) 흑백논리적 의식 발달

우리는 북한 사람들의 다양한 삶의 정황을 접하면서 때때로 전율을 느낀 다. 마치 거대한 하나같이 척척 발을 높이 들며 행진해 나가는 열병식 대열, 10만 명이 동원되는 대집단체조 공연의 일사불란한 몸짓, 기계처럼 정확한 배경대의 카드섹션, 수십만의 군중이 꽃다발을 흔들며 열광하는 군중 퍼포 먼스 등을 목격하면서 오싹한 느낌을 받는다. 최고 존엄의 동상 앞에서 집 단적으로 참배하고 헌화하는 사람들의 무표정하고 딱딱하게 굳어 있는 얼 굴을 보면서 의아함을 감추지 못한다. 톱니바퀴처럼 정확하게 맞물려 움직 이는 '기계화된 신체' 모습은 섬뜩함까지 자아낸다. 우리는 그렇게나 응집 된 사회정치적 역량으로 표현되는 열광적인 군중심리를 어떻게 설명할 수 있을까? 종교집단의 '광기' 같은 행동의 기저는 무엇일까?

북한 사람들의 열광적인 군중심리를 만들어내고 친사회적 행동화를 촉 발하는 기제는 두려움이다. 자신을 둘러싼 환경이 안전한지 위험한지를 끊임없이 판별하며 안전감을 확보하는 것은 안전하지 않은 환경에서 살아가는 인간의 생존본능이다. 전체주의 환경에서 살아가는 북한 사람들 역시 스스로를 보호하기 위한 생존전략에 집착하며 살아갈 수밖에 없다.

그들은 반사적으로 네 편 내 편을 섬세하게 판별하며 스스로의 안전지대를 만들어간다. 가혹한 환경에서 상대적인 위험과 안전을 평가하며 본능적으로 알아서 피하거나 체념하면서 또는 자발적으로 복종하거나 절대적인 무저항으로 자신을 보호하면서 실존해 왔던 것이다. 그들 모두가 거대한 하나같이 행복하다고 활짝 웃으며, 세상에 부럼 없다고 노래하며, 때로는 반대세력을 향해 주먹을 내두르며 성토하는 행위가 생존을 위한 복합적인 정신적 책략이다. 북한 사람들의 친사회적 행동화와 군중심리를 만들어내는 기저는 생존과 안전을 위한 생물행동학적 추구라는 자율신경계의 조절작용이다.

북한에서 "돌다리도 두들겨보고 건너라", "귀에 걸면 귀걸이, 코에 걸면 코걸이"라는 말은 생존을 위한 관용어였다. 적어도 1990년대 북한 위기 이전까지는 말이다. 북한 사람들 대부분이 가족과 타인으로부터 이 말을 수없이 들으며 살아왔다. 나 역시 매일매일 의식적이든 무의식적이든 나 자신에게 그렇게 주문을 걸어야 했다. 이 관용어는 북한 사람 모두가 언제든지 감시통제의 그물망에 걸릴 수 있는 일상의 공포와 불안을 잘 대변해 준다.

감시통제 속에서 사람들은 거의 반사적으로 이웃을 경계하고 의심하며 자신의 언행을 조심하게 된다. 누구든지 이웃에게 의심스러운 점을 들키면 밀고당해 한밤중에 소리소문 없이 사라지기도 한다. 가족 전부가 사라지는 경우도 많다. 그래서 사람들은 반사적으로 움츠리고 눈치 보며 생존을 위해 더욱 열정적으로 '하는 척'의 생존전략에 매달린다. 충효의 신념을 증명하기 위해 자신을 과시하며, 도가 지나칠 정도로 친사회적 행동화를 표출하다가 무모한 죽음까지 당한다. 그 과정에서 사람들은 거대한 하나에 융합되어 자기를 잃어버린다. 환경적 도전에 의해 다른 사람들과 구별되는 것은 무엇이든지 거세당하며 하나와도 같이 되는 것이다.

또한 북한에서 공개처형 당하는 사람이나 정치범은 반혁명적 범죄행위를 저지른 사람들이 아니다. 누군가의 의심을 사고 밀고당한 사람들로 '음모자'들이다. '반동' 혹은 '간첩'으로 추정된다는 이유로 지옥으로 내몰린 사람들이다. 공화국을 전복하려 했다는 '음모죄'를 뒤집어쓰고 처벌당하는 경우가 대부분이다. 그래서 사람들은 빽빽하게 시공간을 가로지르는 감시통제 그물망에 잡히지 않으려고 돌다리도 두들겨보면서 건널 수밖에 없다. "돌다리도 두들겨보고 건너라"라는 말은 개인의 자연스러운 언어와 감정, 자율적인 행동을 스스로 통제하고 하나처럼 생각하고 말하며 행동해야 한다는 의미를 함축하고 있다. 전체에 스며들어 무조건적이고 열정적으로 따라쟁이로 살아야만 한다는 뜻이다.

북한 사람들은 안전하지 않는 생존 환경에서 살아오면서 생존전략 차원의 흑백논리적 의식체계가 발달해 왔다. 그래서 대체로 매우 극단적으로 이분법적인 사고를 하는 경우가 많다. 극단적인 이분법적 사고는 단순하고 순수한 모습으로 표현되기도 한다. 탈북민들과 함께한 적이 있는 남한 사람들은 탈북민들이 순수하고 단순한 성향이 있다고 평가하기도 한다. 탈북민이 지닌 흑백논리의 사고체계 때문에 그러한 성향이 나타날 수 있을 것이다.

탈북민들은 어떤 현상을 평가할 때 이것이냐 저것이냐 하고 아주 단선적으로 사고하고 행동하는 경향이 있다. 그들은 실익을 따지는 금전적인 문제에서조차도 머리를 굴리며 다양한 요인을 고려해 복잡하게 생각하지 않는다. 자신이 손해를 보더라도 단순하고 분명하게 처리하려는 경향이 있다. 특히 극단적인 정치적 성향을 보이는 탈북민들도 적지 않다. 그들의 심층에는 한국사회의 일원으로 인정받기 위해 북한체제에 대한 비판의식을 과도할 정도로 표현하는 생존전략 차원의 흑백논리가 작동하고 있다. 그러나 대부분의 탈북민은 남한살이라는 새로운 경험을 통해 이것이냐 저것이냐 하는 극단성과 단순성을 극복하고 통합적인 회색지대를 만들어가면서 보다 유연하고 합리적인 사고체계로 전환한다.

4. 친사회적 행동화의 메커니즘

1) 자기 보호: 합리화 방어기제

위협적인 폭력 환경에서 지속적으로 살아간다는 것은 만성적인 트라우마 경험이라고 말할 수 있다. 트라우마를 겪고 나면 위험과 안전에 대한 인식이 바뀌고, 사고하는 방식과 생각하는 능력도 변한다. 이전과 다른 신경계로 세상의 정보를 자각하고 다루고 반응하는 것이다. 곧 트라우마로 인해 손상된 신경계를 가지고 세상과 관계 맺고 상호작용하며 살아간다는 것을 의미한다. 따라서 현재의 경험은 과거의 트라우마 기억에 오염될 수밖에 없으며, 지속적으로 트라우마 피해자의 삶에서 벗어날 수 없게 된다.

전체주의의 총체적 지배와 통제 시스템은 북한 사람들이 습관적으로 복종하는 노예근성의 삶을 유지하도록 섬세하게 작동한다. 통상 노예는 주인의 사적 소유물 또는 노동수단으로 여겨진다. 노예는 로봇이나 동물, 식물처럼 여겨지며 비인간화를 경험한다. 그것은 인간에게 부여된 생명의 힘과 자율성을 빼앗기는 무력감의 경험이자 존엄한 인간이 가진 주체의식과 심리적 통제력을 상실하는 굴욕감의 경험이다. 북한은 아주 치밀한 준비하에 각 개인의 고유한 개성을 말살하고 이들을 거대한 하나같이 직조한다.

전체주의 환경경험으로 인해 손상될 수밖에 없는 북한 사람들의 신경계는 실낱같은 자극에도 두려움의 단서를 포착하고 자율신경계의 응급시스템을 가동한다. 이 단계의 반응은 국가에 대한 일체의 불만과 고통의 소거, 저항의 소멸, 절대의존 및 복종 같은 심각한 수동성으로 나타난다. 곧 따라쟁이의 친사회적 행동화로 활성화되는 것이다.

인간의 신체적·심리적·정신적 힘을 빼앗긴 따라쟁이 경험은 견딜 수 없는 심리생리학적 고통을 유발한다. 곧 한 개인의 정체성을 변화시키며 자신에 대한 무가치감, 굴욕감, 수치심, 죄책감, 분노와 같은 고통스러운 자의식적 정서를 확장한다. 북한 사람들은 이 고통스러운 감정을 어떻게 처리하며 자신을 보호할까? 어떠한 대처전략으로 자기감(sense of self, 자신과 타인, 세상에 대한 관점과 태도)을 확립해 갈까?

한마디로 북한 사람들은 의식의 변형과 자기부정, 자기합리화의 방어기제를 통해 고통스러운 자의식적 정서에 대처하며 자기를 보호할 수 있다. 그들을 보호하는 자기합리화 기제의 변인 가운데 하나가 우리 민족의 정신적 특징인 충효의 도덕주의다. 충효의 도덕주의는 자기합리화 전략의 핵심

변인으로 기능하면서 자기감의 상실로 인한 고통스러운 자의식적 감정을 변형, 축소 또는 부정할 수 있다. 일례로 충효의 도덕주의는 영혼 없는 인형처럼 조종당하는 경험으로 인한 무기력감과 분노에 대해, 그리고 몰래 이웃을 밀고하는 행위로 인한 수치심과 죄책감에 대해 "사람의 도리를 제대로 했어", "이것은 충효의 표현이야"라는 식으로 자기합리화함으로써 고통스러운 감정을 차단하거나 부정하게 만든다.

이 같은 자기합리화의 방어기제를 통해 견딜 수 없는 무기력함 대신에 자기 통제감을, 고통스러운 무가치감 대신에 자기 유능감을 획득하고, 안전하지 않는 상황에서 스스로 안전감을 확립해 가며 자기를 보호한다. 곧 자기합리화의 미성숙한 기제를 통해 위협적인 생존환경에서 자기를 지키는 방법, 심리적 통제감과 힘을 지키는 방법을 찾아가는 것이다.

북한 사람들의 자기합리화 방어기제는 그들이 살아가는 위험상황에서 생존을 위해 선택할 수밖에 없는 최선의 전략이다. 자기합리화 기제는 '심리적 죽음'을 피하려는 방어 전략이면서 동시에 '신체적 죽음'까지 막으려는 생존전략이라고 할 수 있다.

자기합리화 전략을 통해 유교의 도덕주의는 견디기 힘든 자의식적 감정을 차단하며 자기보호를 위한 역설적인 의미를 만들어낼 수 있다. 곧 유교의 도덕주의는 자신의 삶을 소유하지 못한 굴욕적인 삶에 명분을 줌으로써 자발적으로 알아서 굴복하는 노예근성의 요인으로 작동하고, 고통스러운 삶에 대한 사유 능력과 위험상황을 변혁하려는 일체의 상상이나 노력을 포기하게 할 수 있다.

정리하자면, 자기합리화의 방어기제는 전체주의 환경에서 북한 사람을 각자 보호하고 지키는 최선의 생존전략이다. 동시에 유사한 경험을 함께하는 그들 모두를 지켜주는 집단적인 생존전략이기도 하다. 이와 같은 집단적인 대처전략이 북한사회의 집단효과를 높인다. 하지만 북한 사람들이 지닌 충효의 도덕주의가 체제유지의 근본요인은 아니다. 근본요인은 절대 권력이다. 집단적 트라우마를 유발하는 전체주의 폭력이다.

2) 3단계 안전감각: 북한 사람의 특징

신경과학자 스티븐 포지스는 사람이 자신이 속한 환경에서 상대적인 위험과 안전을 평가하는 능력에 대해 '신경 인지'라는 새로운 용어로 설명하면서, 자율신경계의 3단계 생리학적 상태에 대해 분석한다.[8]

포지스에 따르면 자율신경계는 세 가지 핵심적인 생리학적 상태를 조절한다. 그리고 안전하다고 느끼는 수준에 따라 특정 시점에서 이 세 가지 중 어느 쪽을 활성화할 것인지 결정한다. 첫 번째 단계인 '사회적 개입 유도'는 위험에 처했다고 느끼는 순간마다 본능적으로 가동된다. 이 단계에서는 주변 사람들에게 도움과 지원, 편안함을 구한다. 그런데 아무도 도와주러 오지 않거나 갑작스럽게 위험에 맞닥뜨리면 좀 더 원시적인 생존 방식이 되살아난다. 바로 '싸움-도주' 반응이다. 공격을 가한 대상과 맞서 싸우거나 안전한 장소로 달아나는 것이다. 그런데도 그 상황에서 빠져나가지 못하거나

---

8   베셀 반 데어 콜크(Bessel van der Kolk), 『몸은 기억한다』, 제효영 옮김(서울: 을유문화사, 2016), 138~139쪽.

제압당해서 그 노력이 실패로 돌아가면, 이제 환경과 자신을 차단하고 에너지 소모를 최소한으로 줄이는 방법으로 스스로를 지키려 한다. 이 상태를 '얼어붙은 상태', '붕괴 상태'라고 한다. '얼어붙은 상태'는 위협적인 상황을 탈출하려는 모든 노력과 시도가 무의미해질 때 나타나는 최후의 방어시스템이다.

북한 사람들을 둘러싼 사회 환경은 전체주의 환경이다. 자유롭게 몸을 쓸 수 없는 생존환경에서의 삶은 만성적인 트라우마에 노출되어 있다고 할 수 있다. 그들은 안정감을 확립할 수 없는 폭력 환경에서 살아오면서 기본적으로 공포와 두려움을 자극하는 단서에 매우 민감화되어 있다.

북한 사람들의 자율신경계 3단계 조절패턴에서는 매우 흥미로운 점을 발견할 수 있다. 바로 그들이 국가와의 상호의존관계에서 보이는 자율신경계의 조절 단계가 '얼어붙기'라는 최후의 응급시스템에 고착되어 있다는 사실이다. 북한 사람들은 국가와의 상호작용에서 고통스러운 상황을 탈출하는 방법으로 자신과 환경을 차단하는 기능정지의 반응만 일관성 있게 보인다. 1990년대 북한 위기 전에는 싸움-도주 반응의 적극적인 행동전략이 촉발되지 않았다는 사실이 흥미롭다. 1990년대 북한 위기 이후의 상황에서 나타난 탈북 행위는 생존을 위한 행동전략으로서 도주 반응에 해당한다.

반면에 북한 사람들이 대인관계의 상호작용에서 보이는 자율신경계의 생리학적 조절은 3단계의 전략이 모두 가능하다. 사람들은 자율신경계가 안전을 느끼는 수준에 따라 도움을 구하거나 싸우거나 달아나는 행동전략을 보이는데, 때로는 위협을 피하려는 일체의 노력이 좌절될 때 나타나는 기능정지의 상태를 보이기도 한다. 신경생물학적으로 볼 때, 북한 사람들이 대인관계에서 보이는 특징은 싸움-도주 반응이 활성화되어 있다는 점이다. 그들은 상대적인 안전도와 위험도 수준을 판별하는 자율신경계의 기능이 민감화되어 있어 어떤 중립적인 자극에도 공포와 두려움의 단서를 포착하며 싸움-도주의 과잉대응을 하게 된다. 싸움-도주 반응은 위협에 대한 반응으로, 두려움과 분노까지 포함한다.

북한 사람들은 지속적인 트라우마 경험으로 인해 타인에 대한 불신과 적대감이 매우 깊다. 늘 적들 속에서 살아가는 느낌이라고 표현하기도 한다. 이와 같은 과각성으로 인해 실낱같은 자극에도 화들짝 놀라며 쉽게 화를 폭발한다. 찰나의 순간에 싸움-도주 반응 모드에 돌입하는 것이다. 이 반응패턴은 대인관계에서 상대에 대한 공격성과 폭력성으로 나타난다. 실제로 한국 사람들은 탈북민들의 성격이 매우 공격적이고 폭력적이라고 평가하기도 한다. 한국형사정책연구원 조사에 따르면 탈북민의 범죄율은 한국인의 평균 범죄율보다 무려 다섯 배 이상 높은 것으로 보고되었는데, 그중 폭력이 35.7%로 가장 높다.[9]

또한 타인을 회피하며 관계를 단절시키는 도주의 특징이 나타나기도 한다. 스스로를 고립시키고 관계를 단절하는 것이다. 반복적으로 가정폭력에 노출되었던 여성들의 경우 '얼어붙기' 반응이 나타날 수도 있다. 실제로 탈북 여성들은 공황발작, 경직, 졸도, 무감각함 등의 증상을 보이기도 한다.[10] '얼어붙기'의 기능정지 반응은 대인관계에서 심각한 수동성과 의존성, 불감

9   "대검찰청, 탈북자 범죄 분석 및 대책 마련 착수", ≪세계일보≫, 2016.6.4.
10   김경숙, 「탈북여성들의 가정폭력 경험과 트라우마에 관한 연구」, 연세대학교 박사논문(2017).

증 같은 성향으로 나타날 수 있다.

북한 사람들의 트라우마 반응은 심층적 심리구조와 관련된 특징을 보인다는 점에서 성격장애와 유사해 보인다. 그러나 이는 유전적 요인을 내포하고 있는 성격개념이라기보다는 후천적 경험에 의해 나타나는 주요 특징이다. 성격처럼 보이는 이러한 증상은 과민해진 신경계의 손상으로 감정조절이 어려운 데서 비롯된다.

인간의 마음이 온통 보이지 않는 공포와 두려움에 맞서 방어하면서 스스로를 보호하기 위해 에너지를 집중하는 한, 다른 사람들과의 관계가 위태로울 수밖에 없다. 북한 사람들의 대인관계는 아슬아슬한 줄다리기와 같이 늘 위태롭다. 타인과의 관계가 위태롭다 보니 무언가를 상상하고 계획을 수립하고 놀고 배우고 다른 사람들이 필요로 하는 것에 관심을 기울이는 능력이 둔화될 수밖에 없다.

북한 사람들의 이와 같은 특징은 폭력 환경에서 그들을 지켜주었던 생존전략이자 생리학적 반응이었지만, 그것이 이제는 증상이 되었다. 즉, 지속적으로 전체주의 환경에 내몰렸던 경험은 심리적·정신과적·신체적 질환을 동반하는 트라우마를 유발하는 것이다.

3) 사회 환경과의 상호작용: '얼어붙기' 전략

절대 권력이 시공간을 장악하고 지배하는 북한은 자율신경계가 평가하는 상대적인 위험도 대 안전도 수준에서 볼 때, 마지막 단계의 '얼어붙기' 응급시스템만 작동하는 절대적인 공포환경이다. 이 상황은 마치 생포당한 포로병이 탈출하려는 일체의 노력과 분투를 포기한 채 굴복의 상태로 돌아서서 심각한 수동성과 정서적 불능에 빠져드는 것과 같다. 또한 아이가 자신을 학대하는 양육자에게 잡혀 옴짝달싹 못하는 것처럼 신체를 마음대로 쓸 수 없는 환경에 비유될 수도 있다. 억센 가해자의 손에 붙잡혀 빠져나가려는 아이의 모든 노력이 실패로 돌아갔을 때, 아이의 신경계는 정지된다. 견딜 수 없는 고통스러운 환경으로부터 자신을 차단하는 방법으로 스스로를 지키는 것이다. 학대받은 아이의 '얼어붙은' 반응이 바로 북한 사람들이 전체주의 환경과 상호작용하며 안정감을 확립하는 생존전략이다.

북한의 공포정치는 사람들의 자연스러운 육체적·사회적 욕구를 억압하고 통제할 뿐 아니라 고통스러운 현실을 탈출하려는 일체의 노력과 시도를 무의미하게 만든다. 만일 누군가가 생존전략 차원에서 싸움-도주의 반응으로 고통의 현실을 탈출하려고 시도했다면 이는 생존을 훨씬 더 위태롭게 만들 뿐이다. 그 경우 자신은 물론 가족까지 반혁명분자로 낙인찍혀 증발될 수도 있다. 그래서 사람들은 전체주의 환경도전에 주도적으로 맞서거나 적극적인 행동전략으로 그 상황을 탈출하려는 시도조차 상상할 수 없다. 공포환경에서 사람들은 의지에 따르는 행위를 하는 것이 아니라 습관적으로 굴복의 상태로 돌아서서 심각한 수동성에 빠지는 것이다.

안전하지 않은 환경에서 상대적인 안전과 위험을 판별하는 북한 사람들의 생리학적 조절패턴은 국가와의 관계에서 일관성 있게 '얼어붙기' 반응에 고착되어 있다. 오로지 최후의 응급시스템만이 그들을 보호할 수 있는 것이다. 그들은 국가와의 관계에서만큼은 현실 세계에서의 적극적인 행동을 통해서가 아니라 의식의 상태를 변형시키는 기능정지의 방식을 통해 견딜 수 없는 상황을 탈출한다. 이와 같은 습관적인 사회적 행동패턴은 북한 사람들의 신경계가 전체주의 사회 현실을 거대 공포 환경으로, 인간의 그 어떤 노력과 힘으로도 맞설 수 없는 '불패의 성'처럼 인지한다는 것을 말해 준다.

'얼어붙기' 조절단계에서는 고통스러운 현실과 자신을 분리시키기 때문에 인지기능이 중단되면서 신체적 고통도 더 이상 인지하지 못한다.[11] 또한 자신이나 상대방이 겪고 있는 일이 더 이상 중요하게 느껴지지 않는다. 이 단계에서는 공포와 분노가 일어나기도 하지만, 역설적이게도 공포, 분노, 고통이 사라진 일종의 평정심이 유발되기도 한다.[12] 이러한 지각상의 변화는 감각 및 감정인지 불능, 심각한 수동성과 결합되어 있는데, 그것은 북한 사람들이 보이는 습관적인 복종, 심각한 의존성, 저항의지의 소멸, 냉담함 같은 사회적 행동과 연관성을 가진다.

북한 사람들이 국가와의 관계에서는 일관되게 의식을 변형시키는 방식으로 고통스러운 상황을 탈출하는 '얼어붙기' 생존전략에 고착되어 있다는 사실은 사회 전체가 무력하고 굴복하는 상태로 돌아섰다는 것을 의미한다. 그들은 의식의 변형을 통해 끔찍한 고통을 겪는 현실을 차단하며, 현실사건과 유리되어 자신을 보호한다. 이때 나타나는 지각상의 변화로 인해 일종의 내적 평정심을 유지하게 된다. 이 상황에서는 현실 경험으로부터 얻는 일반적인 의미와의 연결이 끊어지기 때문에 자신들의 폭력 경험이 더 이상

---

11   베셀 반 데어 콜크, 『몸은 기억한다』, 142쪽.
12   주디스 허먼, 『트라우마』, 84쪽.

끔찍하게 느껴지지 않는다. 이로 인해 지각이 둔해지고 왜곡되어 공포와 두려움, 분노, 고통 같은 감정과 신체적 감각을 더 이상 인지하지 못한 채 살게 된다. 이는 어쩌면 고통으로부터 사람들을 보호해 주는 자연의 작은 자비로움일지도 모른다.

남한에서 살아가고 있는 많은 탈북민들은 북한에서 살 때가 더 스트레스가 없었다고 말한다. 경쟁 사회인 남한살이가 북한보다 더 고통스럽다는 것이다. 돈만 있다면 스트레스 없는 북한이 더 살 만하다고 말하기까지 한다. 북한처럼 사느냐 죽느냐의 위협이 없고 기본적인 생존권과 생명권이 보장된 풍요롭고 자유로운 남한살이를 북한살이보다 더 고통스럽다고 느끼는 것은 어쩌면 고통스러운 현실과 자신을 분리시키는 '얼어붙기' 응급전략에서 벗어나고 있다는 의미가 될 수도 있다.

이는 안정감과 안전함을 확립할 수 있는 남한살이 경험을 통해 그들의 신경계가 기능정지 상태가 아닌 현실을 인지하고 느낄 수 있는 조절단계로 이동했음을 의미한다. 우리 뇌의 엄청난 가소성에 의해, 즉 성장과 변화의 능력에 의해 그들의 손상된 신경계가 치유되고 있다는 증거다.

4) 공포가 새긴 흔적: 신경계의 손상

인간의 뇌가 가장 중시하는 것은 생존에 필수적인 요소인 안전이다. 인간의 뇌는 안전에 위협이 될 만한 요소가 판별되면 곧바로 싸움-도주-얼어붙기의 생리학적 조절상태로 돌입해 스스로를 보호한다. 스트레스 상황에서 나타나는 이와 같은 조절상태는 합리적인 사고를 약화시키며 행동상의 문제들을 유발한다. 일단 위험이 사라지면 인간의 생존 메커니즘은 이와 같은 방어 작용을 중단하고 생리적 기능을 본래대로 재설정한다. 그러나 극한적인 충격경험에 의해 혹은 지속적이고 반복적인 스트레스 경험에 의해 신경 시스템이 손상(신경계의 민감화)될 수도 있다. 신경 시스템이 망가지면 인간은 싸움-도주 반응에 갇혀버리거나 얼어붙기의 만성적인 기능정지 상태에 처하는데, 이것이 바로 트라우마 증상이다.

전체주의 북한과 같이 몸을 마음대로 쓸 수 없는 생태 환경은 트라우마를 촉발시키는 요인이 된다. 폭력 환경에서 안전하지 않다는 위험을 감지함으로써 지속적으로 활성화되었던 싸움-도주-얼어붙기 반응은 사회 환경이 변하고 위험이 사라진다고 해서 곧바로 사그라지지 않는다. "자라 보고 놀란 가슴 솥뚜껑 보고 놀란다"라는 말처럼 어떤 중립적인 자극에도 싸움-도주-얼어붙기 방어기능이 자동적으로 활성화될 수 있기 때문이다.

전체주의 폭력 경험으로 인해 대부분의 북한 사람들의 신경 시스템이 손상되었을 수 있다. 북한 사람들에게서 일관되게 나타나는 공격성과 폭력성, 수동성과 의존성, 무감각함, 냉담함 등의 성향은 위협적인 상황에서 활성화되었던 생리적 기능을 본래대로 재설정할 수 있는 신경 시스템의 기능이 손상되었다는 사실을 보여준다.

총체적 폭력에 의해 인간의 신경계가 현실과 분리되어 무너질 때, 일체의 고통과 불만, 분노와 저항의지가 소멸된다. 절대적인 의존과 복종에 순응하고 자신의 주권과 분투를 포기하는 심각한 수동성에 길들여진다. 타인의 고통이나 폭력에 무감각한 냉담한 인간이 된다. 기계화된 신체와 정신을 지닌 사람으로서 비인간화되어 가는 것이다.

북한 사람들이 총체적 폭력 환경에서 겪는 고통은 한 개인이 겪는 고통이면서 동시에 유사한 경험을 하는 다른 사람들과 더불어 겪는 집단적인 고통이다. 이 고통의 경험은 한 개인의 트라우마를 촉발하는 요소일 뿐 아니라 사회적 트라우마를 발현하는 요소이기도 하다. 세상에 태어나기 전부터 이미 강고하게 구축되어 있던 전체주의 시스템, 폭력이 난무하는 곳에서 태어나 기본적인 인간의 욕구마저 모독당했던 비인간화의 경험, 종속적·복종적인 삶을 강요당하면서도 그것이 폭력인 줄 모르고 피할 수 없는 숙명이라고 무덤덤하게 받아들여야 하는 환경, 주체의식을 유린당한 무력감과 굴복의 경험은 신체와 마음, 뇌에 트라우마의 흔적을 깊숙이 남겼다.

전체주의 북한은 무자비하게 공포를 확산시켜 비인간화를 초래하며 그 기반 위에 체제 안정과 영속성을 확립한다. 만성적인 공포환경에서 사람들은 습관적으로 굴복의 상태로 돌아서며 영혼 없는 하나처럼 따라쟁이로 살아간다. 북한 사람들에게 북한살이란 개인이 전체주의라는 톱니바퀴에 서로 맞물려 도는 부품으로 깎이고 맞춰지는 비인간화의 과정이다. 그들 모두가 트라우마의 피해자라고 할 수 있다.

/

제8장

전체주의와 악의 평범성

　북한의 통치시스템, 즉 최고 존엄에 대한 신격화, '내부의 적' 대 '외부의 적'을 규정하는 이데올로기, 정치범 수용소와 연좌제, 공개처형, 출신성분과 주민감시통제 체계를 통한 가족관계 및 인간관계의 붕괴, 소수 지배연합의 관료체제에 의한 통치, 비밀경찰 시스템의 가동, 관료체계의 톱니바퀴로 기능하는 비인간화 현상 등은 한나 아렌트가 정의한 전체주의와 동일하다.

　이 장에서는 아렌트가 정의한 인간학적 전체주의 개념과 조지 오웰의 소설 『1984』를 통해 전체주의 본질에 대해 사유하면서 북한의 총체적 폭력이 어떻게 북한 사람들을 비인간화하며 하나와도 같은 사람들로 만들어가는지를 살펴보려고 한다. 이를 통해 전체주의 제도적 장치와 그 작동이라는 폭력적인 정치현상이 어떻게 인간의 본성을 변화시키고 비인간화를 초래하는지에 대해, 즉 북한의 총체적 지배가 발현하는 거대한 트라우마에 대해 분석하려고 한다. 또한 북한의 전체주의 본질을 좀 더 선명하게 드러내기 위해 비인간화의 대표적인 사례로 나치정권의 유대인 학살 관련 책임자였던 아돌프 아이히만에 대해 살펴본다.

1. 전체주의와 비인간화

1) 『1984』: 전체주의의 본질에 대한 사유

전체주의의 본질은 비인간화라고 규정할 수 있다. 전체주의의 궁극적인 목표는 절대 권력을 영속시키는 것이다. 이와 같은 특징을 지닌 북한사회에 대해 조지 오웰의 소설을 통해 사유해 볼 수 있다. 『1984』는 사람들을 완벽하게 통제하고 굴복시키는 전체주의의 본질에 목소리를 부여한다. "우리는 소극적인 복종에도 가장 비굴한 복종에도 만족하지 못한다. 마침내 우리에게 항복한다고 해도 그것은 당신의 자유의지에 의한 것이어야 한다. 우리가 이단자들을 파괴하지 않는 이유는 그들이 우리에게 저항하기 때문이다. 우리에게 저항하는 한 우리는 절대로 파괴시키지 않는다. 우리는 그들을 개종하고 그들의 내적 정신을 사로잡고 그들을 새롭게 고친다. 우리는 그들 내부의 모든 악과 모든 착각을 불태워버리고 그들을 우리 편으로 이끈다. 단지 외관만이 아니라, 진심으로, 마음과 영혼까지. 그들을 죽이기 전에 우리와 같은 사람으로 만든다."[1]

---

1 조지 오웰, 『1984』, 356쪽.

『1984』는 전체주의라는 거대한 시스템 아래에 놓인 한 개인이 억압적인 체제에 저항하다가 어떻게 육체가 파멸되고 인간성이 발가벗겨지는지, 역사 속에 존재한 적이 없는 사람으로 깨끗이 지워져가는지 그 과정을 섬뜩하게 담아내고 있다. 소설은 오세아니아를 무대로 펼쳐진다. 오세아니아의 정치적 통제 기구인 당은 가공의 인물인 빅브라더를 내세워 절대 권력의 영속성을 확립하며 사람들을 노예화한다.

소설에서는 당에 반하는 사상이 "비록 알려지지 않고 그 영향력 또한 없다 하더라도 그릇된 사상이 이 세상 어디엔가 존재한다는 것은 참을 수 없는 일"이 되며, 어느 누구에게도 "죽는 순간까지 그 어떤 탈선도 용납하지 않는다". 소설의 주인공 윈스턴 스미스는 외부 당원(지식계층)으로, 가공할 당의 폭력에 반발해 나름대로 저항을 꾀한다. 윈스턴은 내부 당원(지배계층)인 오브라이언을 찾아가 반당 지하단체인 '형제단'에 가입함으로써 당의 전복을 꾀하기까지 한다. 그러나 윈스턴은 사상경찰인 오브라이언의 함정에 빠지고, 윈스턴의 희망과 기대는 비극으로 끝난다.

지하 감방에서 무차별적인 매질과 위협 공갈, 허위진술 강요 등 극한적인 폭력을 겪으면서 윈스턴의 신체는 "썩어 문드러져 만신창이가 되어 악취가 풍기는 덩어리"가 되었고 상상조차 할 수 없는 매질과 전기고문에 비명을 지르며 피와 침으로 뒤범벅된 채 바닥을 뒹굴며 살려달라고 짐승처럼 울부짖는다. 사랑하는 연인까지 배반하고 허위사실을 진술한다.

그의 입술과 생각, 손은 오브라이언이 요구하는 대로 말하고 사고하며 서명하는 도구로 전락한다. 윈스턴의 유일한 관심은 그들이 원하는 것이 무엇인지 재빨리 알아내서 다시 고통을 가하기 전에 얼른 털어놓는 것이다.

그는 보통사람이 지니는 사랑, 우정, 기쁨, 웃음, 호기심, 용기, 충성심과 같은 정서를 다시는 느끼지 못할 정도로 파멸되었고 그의 내면세계는 텅텅 비게 된다. 단지 인간의 껍데기만 남아 당이 명령하는 대로 움직이는 노예로 비인간화된다.

한 인간이 다른 사람을 비인간화하는 기법들은 트라우마라는 체계적이고 반복적인 시련을 기반으로 확립된다. 비인간화 기법은 인간을 사회로부터 고립시키고 사람에게 극한적인 신체적·심리적 고통과 죽음의 공포를 가함으로써 굴복시키는 조직적인 기법이다. 즉, 예측할 수 없는 폭력과 회유를 통해 저항은 헛된 것이고 가해자는 전지전능하며 무오하다는 것을 깨닫게 만들고, 전적인 굴복을 통해 가해자에게 절대적으로 의존하고 자발적으로 따르도록 만드는 것이다.

극한적인 경험을 통해 윈스턴은 완전한 굴복의 상태로 돌아선다. 그는 당의 권력에 맞서는 것이 "무용하고 경박한 짓"이며, 불멸의 집단인 당은 오류를 범할 수 없기에 "당은 옳았고", 자신은 더 이상 당에 맞설 수 없는 오류투성이이며 "틀린 사람"이라고 인식한다. 반복적인 고통과 죽음에 대한 유예가 몇 번 반복되고 나자 윈스턴은 역설적이게도 가해자 오브라이언을 구원자로 여기게 된다. 오브라이언은 윈스턴을 언제 죽일지 시간을 정할 수 있고, 어떠한 방법으로 끔찍한 고통을 가할지 고문의 강도를 조작할 수 있으며, 식사와 목욕, 따뜻한 말 한마디, 신체적 안락에 대한 소망을 박탈할 수도 유예할 수도 있는 사람이다.

주디스 허먼에 따르면, 고립 환경에서 극한적인 공포에 내몰릴 때 인간은 생존이나 기본적인 신체적 욕구를 위해서뿐만 아니라 정보를 위해, 심지어 정서적 지지를 위해 가해자에게 점점 의존하게 된다. 동료와 유대를 맺을 기회가 없이 고립된 포로들은 가해자와 짝을 맺게 된다. 이 경우에 가해자와 맺은 짝이 '생존의 기본단위'가 된다. 이것이 가해자를 구세주로 여기는 반면 구조자를 두려워하고 미워하는 '외상성 애착(traumatic bonding)'이다.[2] 그것은 '심리적 유아기'로의 강요된 퇴행으로, 마치 무력한 아동이 살아남기 위해 자기는 '나쁜 사람', 부모는 '좋은 사람'으로 여기며 학대하는 부모에게 더욱 매달리는 것처럼, 생명을 위협하는 가해자에게 피해자가 매달리도록 강요당하는 것이다. 이는 고립된 환경에서 죽음의 공포와 유예가 반복되다 보면 인간은 전지전능하고 신적인 권위를 지닌 것만 같은 가해자에게 강렬하게 의존할 수 있다는 것을 보여준다.

윈스턴 역시 생존을 위해 점점 자신의 신념체계를 잃어가고 빅브라더에 공감하며 그의 눈으로 세상을 보기 시작한다. 윈스턴은 폭력적인 사회질서에 도전하고 "빅브라더를 타도하자!"라고 저항하는 동시에 충성하는 척, 순종하는 척하는 이중사고로 역설과 모순이 지배하는 사회를 살아낸다. 그리고 결국 그 이중사고의 생존 기능마저 얼어붙어 비인간화되어 간다. 이제 그는 신체가 심각하게 변형되었을 뿐 아니라 영혼까지 굴절된 흉물스러운 '어떤 것'이 되어버린 것이다. 진실을 비춰주는 한 줄기 남은 의심의 빛마저 자발적으로 억제하고 가해자인 빅브라더가 자신의 속마음까지 지배할 수 있다고 믿으며 그의 신념체계를 받아들인다.

윈스턴을 인간으로 살도록 특징지어 주는 심층세계는 "죽었고, 불타버렸

---

2   주디스 허먼, 『트라우마』, 163쪽.

으며, 마비되어 버렸던" 것이다. 인간성을 거세당하고 신체적 폐인이 된 그는 빅브라더의 승리를 외치는 군중과 한패가 되어, 비록 자리에서 움직이지는 못하지만 마음속으로는 펄펄 뛰면서 환성을 지른다. 빅브라더의 사랑이 가득한 품을 떠나 제멋대로 고집하며 지나온 유랑의 삶을 자책하고 눈물을 흘리면서 빅브라더를 사랑하게 된다. 이것이 전체주의가 사람들의 인간성을 굴절시키는 비인간화의 과정이다. 사람들을 거대한 하나처럼 만든 기반 위에서 확립되는 것, 이것이 전체주의의 본질이다.

2) 북한의 총체적 지배의 본질: 하나 같은 사람 만들기

한나 아렌트가 말하는 전체주의의 총체적 지배는 단순히 "더 철저한" 지배를 말하는 것이 아니다. 아렌트는 전체주의의 총체적 지배는 우리가 알고 있는 폭정(despotism), 압제(tyranny), 그리고 독재(dictatorship)의 정치적 억압과는 근본적으로 다르다고 강조한다. 한나 아렌트가 말하는 총체적 지배의 핵심요소는 전체주의 북한의 총체적 지배와 일맥상통한다. 즉, '우월한 민족'과 '내부의 적'을 규정하는 이데올로기와 총체적 테러, 자연적인 인간관계를 파괴하는 구조, 관료체제에 의한 통치수단으로 군대보다 비밀경찰 시스템을 활용하는 구조는 북한체제의 작동방식과 다를 바 없다.

북한은 출신성분제도에 따라 (우월한) '핵심계층'과 (내부의 적인) '적대계층'을 규정하고 있다. 주민감시통제 체계와 정치범 수용소 체계, 공개처형과 연좌제 등은 총체적 테러의 중요한 제도적 장치들이다. 거대한 비밀경찰 시스템이 작동하는 총체적 지배와 총체적 테러의 사회적 환경에서 사람들은 무차별적인 문어발식 감시통제의 그물에 걸려들지 않을까 공포에 떨며 잠재적인 정치범으로 살아간다. 자연적인 인간관계를 단절시키고 파괴하는 구조 속에서 북한 사람들의 대인관계는 가리가리 부서질 수밖에 없다. 상호 감시하며 밀고하는 상황에서 가까운 타인을 '적'으로 의심하며 경계하게 된다. 가족으로 맺어진 부부 간에도 믿을 수 없게 된다. 심지어 자기 자신도 믿을 수 없다고 말하기도 한다. 이와 같이 북한 사람들은 타인과의 관계, 가족 간의 관계, 자기 자신과의 관계뿐만 아니라 공동체와의 관계도 손상되는 경험을 한다. 한마디로 전체주의 북한에서 사람들은 알알이 흩어진 취약한 사회적 존재로 살아가며, 거대한 관료기구의 단순한 부품으로 기능한다.

아렌트는 전체주의의 총체적 지배가 지닌 본질을 전체주의는 인간이 본래 가진 고유한 특성인 개별성과 다양성을 말살하고 동일한 하나의 인간인 것처럼 획일적인 존재로 박제한다는 것, 그 결과 인간을 국가의 폭력성에 적응하는 존재로 굴절시킨다는 사실에서 찾고 있다. 총체적 폭력의 궁극적인 목표는 '거대한 차원의 단일한 인간(One man of gigantic dimensions)'을 만들어내는 것이라고 말한다.[3] 이 지점에서 한 개인의 인간성은 무너져 내리고 개성은 철저히 파괴된다. 아렌트는 수백만 명의 사람들이 소수의 독일군 지시에 복종하며 가스실로 행진해 간 이유에 대해 총체적 테러와 지배에 의해 인간의 개성이 완전히 파괴된 상태였기 때문이라고 해석한다. 그 끔

---

3   Hannah Arendt, *The Origins of Totalitariansim*(San Diego and New York: Harcourt Brace & Company, 1973), p.457; 이삼성, 「한나 아렌트의 인간학적 전체주의 개념과 냉전: 친화성과 긴장의 근거」, ≪한국정치학회보≫, 49권 5호(2015), 113~145쪽.

찍한 총체적 폭력에 의해 사람들은 "인간의 얼굴을 한 창백한 꼭두각시 인형들(ghastly marionettes with human face)"로 전락했다는 것이다. 전체주의 권력은 아렌트가 표현한 '거대한 차원의 단일한 인간'으로 만들어지는 지점, 즉 비인간화의 기반 위에서 그 영속성을 확립한다.

북한 전체주의의 본질 역시 북한 사람들을 거대한 하나처럼 충효의 인간으로 만드는 것이다. 하나같이 울고 웃는 사람들, 하나같이 재재재재 외치는 사람들, 하나같이 랄랄라 노래하는 사람들, 하나같이 최고 존엄 동상에 머리를 조아리는 사람들, 하나같이 의존적이고 복종적인 사람들을 만드는 것이다. 즉, 모든 사람을 포로병처럼 굴복시켜서 알아서 기게 만든다. 이 비인간화의 기반 위에서 절대 권력을 유지해 가고 있다.

북한은 전체주의 영속성을 위해 누군가를 무차별적으로 고발할 수 있는 비밀감시요원체계를 구축하고 고발된 사람들을 정치범 수용소에 보내는 전략, 지배 기구 내의 지속적인 숙청을 통해 충성경쟁을 유도하는 전략, 공개처형을 통해 일체의 불평불만과 일탈행위를 차단하는 전략, 무제한적인 감시통제 체계를 가동해 사람들을 지속적으로 불안과 공포에 노출시키는 전략 등을 실시한다. 이를 통해 몸을 마음대로 쓸 수 없는 사회 환경에 사람들을 영구적으로 가둬버린다. 그 결과 사람들은 완전한 굴복의 상태로 돌아서고 인간성은 발가벗겨진다. 곧 사람들의 개성은 거의 언제나 성공적으로 파괴된다. 개별적 인간의 사유능력과 행위가 소멸되고 다만 일사분란하게 하나처럼 움직이는 '기계화된 신체'를 만들어낸다. 모든 인간의 정신세계와 행위를 획일화하며 모든 인간을 하나처럼 만드는 것이다.

이와 같은 비인간화는 북한체제의 총체적 폭력 및 테러와 불가분의 상관

성을 가지고 있다. 인간성의 철저한 파괴, 즉 비인간화는 한마디로 공포가
촉발하는 파국적인 생리학적·심리사회적 현상이다. 전체주의는 역사의 흐
름에서 단기적인 특징을 지니면서 완전하게 성공하는 일은 없지만, 비인간
화를 조장하며 독점적 권력을 확립했다. 그러나 북한은 전체주의 생존논리
인 필멸성에 도전하며 오늘날까지 유지되고 있다.

3) 비인간화: 위험에서의 생존전략

왜 전체주의 폭력은 모든 인간을 거대한 하나같이 만들면서 비인간화를
초래할 수밖에 없을까? 인간성의 파괴를 설명할 수 있는 이론적 근거는 무엇
일까?

우리의 뇌와 몸이 가장 중요하게 여기는 것은 생존이다. 인간은 진화론적
으로 동물보다 고등한 종족이 되었지만, 원시적이며 원초적인 뇌와 신체적
반응이 아직 그대로 남아 있다. 우리의 뇌는 크게 파충류의 뇌로 불리는 뇌
간, 포유류의 뇌로 불리는 변연계, 인간의 뇌로 불리는 대뇌피질로 구성되
어 철저하게 위계질서에 따라 움직인다.[4] 그러나 생존을 위협받으면 생존을

---

4   ① 파충류의 뇌: 가장 원시적인 부분이다. 태어날 때부터 이미 활성화되어 있는 이 부분은 고
     대부터 존재한 동물의 뇌로, 종종 파충류 뇌라고도 불린다. 파충류의 뇌는 갓 태어난 아기가
     할 수 있는 모든 것, 즉 먹고, 자고, 잠에서 깨고, 울고, 숨 쉬는 일에서부터 온도와 배고픔, 습
     도, 통증을 느끼고 소변과 대변을 통해 몸의 독소를 제거하는 등에 이르기까지 생존에 꼭 필
     요한 기능을 담당한다. ② 포유류의 뇌: 파충류의 뇌 바로 위에 포유류의 뇌인 변연계가 있
     다. 이 부분은 무리 지어 살고 새끼를 양육하는 동물이라면 모두 가지고 있어서 포유류의 뇌
     라고도 알려져 있다. 변연계는 감정의 중추이자 위험을 감지하는 모니터와 같고 즐거운 일과
     두려운 일을 구분하는 기능을 담당한다. 또한 생존에 중요한 것과 중요치 않은 것을 결정하
     는 주체이기도 하다. 복잡한 사회적 네트워크 내에서 발생하는 삶의 문제에 대처하는 중심적

보장할 수 있도록 진화론적으로 더 오래된 뇌의 기능을 활용하게 된다. 안심하고 살 수 있는 환경에서는 인간의 뇌가 가동해 하위 동물의 뇌를 통제할 수 있다. 우리가 안전한 환경에서 편안함을 느낄 때에는 인간의 뇌가 하위 동물의 뇌를 조화롭게 지휘하고 있어 다양한 정보에 균형 있게 접근할 수 있고 우리의 감정과 이성이 조화롭게 기능한다. 그러나 생존의 위협이 감지되면 동물의 뇌가 인간의 뇌를 압도한다. 이 상황에서는 싸움-도주의 방어기능이 작동하거나 얼어붙기 방어기능이 작동한다. 이와 같은 방어기제가 작동하면 사람의 뇌인 대뇌피질은 더 이상 작동하지 못한다. 이 상황에서 우리는 생존을 위해 몸부림치는 동물의 본성을 지니게 된다. 우리는 보통 안전한 상황에서는 인간일 수 있지만, 생존의 위협을 느끼는 환경에서는 동물의 뇌가 상황을 통제하기 때문에 쉽게 동물 수준에서 행동하게 된다.

아렌트는 인간은 생존에 위협적인 환경에 처하면 환경을 바꾸려는 '행동'은 하지 않고 '반응'만 하는 특징을 보인다고 말한다. 곧 "파블로프의 실험에 쓰이는 개"처럼 죽음에 이르게 하는 지시에도 절대적으로 굴복하고 복종하는 존재로 전락하는 것이다. 위협적인 상황에서 탈출하는 것이 불가능할 때 나타나는 '얼어붙기' 방어 전략은 자신이 처한 환경에서 탈출하려는

인 기능을 담당하는 영역이기도 하다. 파충류의 뇌와 포유류의 뇌 변연계는 '싸움-도주' 반응처럼 뇌에 이미 수립되어 있는 도주계획을 실행에 옮긴다. ③ 인간의 뇌: 뇌의 맨 윗부분을 덮고 있는 신피질은 세 가지 뇌 중에서 진화론적으로 가장 나중에 발달했다. 전두엽은 동물의 세계에서 인간을 독특한 존재로 만들어주는 특성을 만들어낸다. 언어 사용과 추상적인 사고를 가능하게 하며, 방대한 정보를 흡수하고 통합하면서 의미를 덧붙일 수 있게 한다. 또한 계획을 수립하고 반성할 수 있게 하며, 앞으로 일어날 일을 상상하고 전개해 나갈 수 있게 한다. 어떤 행동을 하거나 어떤 일을 무시하면 무슨 일이 벌어질지 예상하도록 도와준다. 가능성이 있는 쪽을 선택하게 하는 것, 믿기 힘들 만큼 놀라운 창의력을 발휘하게 하는 것도 전두엽의 기능이다. 베셀 반 데어 콜크, 『몸은 기억한다』, 106~107쪽.

'행동'은 없는 방어 전략이다. 곧 고통스러운 상황을 의식을 변형함으로써 탈출하려는 '반응'만 있는 신경계의 생존전략인 것이다. 이 방어 전략은 파충류 뇌가 관여하는 마지막 응급시스템이 작동한 결과다.

전체주의 폭력 환경에서 살아가는 북한 사람들 역시 비인간화되어 간다. 오랫동안 탈출이 불가능한 위협상황에서 살아온 그들은 신경계의 민감화로 인해 아주 사소한 스트레스도 위협으로 받아들이는데, 이런 상황에서는 얼어붙기 또는 싸움-도주의 방어기제가 반사적으로 작동한다. 현실세계에서 이들은 다른 사람보다 훨씬 더 민감하게 위협을 감지하기 때문에 과잉대응하는 악순환이 계속된다. 그들은 국가와의 관계에서 절대의존과 복종이라는 심각한 수동성을 일관되게 보이는데, 이것은 싸우지도 도망가지도 못하는 상황에서 일어나는 반응으로, 파충류 뇌가 관여하는 방어 전략이다. 또한 북한 사람들에게서 일관성 있게 나타나는 공격성과 폭력성, 대인관계의 회피는 위협을 가하는 대상과 싸울 수도 있고 도망갈 수도 있는 상황에서 일어나는 반응으로, 포유류 뇌의 방어기능이다.

이와 같이 동물의 뇌가 상황을 통제하는 상황에서는 인간을 독특한 존재로 만들어주는 전두엽(사람의 뇌)의 기능이 정지된다. 전두엽의 이성적인 기능은 많은 경우 위협이 사라진 후에 작동하는데, 전두엽은 때때로 우리가 부끄러운 일이나 남을 해치는 일을 하지 않도록 막는 역할을 감당한다.[5] 덕분에 우리는 배가 고플 때마다 음식을 먹지도 않고, 욕구를 자극하는 사람을 만날 때마다 키스를 하지도 않고, 화가 날 때마다 감정을 분출하지도 않

---

5   같은 책, 110쪽.

는다. 전두엽이 유연하고 활발하게 기능하지 않으면 우리는 습관의 노예가 되어 인간관계도 피상적이고 기계적으로 맺을 수밖에 없다.

신경생물학적으로 보면 상시적인 위협이 도사리고 있는 전체주의 북한에서 사람들은 오직 생존에만 몰두하는 동물 수준의 삶을 살아가게 된다. 동물에게는 도덕적 양심과 인격이 없다. 우리는 위험상황에서 살아가는 북한 사람들을 단지 '충효의 사람', '정치적으로 단결된 집단', 혹은 성격이 못되고 인격이 삐뚤어진 사람이라고 쉽게 단죄할 수 없다. 그들은 생존 수준에서 살아가는 사람들로서 자신을 지키기 위해 극단적인 방어기제를 쓰는 것뿐이다. 이는 다른 선택은 불가능한 상황에서 생존을 위해 신경계가 최선을 선택한 것이다.

이와 같이 전체주의의 본질은 사람들을 거대한 하나처럼 만들어 비인간화를 완성하는 것이다. 전체주의의 궁극적인 목표는 이 비인간화의 잔해 위에 체제 안정과 체제 보장의 영속성을 확립하는 것이다. 북한 사람들이 겪는 트라우마의 시련 위에서 전체주의 영속성을 확립하는 것, 이것이 최고 존엄이 대중의 '불가사의한 인기'를 받으며 현존하는 아이러니의 민낯이다.

2. 전체주의의 부품: 홀로코스트의 주역 아이히만

1) 악의 평범성: 북한적 현상

여기서는 전체주의에서 실존했던 인물인 아돌프 아이히만의 사례를 통해 북한의 거대 공포가 인간의 정신세계를 파괴하며 비인간화하는 북한적 현상, 곧 악의 평범성에 대해 사유해 보려 한다.

1962년 5월 31일 나치정권의 유대인 학살 관련 실무책임자였던 아이히만이 이스라엘에서 교수형을 당했다. 그는 나치 정권이 몰락한 이후 다른 많은 나치들처럼 아르헨티나로 도주해 그곳에서 익명으로 살았다. 어느 날, 그는 이스라엘의 비밀정보요원들에 의해 납치되어 이스라엘에서 심문을 받고 재판장에 섰다. 아렌트는 ≪뉴요커≫지의 특파원으로 재판 과정을 지켜보면서 보고문을 연재했는데, 이 글은 이후 『예루살렘의 아이히만: 악의 평범성에 대한 보고서(Eichmann in Jerusalem : A Report on the Banality of Evil)』라는 제목으로 출간되었다.

아이히만은 역사의 특정한 시점을 살아오면서 전체주의 나치의 단순한 톱니바퀴로 전락한 전형적인 인물이다. 그는 전체주의 나치의 사회 환경에서 살았고, 인간의 상상을 초월하는 '언어 밖의 사태'라고 일컫는 홀로코스트를 '집무실에서 집행한' 총체적 테러의 가해자다. 동시에 전체주의가 가한 총체적 폭력의 피해자이기도 하다. 다시 말해 그는 20세기에 자행된 가공할 폭력에 내몰렸던 역사의 피해자이자 가해자인 것이다. "나는 괴물이 아니다. 나는 그렇게 만들어졌을 뿐이다", "나는 오류의 희생자이다"라는 그의 말처럼 '절대 파괴', '절대 절멸'의 비인간적인 생존환경이 예루살렘의 아이히만이라는 부품을 만들어냈던 것이다.

아렌트가 분석한 아이히만은 "자기가 무엇을 하고 있는지 전혀 깨닫지 못하는 자"로,[6] 양심이 실종된 인간이다. 아이히만이 재판 과정에서 한 진술을 보면 타인의 입장에서 말하거나 생각하는 능력이 매우 결여되어 있다는 사실이 분명해진다. 아렌트는 아이히만이 거짓말을 하기 때문에 아니라 "그가 세계(the worlds)와 다른 사람들의 현존(the presence of other)을 막는, 따라서 현실 자체(reality as such)를 막는 튼튼한 벽으로 에워싸여" 있었기 때문에 그와는 어떠한 소통도 가능하지 않았다고 말한다.

아이히만은 '사유능력 결여', '공감능력 결여', '상상력 결여' 같은 전형적인 트라우마 증상을 나타냈다. 그러한 증상은 사람의 뇌, 곧 전두엽의 기능이 손상되었다는 증거다. 전두엽은 동물의 세계에서 인간을 독특한 존재로 만들어주는 인간적 특성을 만들어낸다. 전두엽은 트라우마를 이해하는 핵심개념이면서 타인의 감정을 '깊이 느끼는' 중추이기도 하다. 또한 언어를 사용하게 하고, 추상적인 사고를 가능하게 하고, 자신의 행위에 대해 옳고 그름, 선과 악의 판단을 내리는 도덕적 의식을 자각하게 하고, 미래를 상상할 수 있게 한다.

아이히만은 유대민족에 엄청난 범죄를 저질렀음에도 불구하고 어떠한 후회도, 어떠한 가책도, 그리고 어떠한 감정도 표현하지 않았다. "유대인 학살을 제도적으로 실행한 것에 대해 양심의 가책을 받은 적이 없는가?"라는 질문에 대해 아이히만은 만일 자신이 받은 명령을 집행하지 않았다면 양심의 가책을 받았을 것이라고 대답했다. 자신이 명령받은 일이란 "수백만 명의 남녀와 아이들을 가장 섬세한 주의를 기울여 죽음으로 보내는" 것이었다.

---

6   한나 아렌트(Hannah Arendt), 『예루살렘의 아이히만』, 김선욱 옮김(서울: 한길사, 2016), 391쪽.

그는 남을 해치는 일 혹은 부끄러운 기분이 들 만한 일을 하지 않도록 하는 전전두엽 피질이 손상되었다고 볼 수 있다. 전두엽이 유연하고 활발하게 기능하지 않으면 사람은 습관의 노예가 되어 하나의 기계 부속품처럼 기능한다. 아이히만은 홀로코스트를 경험하면서 정상적인 뇌기능이 손상되어 버린 트라우마 피해자다.

아렌트는 양심이 실종된 아이히만의 비인간화, 곧 트라우마를 말과 사고를 허용하지 않는 악의 '평범성'이라고 표현한다. '악의 평범성'은 가해자의 동기에 대해 역사적이고 사회학적으로 설명함으로써 홀로코스트는 도덕성이 붕괴되는 폭력상황이라면 어디에서나 발생할 수 있으며 그 상황에서는 누구든지 아이히만이 될 수 있다고 일깨운다.

2020년 9월 연평도 해상에서 무장하지 않은 채로 표류 중이던 민간인을 사살하고 주검에 기름을 부어 불태운(진상공방의 여지가 있긴 하지만) 북한군의 만행에 우리는 경악을 금치 못했다. 북한은 해상에서 표류 중인 공무원을 발견하고도 위험상황에서 건져내지 않고 기진맥진한 그를 대상으로 일종의 해상심문을 진행했다. 구명조끼를 입은 상태에서 한 명 정도 탈 수 있는 부유물에 탑승한 그의 신변을 확보하고 여섯 시간 동안 방치하다가 사살했던 것이다. 이 사건이 북한 해안경비병의 우발적 행위가 아니라 북한군 지휘통계에 따른 사살일 가능성이 높다는 점에서 더욱 충격적이다. 코로나 바이러스를 차단하기 위해 주검을 불태웠다는 주장도 나왔지만 이는 그 어떤 이유로도 합리화할 수 없는 반인륜적 처사였다.

김정은은 "적들이 바이러스를 침투시키려 한다"라는 얼토당토않은 선동으로 국경선 1킬로미터 안에 들어오는 사람은 이유를 불문하고 무조건 사살하라는 살인명령을 내렸다. 북한은 COVID-19를 수령보위, 혁명보위, 인민보위를 위협하는 조국존폐의 위기라고 느껴 전염병 방역차원에서 사살명령을 집행하는 한편, 국경연선 지역에 특수부대를 파견해 생존형 밀수꾼들을 사살하고 있다. 사살된 사람들 중에는 중국인들도 포함되어 있어 동북3성 사람들을 경악시키고 있다.

여기서 북한의 인명경시 풍조, 곧 악의 실체가 여실히 드러난다. 북한에서 최고 존엄은 하늘에 속한 '신'으로 감히 그 누구도 건드릴 수 없는 신성불가침의 존재이지만, 땅에 속한 사람들은 법이나 재판절차 없이도 언제 어떻게 죽을지 모르는 하찮은 존재다. 최고위급의 특권층이라 하더라도 숙청의 칼날 앞에서는 고사총에 의해 시체도 남지 않은 채 사라진다.

김정은은 전체주의를 지키기 위해 북한 사람들의 목숨뿐 아니라 필요하다면 외부 세계 사람들의 목숨까지도 대수롭지 않게 여긴다. COVID-19 방역을 명분으로 멀쩡한 민간인까지 사살하고 불태우는 짓을 서슴없이 저지른다. 이 끔찍한 사건은 전체주의 북한에서 살아가는 사람들의 비인간화, 곧 악의 평범성을 보여주는 극히 단편적인 사례일 뿐이다. 사람을 사살하고 태우는 방역은 보편적인 도덕이 붕괴되는 폭력상황 속에서 인간이 지닌 도덕적 능력으로서의 양심이 어떻게 상실되는지, 비인간화가 어떻게 초래되는지를 여실히 보여주는 사건이다. 이 사건은 폭력 환경에서는 누구든지 비인간화될 수 있다는 악의 평범성을 일깨운다.

2) 아이히만의 트라우마

(1) 기억의 파편화

아이히만이 처했던 환경은 인간이 상상할 수 없는 홀로코스트의 거대 공포 환경이었다. 그는 집단학살을 '집무실에서 집행한 자'로, 직업상 구체적인 트라우마성 환경에 지속적으로 노출될 수밖에 없었다. 홀로코스트 집단학살의 피해자인 유대인들과 똑같이 아이히만 역시 가공할 집단학살에 몸담은 가해자로서 트라우마 피해자다. 그는 타인을 자신에게 반영하고 자신이 타인에게 반영되도록 하는 공감성과 동시성의 능력이 손상된 상태였다. 그는 자신이 집행하는 일이 지닌 의미 및 자신의 감정과 유리된 채, 어떠한 고통도 더 이상 느낄 수 없었다. 상상할 수 없는 거대 공포 앞에 그의 정신기능은 동물 수준으로까지 전락한 상태였다. 즉, 아이히만은 "수백만 명의 남녀와 아이들을 상당한 열정과 가장 섬세한 주의를 기울여 죽음으로 보내는" 자신의 일이 옳은지 그른지 사유할 수 있는 이성적인 사고기능이 정지되었고 도덕적 양심이 상실되었던 것이다.

아렌트는 아이히만의 전형적인 트라우마 증후군에 대해 그의 양심과 도덕적 감성은 당시의 폭력과 나치의 법에 의해 철저히 굴절된 형태로 작동했기 때문에 옳고 그른 것을 구분할 수 없었고 자신이 무슨 일을 저질렀는지 상상할 수 있는 능력을 상실한 상태였기 때문에 아무런 동기 없이 수백만 명의 유대인을 도살자에게 넘겨주었다고 분석한다. 아이히만의 신경계는 이미 거대 공포에 얼어붙은 상태로 정신기능이 정지되었기 때문에 "살아있는 죽은 자"처럼 살인명령을 집행했을 뿐이다. 마치 유대인들이 죽음으로 이끄는 명령에도 복종하며 "살아있는 죽은 자"처럼 가스실로 행진해 갔듯이, 아이히만도 그렇게 했다.

아이히만은 예루살렘 법정에서 매우 제한된 상투어, 습관적이고 표준화된 언어규칙만 강박적으로 반복하면서 다른 일상 언어는 구사하지 못하는 언어장애를 보였다. 언어규칙이란 유대인의 학살이나 이송 같은 표현을 그대로 사용하지 않고 암호화해 사용한 것을 말하는데, 이 언어규칙이 끔찍한 일을 처리할 때 현실에 대한 감각을 둔화시키는 한편 제정신을 유지하는 데에도 일정 정도 도움을 주었다는 것은 두말할 여지가 없다. 그러나 암호화된 언어에 함축된 잔혹한 현실을 명백하게 아는 자로서, 또 학살을 기획하고 집행하는 당사자로서 느끼는 공포는 그의 정신기능의 적응능력을 제압하기에 충분했을 것이다.

재판장에서 판사는 언어규칙, 곧 상투적인 말만 반복하는 그의 말을 이해하지 못했고 아이히만은 다르게 표현할 수 있는 말을 생각해 내지 못해 사과까지 했다. 아렌트는 재판관들이 아이히만이 말한 모든 것이 '공허한 말'일 뿐이라고 말한 것은 옳지만, 이 공허함이 가장되었으며 피고가 공허하지 않은 끔찍한 다른 생각을 감추려고 그런 말을 했다고 말한 데 대해서는 반박했다. 과거의 상투어가 당시 아이히만의 유일한 언어였으며, 그와 같은 언어가 아니고서는 다른 말로 표현할 능력이 없었다는 사실에 주목할 필요가 있다.

트라우마 기억은 그 당시 그대로 얼어붙은 기억으로, 요약되지 않고 변하지도 않는 기억이다. 일반적인 기억은 복잡한 연상과정을 통해 각각의 경험을 구성하는 요소를 자기 경험의 한 부분으로 통합시킨다. 그러나 트라우마 기억은 현재의 삶에 통합하지 못하며 새로운 경험을 흡수하는 능력도 마비된다. 마치 한 사람의 개인적 특성이 어느 지점에서 멈춰버리는 것과 같다. 어쩌면 아이히만은 유대인 집단학살을 집무실에서 집행한 자라는 끔찍한 기억에 묶여 있었을 것이다.

아이히만이 강박적으로 반복하는 상투어와 관용구들은 홀로코스트의 기억에 얼어붙은 언어다. 즉, 당시의 강렬했던 감각과 감정, 파편화된 기억에 갇힌 가해자의 언어다. 아이히만은 15년이 지나서 법정에 섰지만 여전히 홀로코스트 집단학살을 주도한 집행자의 집무실과 그 시간에 얼어붙어 현재를 경험하고 있었다. 당시 그는 전형적인 언어장애, 감정인지 불능, 공감장애 등의 심각한 트라우마 증후군을 보이면서 현재의 경험을 과거의 홀로코스트의 기억으로 오염시키고 있었던 것이다.

(2) 트라우마에 갇힌 몸

아렌트는 홀로코스트의 상투어가 아이히만의 입에서 튀어나오는 순간 그 말이 얼마나 그에게 "특별하게 의기양양한 느낌"을 주었는지에 주목했다.[7] 아이히만은 파편화된 기억만 가지고 있었지만 중요한 점은 과거 어느 순간 그에게 "의기양양한 느낌"을 주었던 기억과 관련된 상투적인 문장들은 하나도 잊지 않았다는 것이다.

정신의학자 데어 콜크는 베트남 참전 군인들을 대상으로 집단치료를 실시하던 중에 놀라운 사실을 발견했다. 참전 군인들이 헬리콥터 사고나 전

---

7   같은 책, 111쪽.

시의 전우들을 떠올리면서 트라우마가 된 각자의 경험을 이야기할 때면 활기를 띠었다는 점이다.[8] 치료를 위해 일상생활에서 맞닥뜨리는 문제들, 곧 아내와 아이들, 여자 친구와의 관계나 업무의 만족감 수준, 지나친 음주습관 등을 이야기할 때면 군인들은 대체로 멈칫거리며 저항하는 반응을 보였다. 대신 베트남 병사의 심장에 단도를 찔러 넣은 이야기나 베트남 밀림에서 자신이 탄 헬리콥터가 격추된 이야기를 꺼낼 때면 활기를 찾았던 것이다. 트라우마 피해자들은 40년 넘게 지난 먼 전쟁의 기억과 현재의 삶을 연결해 줄 수 있는 다리를 놓지 못하기 때문에 어떤 면에서는 그들에게 극심한 공포를 안겨준 사건이 곧 그들의 삶에 의미를 부여하는 유일한 원천이 되기도 한다고 콜크는 분석한다. 현재의 삶에서는 심각한 무력감과 공허함, 감정의 고통을 느끼지만 트라우마가 된 과거의 일을 다시 떠올릴 때면 온전히 살아있는 기분을 느낀다는 것이다.

아이히만 역시 대질심문에서 과거 직무 집행에 대한 진술을 반복했는데, 그 이야기가 줄곧 그의 기분을 의기양양하게 유지시켜 주었다. 중요한 점은, 그는 자신에게 "의기양양한 느낌"을 주었던 순간뿐 아니라 그 순간에 사용했던 자신의 상투어까지 하나도 잊지 않았다는 것이다. 대질심문에서 판사들이 그의 양심에 호소하려고 할 때면 그의 의기양양함을 마주했는데, 아이히만은 트라우마가 된 과거의 일을 다시 떠올릴 때만 온전히 살아있는 기분을 느끼며 활기를 찾았던 것이다. 아렌트는 아이히만이 과거를 대면해야 하는 재판의 전 과정에서 줄곧 이 기분을 유지했다고 기록하고 있다. 아이

---

8   베셀 반 데어 콜크, 『몸은 기억한다』, 48쪽.

히만은 트라우마에 갇힌 몸으로 현재의 이 순간을 살고 있었던 것이다.

아이히만에게는 교수형도 '의기양양함'을 느끼게 해주는, 곧 살아있음을 느끼게 하는 사건이었다. 그 자신이 예측했고 또 그 자신이 원했던 교수형마저도 의기양양함을 주는 살아있음의 연속이었다. 아렌트는 아이히만이 장례연설에서도 상투어를 생각해 냈고 자신을 위로하는 그 끔찍한 재능으로 인해 교수대로 나아가는 죽음의 순간에도 그의 "정신은 의기양양해졌고" 그것이 "자신의 장례식이라는 것을 잊고 있었다"라고 말한다.

아이히만의 트라우마는 바뀌지 않고 요약되지도 않는 기억으로 재현되면서 그가 사고하는 방식과 감정, 행동 등 삶의 전 영역에 지속적으로 영향을 미쳤으며 현재의 삶을 과거의 트라우마로 오염시켰다. 그의 트라우마 기억은 시간과 공간의 맥락을 잃고 감정적·감각적 기억으로 조각조각 생생하게 살아있으면서 현재의 삶을 주도했다.

그는 트라우마로 손상된 신경계를 통해 현재의 삶을 인지하고 느끼고 반응하면서 지속적으로 과거에 감염된 삶을 살고 있었던 것이다. 이와 같이 한 사람을 집어삼킨 트라우마는 마음과 뇌가 인지한 정보를 다루는 방식 자체를 근본적으로 재편한다. 법정에서 아이히만은 수백만 명의 유대민족을 가스실로 내몰아 몰살시키는 최종 해결책을 집행한 스스로에 대해 당시 상황에서 "도덕적 책임을 다한 근면한 인간"이며 자신은 아주 평범한 사람이라고 말했다. 그는 집단학살의 법을 어기고 마음이 약해져서 학살을 집행하지 않았다면 양심의 가책을 느꼈을 것이라고 말했다. 아이히만은 자신의 임무를 무시하고 인정을 베풀고자 하는 유혹을 느낄 때만 불안해졌던 것이다.

인간성을 상실한 채 하나의 부속품으로 기능하는 아이히만이 근면하고 책임성 있는 도덕적 인간으로 자신을 합리화하는 이 오류는 근본적으로 변할 수 없다. 왜냐하면 그는 이미 "그렇게 만들어져서" 세상을 읽어내기 때문이다. 즉, 트라우마의 손상된 신경계로 정보를 처리하고 반응하기 때문이다. 그의 이 오류는 상상을 초월하는 살인공장의 공포 앞에서 그가 미치지 않고 제정신을 지탱하게 한 정신적·심리적 방어막이었다. 죽음까지 의기양양하게 맞으며 계속 살아있음을 느끼게 한 원천이자 삶의 의미를 부여한 유일한 원천이기도 했다. 이것이 아이히만에게서 드러난 전형적인 트라우마 증상이다. 아렌트가 말한 악의 평범성은 안전하지 않은 생존환경에 내몰린 인간 누구에게서나 보편적으로 나타날 수 있는 인간성의 파괴를 보여주는 개념이다.

제9장

/

북한의 정치범 수용소 이야기

탈북민 대부분은 북한을 탈출한 지 10~20년이 지난 오늘날까지도 악몽에 시달리고 있다. 대부분 보위지도원에게 쫓기는 무서운 꿈을 반복해서 꾸곤 한다. 잔뜩 겁에 질려 소스라쳐 잠에서 깨고는 "여기가 지금 어디지?" 확인하며 놀란 가슴을 쓸어내린다. 과거의 공포가 잠자는 와중에 거침없이 의식의 세계로 침투해서 꿈으로 재현되는 것이다. 북한 사람들의 신경계에 새겨진 보위부는 거대 공포의 상징물이다. 보위부는 거대한 문어발 촉수처럼 무차별적으로 사람들을 의심하고 냄새를 맡으면서 정치범을 흡착한다. 또한 정치범으로 낙인찍힌 사람들을 공개처형하고 정치범 수용소에 보내는 기능을 한다.

정치범 수용소의 실체는 철저하게 베일에 가려져 있다. 그곳은 북한 사람들에게 '절대 파괴', '절대 절멸'로 상징되는 죽음의 세계다. 일단 빨려 들어가면 영원히 바깥세계로 나올 수 없는 거대한 블랙홀이다. 이 장에서는 정치범 수용소를 경험했던 탈북민들의 수기를 바탕으로 정치범 수용소의 반인권적 행태와, 그로 인해 사람들이 어떻게 비인간화되어 가는지를 분석하려고 한다.

1. 모든 것이 가능한 실험실

전체주의는 오웰의 소설 『1984』에서 묘사된 대로 사상경찰과 끔찍한 감시통제 수단이 사람들 삶뿐만 아니라 그들의 정신세계까지 규정하고 지배하는 유일 지도자 빅브라더가 통치하는 사회다. 윈스턴을 '살아있는 죽은자'로 만들었던 절대 권력의 화신인 정치범 수용소(지하 감옥)와 전체주의는 분리될 수 없는 하나의 폭력체제라고 할 수 있다. 정치범 수용소는 전체주의의 총체적 폭력과 테러를 집대성한 곳으로, 거대한 반인권적 범죄가 실현되는 역사의 현장이다. 즉, 모든 것이 가능한 실험실이다.

북한의 정치범 수용소는 비인간화를 가장 성공적으로 완성하는 '폭력의 왕국'이다. 전체주의 정신이 모든 것을 가능하게 한다는 것을 증명하는 공간이자 생생하게 살아있는 반인권적 폭력현장이다. 이곳에서 사람들은 완벽하게 비인간화되며 사물 또는 동물로 강등된다.

역사적으로 전체주의 본질(정신)은 총체적 폭력과 테러를 통해 사람들의 정신세계를 지배하며 인간을 완벽하게 굴종하는 수동적인 존재로 비인간화하는 것이다. 이 비인간화의 시련하에 전체주의체제가 영속성을 확립해간다. 북한판 빅브라더가 장악한 북한 역시 총체적 폭력과 테러로 사람들의 몸과 마음, 정신세계까지 지배하려 한다. 그 중심에 빅브라더의 영속성을 떠받치는 정치범 수용소가 있다. 정치범 수용소는 인간을 비인간화하는 전체주의 정신이 가장 무차별적으로 발현되는 '모범적인 사회'로 기능하고 있다. 이곳은 수용소 밖의 사람들까지 벌벌 떨게 만들면서 북한체제의 생존을 위한 절대적인 안전장치로 작동한다.

전체주의 북한은 사람들에게 충효의 도덕주의를 명령하면서 거대한 하나같이 되기를 을러대고 있다. 이를 위해 반대세력을 무차별적으로 숙청함으로써 충성경쟁을 유도하고 체제 유지를 위한 내적인 에너지를 생성해 간다. 북한은 정치범 수용소를 통해 지속적으로 내부의 두려움과 불안정, 긴장을 유지하면서 집단의 역동성을 확립해 간다. 사람들의 주체의식을 거세하고 자율적 삶을 위한 주도권과 분투를 소멸하면서 사람들을 의존적·수동적·복종적인 존재로 길들이고 있다. 한마디로 사람들을 완벽하게 굴복시켜 비인간화하는 전략으로 체제 안정과 존속의 터전을 강화해 가는 것이다.

통상적으로 냉전시기에 탄생한 다른 전체주의 국가들은 단기적으로 존재했다가 역사의 뒤안길로 사라졌는데, 그 과정에서 강제 수용소도 함께 사라졌다. 하지만 전체주의 필멸성에 대항하며 오늘까지 최장기간 존재하는 북한에서는 강제 수용소 또한 최장기간 건재하고 있다. 북한에서는 해방 후 지주, 자본가, 친일파, 종교인 등을 수용하면서 1947년부터 강제 수용소가 생겨나기 시작했다.[1] 정치범 수용소가 본격적으로 자리 잡은 것은 1956년 발발한 이른바 '8월 종파사건'(최창익, 박창옥 등이 주도한 반김일성 음모사건) 이후부터다. 처음에는 종파분자들을 수용하다가 나중에는 반김일성분

---

1   통일연구원, 『북한인권백서 2011』(서울: 통일연구원, 2011), 115쪽.

자 등을 수감하게 되었던 것이다. 그러다가 점차 전체주의에 순응하지 않는 위험한 음모자들 및 연좌제로 묶인 가족과 친인척들이 수감되었다. 또한 정치범죄 위반자들은 아니지만 예배 등의 종교 활동을 한다는 이유로, 가족이 탈북해 남한에 갔다는 이유로 감금되기도 한다. 문제는 일반 범죄 위반자까지 정치범이라는 굴레를 씌워 감금한다는 사실이다. 탈북을 중재하거나 방조한 사람들을 인신매매자로 몰아 정치범 수용소에 가두기도 하고, 최고 존엄의 비밀자금을 마련하는 외화벌이에 몸담았던 사람들의 위법행위를 반혁명적 행위로 낙인찍고 그들을 정치범으로 몰기도 한다.

북한의 정치범 수용소는 '절대 침묵', '절대 비밀'의 공간으로, 그 자체가 '절대 악'이다. 수십 년 동안 그 실체가 완벽하게 베일에 싸여 있어 북한 사람들을 막연한 공포와 두려움에 꽁꽁 잡아두고 있다. 정치범 수용소라는 이름만으로도 사람들을 얼어붙게 만들기에 충분하다. 정치범 수용소는 북한 사람들을 안으로 웅크리게 하고 집단적인 굴복 상태로 돌아서게 만들어 하나같이 충효일심의 가무를 즐기는 따라쟁이로 만든다. 즉, 사람들을 거대한 하나같이 박제하고 있는 것이다.

2. 아우슈비츠 이후에도 아우슈비츠는 존재한다

1) 홀로코스트가 재현되는 현장

"히틀러의 아우슈비츠가 단기간에 독가스로 사람들을 다량 살상했다면,

북한의 수용소는 장기간에 걸쳐 최소한의 식량과 강제노역을 통해 사람을 서서히 죽인다는 차이가 있을 뿐이다. 매일같이 죽어나가는 시체들과 교수대와 말뚝에 탈주자들을 묶어놓고 처형하는 장면을 수없이 목격해야 하는 정치범의 일상은 인간이기를 포기한 짐승 같은 생활의 연속이라고 할 수 있다." 정치범 피해자 강철환의 외침이다.[2]

600만 명의 유대인들이 '살아있는 죽은 자'같이 절대적으로 복종하며 가스실로 행진해 들어가 단기간에 살해되었던 끔찍한 실상과 마찬가지로 북한의 정치범이 공개처형 또는 비밀처형 당하고 노예처럼 맞아죽고 굶어죽고 군견에게 먹히고 생매장 당하고 게걸병에 걸려 죽어가는 고통은 '상상할수 없는 것 이상의 상상도 할 수 없는 것'이다. 유대인과 북한의 정치범은 모두 공포환경에서 인간성이 말살되고 동물 수준의 삶을 살다가 동물을 도축하듯이 죽임을 당했다는 점에서 공통점이 있다. 아우슈비츠의 유대인처럼 북한의 정치범도 '살아있는 죽은 자'같이 완벽하게 비인간화된다. 그들은 이 세상에 존재한 적이 없었던 사람처럼 역사의 현장에서 지워진다. 산 자와 죽은 자의 세계에서 철저히 사라진다.

북한의 정치범이 경험하는 일상은 인간의 적응능력을 넘어서는 극한적인 경험이다. 그들은 매일같이 무시무시한 처형장면을 목격하거나 그 사실을 들어야 하고, 닥치는 대로 평토장해 버린 손상되고 해체된 시체들을 수없이 목격하거나 만져야 하고, 또 그 자신이 끔찍한 고문과 구타, 연대처벌에 수시로 내몰려야 한다. 게다가 극심한 굶주림으로 인한 게걸병과 영양

---

2   안명철, 「강철환의 추천사」, 『완전통제구역』(서울: 시대정신, 2007), 5쪽.

실조, 전염병, 자살 등의 끔찍한 경험은 그들의 삶 자체였다.[3] 정치범 수용소는 그들의 도덕적 본성을 벗겨버리고 오로지 생존만을 위해 살아가는 동물 수준으로 만들어버린다. 이 끔찍한 경험이 인간의 정신기능을 정지시키며 비인간화를 완성시킨다.

북한 정치범 수용소에서 제반 직무를 관철하는 집행자 역시 정치범과 똑같이 정신적·심리적·관계적 손상을 경험할 수밖에 없다. 인간의 적응능력을 압도하는 섬뜩한 공간에서 직무 집행자도 정치범과 똑같이 사람이기를 포기해야만 제정신을 유지하면서 살아남을 수 있다. 직무 집행자는 직업상 트라우마성 사건에 지속적으로 노출된다. 그들의 가족도 수용소 구역에 갇혀 살면서 끔찍한 사태를 지속적으로 목격하고, 수시로 전해 듣고, 또 스스로 정치범을 학대하는 폭력에 직접 가담하며 극한적인 경험에 내몰린다. 잔혹한 수법으로 정치범을 서서히 죽이는 임무를 집행해야 하고 매일같이 그 사태를 직접 보고 들어야 하며 그 잔혹한 폭력에 일생 동안 내몰려야 하는 직무 집행자와 그의 가족들이 경험하는 트라우마 역시 측정할 수 없을 것이다. 그들도 비인간화되어 가며 동물 수준의 삶을 살아갈 수밖에 없다.

북한 정치범 수용소는 오늘날까지 무엇이나 가능한 비밀구역으로 기능하며 악명을 떨치고 있다. 북한 당국은 정치범 수용소의 존재 자체를 부정하고 있다. 외부 세계에서는 그 참혹한 실상을 확인할 수 없기 때문에 정치범에 대한 통계수치는 정확하게 파악할 수 없다. 현재 국제사회는 북한 정

---

3   강철환, 『수용소의 노래』(서울: 시대정신, 2004); 신동혁, 『세상 밖으로 나오다』(서울: 북한
     인권센터, 2007); 안명철, 『완전통제구역』. 체험 수기의 핵심적인 증언 내용들이다.

치범 수용소에 수감된 피해자를 약 15만~20만 명으로 추정하고 있다.[4] 그곳에서 참혹하게 살해당한 사람들의 실태와 끔찍한 반인륜적 행태는 탈북민들에 의해 극히 제한적으로 알려져 있을 뿐이다. 약 30년 동안 가동되었던 스탈린의 굴락 수용소에서는 500만~1000만 명 이상이 살해당한 것으로 추정된다.[5] 그렇다면 해방 후부터 오늘날까지 유지되고 있는 북한 정치범 수용소에서 살해당한 사람은 얼마나 될까? 과연 무고한 희생자들의 고통을 상상이나 할 수 있을까?

북한 정치범 수용소는 아우슈비츠의 현재 진행형이다. 그곳은 '인간 인식 밖의 사태', '인간 언어 밖의 사태'가 재현되는 현장이다. 유대인이 가스실에서 한순간에 집단적으로 살해당했던 고통과 북한의 정치범이 수용소에서 수십 년 혹은 일생 동안 서서히 소멸되는 고통은 상대적으로 측정하거나 정량적으로 비교할 수 있는 것이 아니다. 각 개인의 고통은 절대적인 것이며 특별한 것이다. 아마도 그 끔찍한 공포와 고통의 깊이를 측정할 수 있는 객관적인 진단 도구는 없을 것이다.

2) 동물의 왕국: 절대 악의 현장

북한의 정치범은 강제노역장의 총창과 채찍 아래서, 주먹과 몽둥이 아래서 습관적인 노예로 길들여진다. 정치범을 지배하고 제압하는 수단으로는

---

4   통일연구원, 『북한정치범 수용소 2013』(서울: 통일연구원, 2013), 19쪽.
5   정천구, 「전체주의와 강제수용소」, ≪통일전략≫, 11권 1호(2011), 47~81쪽.

강제노역, 공개처형 및 비밀처형, 구타와 고문, 약탈, 성폭행 등 상상을 초월하는 폭력수법들이 있지만, 아주 독특한 통제수단으로 '극한적 굶주림'이라는 수법도 있다. 정치범들은 눈이 뒤집힐 것 같은 굶주림에 내몰려 쥐, 뱀, 개구리, 벌레, 풀들을 닥치는 대로 뜯어 입에 넣는다. 심지어 자신의 똥까지 먹어치운다. 굶주림에 정신이 나가 어린 자식을 잡아먹는 엄마도 있다. 또한 작업 중에 나무 열매를 따 먹다가 들켜 구둣발에 짓밟히고 채찍에 피범벅이 되도록 맞아터지기도 한다. 그렇게 만신창이 되어 뒤틀리면서도 손에 움켜진 먹을 것을 놓지 않은 채 혼절한다. 가장 원초적인 생존수단인 밥을 굶기며 만성적인 굶주림에 몰아넣는 이 수법이 정치범을 동물로 길들이는 가장 잔인한 지배수단이면서 동시에 그들을 서서히 소멸시키는 살인전략이다.

인간의 도덕성을 침해당한 사람들은 오직 생존을 위해, 밥 몇 술 더 먹기 위해 동료 정치범의 목숨까지 위태롭게 만든다. 포상으로 나오는 밥 한 그릇을 위해 동료를 밀고하고 자기 몸을 성노리개로 내맡긴다. 또한 노역으로 인해 집단적으로 '살해'당하는 사람들의 시체를 치우는 일이 더 많이 생기기를 바라기까지 한다. 그날은 강냉이 국수 한 그릇을 더 먹을 수 있는 행운이 따르기 때문이다. 반면에 수용소의 규칙상 그날 작업량을 미달하는 정치범은 밥을 빼앗긴다. 먹을 것을 빼앗기는 고통은 머리가 깨지고 다리가 부러지도록 맞는 구타보다 더 견딜 수 없는 고통이다. 그래서 밥을 빼앗기지 않으려고 미친 사람처럼 일하다가 졸도하기도 한다.

정치범 수용소를 샅샅이 할퀴며 휩쓸어가는 거대 공포는 구체적이고 다층적이다. 정치범들끼리의 상호감시와 밀고체계, 직무를 집행하는 자들끼리의 상호감시와 밀고체계, 정치범들이 직무를 집행하는 자들에 대한 상호 감시와 밀고체계가 주도면밀하게 작동되고 있다. 이와 같은 세밀한 상호감 시와 밀고체계에 의해 고발당한 정치범은 가혹한 고문과 구타로 죽기도 하고, 공개처형이나 비밀처형으로 죽기도 한다. 정치범들이 맞닥뜨리는 다층 적인 공포는 상상을 초월한다.

직무를 집행하는 자가 느끼는 공포 역시 엄청나다. 그들은 정치범이 기회만 있으면 자신들을 보복 살상할 것이라는 불안으로 인해 총탄을 장전한 채 잠자리에 들기도 한다. 정치범들이 자신을 고발할지도 모른다는 공포 때문에 늘 경계할 수밖에 없다. 만약 정치범에게 동정을 베풀거나 물건을 건네주는 행동이 다른 정치범에게 의해 고발될 경우 군복을 벗고 탄광이나 광산노동자로 쫓겨나 일생 동안 감시와 통제 속에 살아가야 한다. 또한 직무 집행자로서 수용소의 비밀을 누설하거나 불만을 표출할 경우 정치범으로 몰려 극단적인 상황까지 갈 수 있다. 그들은 내면의 공포 때문에 정치범을 더욱 완벽하게 제압하고 통제하려고 한다. 정치범을 절대적으로 굴복하는 노예로 길들이기 위해 무자비하게 폭력을 행사한다. 이곳에서는 피해자와 가해자 모두 무차별적인 공포에 제압당하고 결박된 희생자다. 엄밀한 의미에서 피해자와 가해자의 구분이 모호하기까지 한다.

비인간적인 상황에서 살아남기 위해 자동적으로 작동하는 동물의 생존 본능은 부모자식 간에도 작동한다. 정치범 수용소에서 태어나 자란 신동혁은 2013년 8월, 유엔 북한인권조사위원회(COI) 주최로 열린 청문회에서 자신이 14살 때 탈출 논의를 하던 엄마와 형을 밀고했던 충격적인 사실을 고백했다.[6] 극한적인 굶주림과 폭력에 내몰리는 상황에서 그는 "부모의 정도 느낄 수 없었고" 그들도 "다 같은 죄수일 뿐, 가족이라는 개념을 몰랐다"라고 했다. 그에게 가족이란 오로지 먹을 것을 놓고 싸우는 위협적인 상대로밖에 보이지 않았다는 것이다.

이 얼마나 섬뜩한 현실인가? 자신에게 생명을 준 엄마조차 먹을 것을 빼앗으려는 상대, 자신의 생존을 위협하는 '적'으로 느끼는 것이다. 그 느낌은 '적'들과 동거하며 함께 살고 있다는 극한적인 두려움에서 비롯되었을 것이다. 그는 세상이 온통 자신을 해하려는 '적'으로 가득 차 있다고 인식하는 것이다. 그 공포감이 얼마나 컸을까. 그에게는 엄마와 형을 죽음으로 몰고 간밀고행위가 '적'과의 생존 게임에서 살기 위한 치열한 몸부림이자 정당한 방어였을 뿐이다.

정리하자면, '절대 공포', '절대 절멸'의 수용소는 사람들을 비인간화한다. 정치범은 스스로를 보호하기 위해 정글 속의 굶주린 동물처럼 물고 뜯으며 살아간다. 먹고사는 문제가 해결되어야 감정이나 도덕, 문화, 교양, 이타심, 배려처럼 동물과 구별되는 인간의 본성이 우러나온다는 것은 어떻게 보면 자명한 일이다. 주변의 안전과 위험을 판별하며 스스로를 지키는 자율신경계의 생리학적 기능이 이를 과학적으로 증명하고 있다. 가공할 폭력의 현장에서 절대 악에 감염된 전체주의 수용소는 말 그대로 동물의 왕국이다. 북한사회는 전체가 폭력에 감염된 절대 악의 현장이다.

---

6   "탈출논의 어머니, 형 신고 … 6개월 뒤 공개처형", ≪한겨레≫, 2013.8.20.

3. "저게 사람이야, 짐승이야?"

"아니, 저게 사람이야, 짐승이야?", "사람이 어떻게 저렇게까지 될 수 있을까?" 강철환과 안명철은 정치범들의 모습을 처음 본 순간 느낀 감정을 이렇게 고백했다. 그들은 자신들의 체험 수기를 통해 마치 끔찍한 동물을 보는 듯한 기분에 사로잡혔다고 증언한다. 그들의 머리는 언제 빗었는지 알 수 없을 정도로 마구 헝클어져 있고 옷은 넝마를 두른 것처럼 너덜거렸으며, 호미자루에 의지해서 겨우 버티고 서 있었다고 한다. 모두 말라서 뼈에 가죽을 씌운 듯한 인상, 기운을 차리지 못한 퀭한 눈, 무표정한 얼굴, 사람인지 짐승인지 분간하지 못할 몰골, 아무 표정도 없이 보위지도원의 명령에 기계처럼 움직이는 모습을 보면서 말문이 막혔다고 한다.

정치범 수용소 밖에서 유복하게 살다가 10대에 정치범이 된 강철환과 직무를 집행하는 경비병으로 정치범 수용소를 경험한 안명철의 체험 수기는 자신의 감정과 감각이 무감각해지고 무덤덤해지는 과정을 세세하게 표현하고 있다. 반면에 수용소에서 태어나고 자란 신동혁의 체험수기의 특징은 감정언어와 감각언어가 발견되지 않는다는 것이다. 이는 감정인식이나 감각인식과 관련된 반응이 실종되어 있다는 증거다. 이 사실은 그들이 이제껏 살면서 인간의 기본적인 정서와 감각을 거의 느껴보지 못했다는 끔찍한 고발일 수도 있다. 여기서는 정치범 피해자인 강철환과 신동혁의 수기, 그리고 정치범 수용소에서 경비병의 위치에 있었던 안명철의 수기에서 나타나는 생리학적 변화, 대인관계의 양상을 통해 그들의 트라우마를 분석하려고 한다.

1) 강철환의 수기에 나타난 트라우마

(1) 극한적인 스트레스 경험

강철환은 정치범 수용소 출신으로, 지금은 북한전략센터의 대표이자 북한 인권운동가로 활동하고 있다. 그의 가족은 1960년대 재일조선인 북송 때 귀국해 평양에서 살았다. 강철환은 평양의 유복한 가정에서 태어났다. 하지만 아홉 살 때 할아버지가 민족반역죄로 끌려간 후 온 가족이 함경남도 요덕군에 위치한 정치범 수용소에 수감되어 10년간의 노예살이를 하게 되었다.

강철환은 요덕수용소에 입소한 첫날, 압도적인 충격이 어떠한 신체적 반응을 유도했는지 자세하게 표현하고 있다. 그는 "가슴이 덜덜 떨리고", "다리가 후들거려서 차에서 내리지 못하고" 얼이 빠져 있었다. 정치범들의 "피골이 상접한 얼굴에 빛을 잃은 커다란 눈망울이 무표정하게 혹은 불안하게 박혀" 비칠거리는 모습들, 중환자처럼 금방이라도 쓰러질 것 같은 사람들이 개처럼 맞는 모습에 그의 몸이 후들후들 떨렸고 뻣뻣해짐을 느꼈다.

학교생활에서의 첫날 역시 강렬한 공포에 압도당하는 경험이었다. 학교가 아니라 형무소에 갇힌 죄인이 된 기분이었다고 기록한다. "너희는 죄인의 자식들이다. 죄인의 자식에게 배움의 길을 열어주신 은혜에 보답해야 한다. 학교의 규율을 위반하거나 순응하지 않으면 가차 없이 처벌한다"라며 권총에 손을 얹고 선전포고하듯 내지르는 고함소리에 그는 침도 삼킬 수 없었고 숨도 쉴 수 없었다. 강철환은 "나에게 한 가지 한 가지가 다 충격이었고 한꺼번에 밀어닥친 충격을 감당해 내지도 못한 상태였다"라고 표현한다. 이 충격적인 경험은 수용소 첫날에만 겪은 특별한 사건이 아니었다. 수십만 정치범들의 일상이었고 삶 자체였다. 일상의 생활풍경이 인간의 적응 범위를 넘어서는 극한적인 스트레스 경험이었던 것이다. 극한적인 폭력성은 수용소의 문화적 현상이었다.

수용소에 갓 들어온 정치범들은 처음에는 덫에 걸린 짐승처럼 몽둥이와 채찍에 사정없이 맞고 모욕을 당할 때마다 얼굴이 분노로 이글거리고 주먹이 징징 운다. 그러나 날마다 상상할 수 없는 사태를 경험하면서 공포와 불안, 고통과 괴로움, 증오, 절망감에 제압당해 불감증과 무감각에 빠지게 된다. 견딜 수 없는 고통 속에서 자율신경계는 스스로를 보호하기 위해 현실과 자신을 차단하며 기능을 정지하는 것이다. 그 결과 인지적 기능이 정지되고 신체적 고통도 더 이상 느낄 수 없는 '수용소 사람'으로 만들어진다.

수용소 사람은 모든 주도성과 분투를 포기한 '살아있는 죽은 자'같이 죽음에 이르는 명령에도 복종하는 노예들이다. 매일같이 얼굴을 대하고 같이 일하던 이웃이 죽어 보이지 않아도 슬픔을 느끼지 못하는 무감각한 사람들이다. 웃음을 상실한 지 오래된 존재들이다. 웃거나 낄낄거리는 사람이 있으면 그는 틀림없이 정신이 돌아버려 미친 사람일 것이다.

강철환은 수용소에서는 "인간의 존엄성이나 생명의 소중함 따위는 개똥만도 못한 것이다. 죽음에 대한 무감각은 인간의 감정이 최악의 상태에 달했다는 증거였다. 슬픔도 기쁨도 즐거움도 전혀 존재하지 않았다. 다만 고통과 괴로움과 증오심과 절망뿐이었다"라고 회상한다.[7] '수용소 사람'으로

---

7   강철환, 『수용소의 노래』, 153쪽.

길들여지는 정치범 피해자의 정체성과 생리학적 변화의 과정을 알 수 있는 기록이다.

(2) '얼어붙기' 반응

강철환은 수기에서 자신의 감정 변화와 감정의 동요, 불감증과 무감각함, 신체적 반응 등 생리학적 조절 변화에 대해 자세하게 묘사하는데, 이를 통해 그의 신경계가 어떻게 무너져 내렸는지 유추해 볼 수 있다. 즉, 정치범 피해자들에게서 나타나는 트라우마 현상을 알 수 있다.

강철환은 학교의 잔혹한 구타와 욕설, 극한적인 노역 중에 맞닥뜨리는 또래의 죽음, 여기저기 평토장되어 널브러진 손상된 시체들, 공개처형, 만성적인 굶주림 등 일상의 공포를 지속적으로 경험했고, 그 속에서 그의 신경계는 얼어붙기 반응으로 스스로를 보호하고자 했다. 즉, "온 몸에 비늘처럼 소름이 돋는", "사지가 후들거리고 맥이 빠져 주저앉아 버리고 식은땀이 흥건하고", "메슥메슥하고 현기증이 나고 토할 듯이 속이 막 뒤틀리고", "토해버리고", "정신을 잃고 쓰러지고", "몸이 공중으로 붕 뜨는 기분" 등 강철환은 공포상황에서 일어난 신체반응과 몸의 감각에 대해 세밀하게 기록하고 있다. 그는 공개처형장에서 사형수가 죽는 장면을 목격했을 때 나타난 자신의 강렬한 신체반응을 이렇게 묘사한다.

나는 제정신이 아니었다. 등줄기엔 식은땀이 흥건했다. 아직도 사지가 후들거리고 맥이 쑥 빠져서 그만 그 자리에 주저앉아 버렸다. … 나는 걸어가면서도 자꾸 총에 맞은 사형수의 모습이 떠오르며, 총알이 내 심장에 와 박히는 환각에 빠져들었다. … 그 후 며칠간 나는 밤마다 신열을 앓으며 헛소리를 해댔다. 또 먹기만 하면 토해서 강냉이죽도 먹을 수가 없었다.[8]

강철환이 증언하는 이와 같은 신체반응과 몸의 감각은 기능이 정지되고 세상과 분리되는 반응을 이끌어내는 신경계의 마지막 응급시스템인 '얼어붙기' 활성화와 관련이 있다. 이 응급시스템은 몸을 마음대로 움직일 수 없는 극한적인 상황에서 활성화된다. 그의 신경계는 기능을 정지시키는 생존전략으로 스스로를 지켜왔던 것이다. 곧 정치범 피해자들은 감당할 수 없는 신체적 고통이나 정신적 고통을 더 이상 인지하지 못하는 전략으로 스스로를 보호했던 것이다.

강철환을 침식시키고 휘휘감은 거대 공포는 밤에도 거침없이 의식 속으로 침투해서 악몽으로 재현되었다. 꿈은 온통 보위지도원에게 구타당하고 쫓기는 장면이었다. 꿈에서는 도망을 가다가 잡혀 나무에 매달리고 가족이 몽땅 산 속으로 끌려가 처형당하는 식으로 죽음의 공포가 재현되기도 했다. 끔찍한 정치범의 흔적은 이 세상 전체가 위협으로 가득 차 있다고 인지하고 반응하도록 만든다. 정치범 수용소에서 풀려난 후에도 여전히 그의 뇌는 특정한 자극에도 비상등을 켰다. 대낮에 길을 가다가 마주 오는 낯선 사람을 보위지도원으로 인지해 현기증을 느끼고 진땀을 흘리면서 다리가 후들거려 더는 걷지 못하고 그 자리에 얼어붙어 버리기도 했다.

수용소에서 풀려난 뒤에도 수용소에서 겪은 그의 경험은 깨어 있는 동안

8   같은 책, 314~315쪽.

이나 잠자는 동안 모두 거침없이 그의 의식 안으로 침투해 변하지 않는 기억의 생생함, 정서의 강렬함, 신체의 과잉반응을 유도하면서 여전히 그의 삶을 뒤흔들고 있었던 것이다. 비교적 안심할 수 있는 상황에서도 끔찍한 결과만 상상한다는 것은, 방에 들어온 사람이든 길에서 만난 낯선 사람이든 눈에 보이는 어떤 이미지이든 간에 모두 재앙의 조짐으로 인식해 격한 반응을 촉발할 수 있다는 것을 의미한다. 강철환의 트라우마는 곧 수십만 정치범 피해자들에게서 나타나는 집단적인 트라우마 현상이다.

(3) 가족 유대: 사회적 지지자원

강철환의 체험수기 면면을 통해 알 수 있는 것은 돈독한 가족관계와 희망이라는 치유자원, 곧 사회적 지지자원이 엄청난 트라우마를 견딜 수 있게 해주었다는 사실이다. 정치범 수용소는 완전통제구역과 혁명화구역으로 나뉜다. 완전통제구역은 반당·반혁명 행위를 저지른 범죄자와 해외 도주를 시도한 범죄자를 수용하는 곳으로, 이곳에 갇힌 사람들은 종신형 수감자다. 반면 혁명화구역에는 상대적으로 죄질이 약한 정치범이 수용되며 일정 기간 형기를 마치면 출소할 수 있다. 따라서 혁명화구역에는 완전통제구역에 없는 예외적인 것이 있다. 바로 언젠가 해제되어 세상 밖으로 나갈 수 있다는 희망이다. 이 희망이 정치범의 삶에 하늘과 땅의 차이를 만들어낸다. 강철환은 "여기서 이기고 나가야 한다"라는 희망을 가지고 억척같이 버티며 위로하는 가족 및 두세 명의 학교 동료와 연결감이라는 사회적 지지자원을 가지고 있었다. 안전한 연결감은 극한적인 트라우마와 스트레스로부터 자신을 지켜줄 수 있는 가장 핵심적인 사회적 구성 요소다.

그의 가족은 어린아이들을 안심시키고 서로 위로하고 공감해 주면서 하루하루를 지탱해 갔다. 할머니가 헌신적으로 만들어가는 가족의 안전한 유대감은 어린 자녀들을 지켜주었고, 자살을 소망하는 삼촌을 붙들어주었고, 강제이혼의 절망감에 실어증에 빠진 듯했던 아버지의 버팀목이 되어주었다.

가족의 안전한 유대감이 10년 세월 동안 식술들을 지켜주고 보호한 가장 강력한 자원이었다. 이 사회적 지지는 스트레스와 트라우마에 제압당하지 않도록 지켜주는 가장 강력한 힘이었다. 강철환은 인간의 정신건강에서 가장 중요한 요소인 안전한 유대감, 곧 안전한 애착관계의 대상이 있다는 큰 행운을 지녔었다. 그럼에도 불구하고 그가 수용소에서 풀려난 뒤 트라우마에 시달렸다는 것은 10년간의 잔혹한 수용소 경험은 인간의 신경계를 붕괴시킬 수 있다는 사실을 보여준다.

2) 신동혁 수기에 나타난 트라우마

신동혁은 탈북 출신의 북한 인권활동가다. 그는 정치범 수용소에서 태어나 24년 동안 노예생활을 하다가 극적으로 탈출했다. ≪워싱턴포스트≫지 기자 블레인 하든이 신동혁의 구술을 바탕으로 2012년에 쓴 『14호 수용소 탈출(Escape from camp 14)』은 베스트셀러가 되어 북한이 '공포 왕국'이라는 이미지를 조성하는 계기가 되었다. 이 책은 북한 인권의 실상을 드러냈다는 점에서 큰 주목을 받아 27개국 언어로 번역 출간되었으며, 신동혁은 일약 스타로 떠올랐다.

그런데 신동혁이 수감되었던 장소가 완전통제구역이냐 혁명화구역이냐

하는 의문이 제기되면서 그의 증언이 일부 거짓이라는 논란에 휩싸였다. 일부 탈북 출신의 정치범 피해자들과 북한 정부는 그의 진술을 가짜라고 매도했으며, 신동혁 자신도 기억에 일부 오류가 있었음을 시인했다.

정치범 수용소 완전통제구역 경비병 출신인 안명철 NK워치 대표는 "신동혁을 만나 여러 방면으로 테스트를 해봤는데, 신 씨는 완전통제구역에서 쓰는 언어를 썼고 내부 생활 준칙과 환경도 잘 알고 있고", 그가 밝힌 내용은 "거기서 살아보지 못한 사람은 알 수 없는 내용들"[9]이라며 신동혁 증언의 신빙성을 뒷받침해 주었다. 신동혁의 자서전을 집필한 미국 언론인 하든은 자서전의 일부 오류는 그의 트라우마 때문이라고 해명하면서 "트라우마 전문가들은 이런 것에 대해 전혀 이상하다고 느끼지 않는다"라고 주장했다.[10]

여기서는 2007년에 신동혁이 직접 쓴 『수용소 밖으로 나오다』에서 드러난 트라우마 분석에 초점을 맞춘다.

(1) 감정 언어의 실종

신동혁의 수기는 그가 유체 이탈해 허공에 떠서 "죽음", "시체", "강제노역", "굶주림"과 관련된 것들, 곧 파편화된 조각조각을 관망하고 있다는 느낌을 준다. 끔찍한 현실을 겪으면서 자신이 어떤 감정을 느꼈는지에 대한 표현은 없다. 그는 수기에서 가족과의 관계, 동료와의 관계 등 기본적인 인간관계에 대해 "정이 없었다"라는 말을 누누이 반복하고 있다. 아무런 감정

---

9   "탈북자 신동혁을 둘러싼 가짜 논란 … 누구 말이 맞나", ≪조선일보≫, 2014.11.25.

10   KBS WORLD, "'탈북자 신동혁 자서전 오류는 트라우마 때문' … 시정하지 않을 듯", 2015.2. 16, world.kbs.co.kr.

없이 무덤덤하게 자신의 경험을 말하고 있는 것이다. 실제로 그는 2015년 3월 5일 ≪허핑턴포스트코리아≫와 가진 인터뷰에서 "나에게 감정 따위는 존재하지 않는다"라고 말하기도 했다.

신동혁이 직접 시인한 것처럼, 그의 체험수기의 특징은 끔찍한 경험에 대한 감정인식이나 감각인식이 실종되어 있다는 것이다. 수용소의 가공할 폭력을 경험하면서 겪은 고통스러운 감정과 생생한 감각 같은 강렬한 신경 생물학적 반응에 대한 서술이 실종되어 있다. 즉, 안전하지 않은 환경에서 가족, 동료 정치범, 그리고 직무를 집행하는 자들과의 관계에서 느끼는 갈등과 감정, 감각과 관련된 본성적인 어떤 것들이 사라졌다. 일례로 신동혁은 정치범 수용소 구역에서 "지옥"으로 불리는 지하 구류장에 갇혀 고문당하면서 감정이나 감각을 느끼지 못했다. 옷을 발가벗긴 채 거꾸로 매달리고, 불고문을 당하고, 배꼽과 허벅지가 갈고리에 찍혔지만 "이상하게도 겁이 나지 않았고 아픈 감각도 더 이상 느끼지" 못했다. 다만 흉악하고 잔인한 고문에 기절하고 똥오줌을 지렸을 뿐이다. 그의 신경계가 상황과 분리되어 무너지고 얼어붙은 것이다. 더 이상 끔찍한 공포와 신체적 고통을 인지하지 못한 것이다. 그의 글에는 끔찍한 사태에 대한 생생한 기억만 있고 그 고통에 동반되는 강렬한 감정은 존재하지 않는다. 애초부터 그의 신경계는 스스로를 지키기 위해 환경과 자신을 차단시키고 얼어붙은 상태였던 듯하다. 이와 같은 의식의 분리 상태가 냉정함, 둔감화, 통각 상실을 포함해 감각지각의 변형을 가져오는 것이다.[11]

---

11   주디스 허먼, 『트라우마』, 84~85쪽.

신동혁의 수기에서 마음 상태에 대해 언급한 부분이 발견되지만, 이는 감정에 대한 표현이 아닌 상투적인 표현이다. 그는 수용소 생활에서 가장 '행복한' 순간은 밥 먹는 시간이며, 밥을 손에 쥐는 순간이 가장 '뜻깊은' 시간이었다고 표현한다. 이는 감정이나 느낌에 대한 표현이 아닌 진부한 상투어다. '행복', '뜻깊다'라는 상투어로 자신의 마음 상태를 표현하고 있다. 또한 하루 작업량을 수행하지 못하면 매번 밥을 빼앗기곤 했는데, "그럴 때면 나도 모르게 눈물이 나오곤 했다"라면서 슬픈 감정을 '눈물'이라는 단어로 표현한다. 이 상투어가 수용소 체험 수기를 통틀어 유일하게 '감정'에 대한 표현이다. 그는 모진 세월 동안 현실과 자신을 분리시키고 의식을 부정 혹은 변형함으로써 스스로를 지켜냈던 것이다.

그에게서 감정인식, 감각인식 자체가 실종되었다는 것은 그가 24년 동안 수용소에서 살아오면서 감정이나 감각을 한 번도 느껴보지 못했다는 증거이기도 하다. 자신의 감정을 느낄 수 없다는 것은 타인의 감정도 느낄 수 없다는 것을 의미한다. 즉, 타인의 감정을 '깊이 느끼는' 능력인 공감능력도 상실될 수밖에 없다. 이것은 생존을 위해 안전과 위험을 평가하는 신경계의 기능이 손상되었다는 증거이기도 하다. 신동혁은 어쩌면 선천적으로 정치범 부모로부터 손상된 뇌신경 구조를 물려받았는지도 모르겠다.

그의 손상된 신경계의 기능은 '유전병'일지도 모른다. 즉, 트라우마가 세대를 넘어 유전학적으로 전이된 것일 수도 있다. 이와 같은 '신동혁 현상'은 개인만의 현상이 아니라 그와 유사한 경험을 하는 수십만 명의 정치범 피해자들이 겪는 집단적 현상이다.

(2) 안정적인 기반 상실

현재형의 아우슈비츠를 경험하는 정치범, 즉 파괴되고 손상된 가족환경에서 오로지 살기 위해 짐승 수준의 삶을 영위하는 부모에 의해 양육되는 자녀는 안정적인 삶의 기반을 잃게 된다. 이러한 환경에서 자녀들이 양육자와의 애착관계를 형성하지 못하리라는 것은 너무나도 자명한 일이다. 성장하면서 우리는 신체적으로나 정서적으로 스스로를 돌보는 법을 배워가지만, 자신을 관리하는 방법을 맨 처음 배우는 것은 바로 우리가 돌봄을 '받는' 방식을 통해서다. 자기통제 기술을 습득하는 수준, 대인관계의 원만함 수준은 생애 초기에 양육자와 얼마나 조화롭게 상호작용했느냐에 따라 크게 좌우된다. 초기 양육자와의 애착관계는 아이가 세상으로 나오는 안정적인 기반이 되며, 안정적인 애착이 제공되면 독립성이 증대되고 공감할 줄 알게 되고 고통에 빠진 사람들을 도울 수 있게 된다.

신동혁의 수기를 통해 알 수 있는 것은 그가 양육자와의 관계에서 애착을 경험하지 못했다는 사실이다. 그의 가족관계에 대한 기록을 보면 정서적 교류가 없는 냉담함과 무감각함, 비인격적인 관계가 엿보인다. 부모에게 "특별한 정을 느낀 적이 없어서 매달리거나 하는 건" 생각해 보지도 못했고, 어머니를 떠올려도 "애틋하거나 더 보고 싶거나 하는 느낌이 없다"라고 말한다.

아버지와 형 역시 인격적 연결감 없이 돌이나 나무처럼 '아버지', '형'으로만 구분되는 비인격적 대상이다. 그에게 부모는 단지 먹을 것을 놓고 경쟁하는 위협적인 상대일 뿐이었다. 즉, 가족은 자신에게 안정적인 기반을 제공하는 애착의 대상이 아니라 적과 같은 두려움의 존재, 생존을 위해서는 공격하거나 피해야 하는 존재였던 것이다. 그는 부모와의 관계를 통해 애착을 경험한 적이 없기 때문에 가족관계란 어떤 것인지 그 친밀감의 느낌을 알지 못한다.

우리는 생애 초기에 양육자와 시시각각 주고받는 관계 속에서 자기 자신에게 느끼는 친밀감이 형성되며, 그러한 경험은 이후 타인과의 관계에서 원형적인 모델이 된다. 안정적인 애착의 기반 위에서 우리는 환경 및 주변 사람들과 조화를 이루게 되고 자기 인식, 공감, 충동 조절, 자발성이 발달한다. 사회적 문화 속에서 사회의 일원으로서 기여할 수 있게 되는 것이다.

신동혁 수기를 통해 안정적인 애착을 형성하지 못한 수십만 명의 정치범들이 자기 자신을 어떻게 인식하고 있는지, 즉 그들의 정체성이 어떻게 형성되었는지를 엿볼 수 있다. 대부분의 정치범들은 대인관계와 정체성이 변형되면서 자기 자신에 대해 "짐승이나 다름없다", "나는 사람이 아니다"라고 인식한다. 신동혁은 정치범들이 수용소에서 '짐승'으로 사육되고 있다고 표현한다. 정치범들은 수용소의 현대판 노예 직인이 찍힌 "너는 죄수다"라는 주홍글씨가 자신의 정체성이라고 스스로 인정한다.

또한 수십만 명의 정치범들이 겪은 생애 초기의 불안정하고 회피적인 애착경험은 인간관계에도 그대로 투영될 수밖에 없다. 신동혁 수기에서 가족관계 혹은 동료와의 관계를 설명할 때 반복되는 "정이 없었다"라는 상투어는 정치범들이 대인관계에서 보인 냉담함과 무정함, 공감능력 결여 등을 알수 있게 한다. 정치범 수용소에서는 누구든지 가족이나 친구와 맺는 대인관계를 그렇게 경험할 수밖에 없다. 이와 같이 잔인한 동물의 왕국에서 수십만 명의 정치범은 안정적인 생존기반을 상실당하고 비인간화된다.

(3) 인간성 붕괴

신동혁의 체험수기의 저변을 흐르는 중요한 시사점은 정치범 수용소에서는 수십만 정치범들의 인간성이 절대적으로 무너져 내린다는 사실이다. 수용소에서 태어나서 자란 정치범들은 스스로를 죄수라고 인식하고 자발적으로 노예로 길들여진다. 인간 본성의 모든 주도권과 분투를 포기한 채 조금이라도 오래 살기 위해 무조건 복종하는 노예로 살아간다. 절대적으로 고립된 개인으로 존재하며 오로지 생존만을 추구하는 주린 동물처럼 살아간다.

인간이 온통 생존에만 몰두하며 스스로를 보호하는 데 에너지를 집중하는 한 모든 관계가 위태로워질 수밖에 없다. 나를 제외한 주변의 타자 모두를 자신을 위협하는 '적'으로 인식할 수 있는 것이다. 신동혁 역시 어머니와 형까지도 생존을 위협하는 상대로 여기면서 언제든지 달려들어 먹을 것을 빼앗을 수 있는 '적'으로 인식했던 것이다. 그는 언론사와의 인터뷰에서 정글과도 같은 생존환경에서 엄마와 형은 수많은 죄수 중의 한 사람일 뿐이었으며, 그들 중 자신을 환대해 준 사람은 한 사람도 없었다고 진술했다. 그는 죄수 중의 한 사람인 어머니와 형의 탈출 모의를 엿듣고 그들을 밀고했다. 밀고하면 포상으로 먹을 것이 주어지기 때문이다. 그는 자신의 행동에 대해 그 당시에는 "옳은 행동"이라고 생각했고 자신이 "가장 자랑스러웠다"라고 말하기도 했다. 어쩌면 생존을 위협하는 적을 제압함으로써 가장 안심할 수 있었던 순간이자 밥을 배불리 먹고 만족했던 순간이라고 표현하는 것이 더 적합할지도 모르겠다.

그의 밀고에 의해 체포된 어머니와 형의 공개처형을 목격하면서 그는 감정의 동요나 양심의 가책을 눈곱만큼도 느끼지 못했다. 공포에 몸이 떨린 다거나 다리가 후들거린다거나 하는 신체의 감각인식도 전혀 없었다. 그는 수기에서 교수대에 목이 매여 몇 번 몸을 비틀며 요동치다가 늘여진 어머니, 총탄에 맞아 사방으로 피가 뿜어지며 숨이 끊어지는 형의 모습을 무감 각하고도 냉담하게 기록하고 있다. 그는 마치 어떠한 사물을 관망하듯이 비정하게 처형장면을 대면했다. 가장 절망적인 순간에도 스스로를 보호하는 이와 같은 방어 전략으로 인해 신동혁은 24년간의 수용소생활에서도 실신하지 않고 살아남을 수 있었다. 아니 수십만 명의 정치범들이 그렇게 비인간화되어 동물 수준에서 생존해 가고 있는 것이다.

정리하자면, 엄마의 뱃속에서 태아 시절부터 경험한 "인식 밖의 사태", "언어 밖의 사태"는 정치범 피해자들의 신경계를 완벽하게 붕괴시킬 수밖에 없다. 가혹한 폭력 환경에서 스스로를 보호하며 지키기 위한 신경계의 최후의 응급전략은 인간성을 파괴하며 사람을 동물 수준으로 전락하게 만든다. 수용소 환경은 가장 성공적으로 비인간화를 완성한다. 정치범 자녀들이 정치범 피해자인 부모로부터 이미 손상된 뇌신경 시스템을 물려받으리라는 것은 자명하다. 수십만 정치범들의 트라우마는 세대를 넘어 전이되고 있는 것이다.

3) 안명철 수기에 나타난 트라우마

안명철은 완전통제구역의 경비병 출신으로, 현재 NK워치의 대표이자 북한의 인권 개선과 북한 민주화를 위해 활동하고 있다. 우리가 정치범 수용소에 수감된 정치범들이 얼마나 되는지 정확한 숫자를 알 수 없듯이 직무를 집행하는 보위지도원들과 수용소를 지키는 경비병들의 숫자 또한 알 수 없다. 정치범들이 증언하는 '상상할 수 없는 것 이상의 상상도 할 수 없는 어떤 것'들이 직무를 집행하는 관료들에 의해 관철된다. 아이히만이 "나는 괴물이 아니다. 나는 그렇게 만들어졌을 뿐이다"라고 했던 것처럼 직무 집행자들 역시 '그렇게 만들어지고 있는 사람'들이다.

70년이 지나도록 정치범 수용소의 '절대 공포', '절대 절멸'이 외부 세계에 거의 드러나지 않는 것은 이 가해자들의 '절대 침묵' 때문이다. '절대 침묵'을 깨뜨린다는 것은 곧 자신이 자행한 '악'을 드러내는 것이다. 또한 비밀누설은 그 자신의 죽음을 의미하기도 한다. 어찌 보면 가해자의 위치에 있는 직무 집행자들 역시 전체주의 폭력에 칭칭 묶인 노예들이라고 할 수 있다.

(1) 비밀 임무 집행자

정치범 수용소에서 직무를 집행하는 자들은 '절대 공포', '절대 절멸'의 비밀 임무를 수행하는 수령과 당의 전사들이다. 즉, 최고 존엄을 옹위하는 가장 "극렬한 계급투쟁의 전초선"에서 "악질적인 반동"들의 음모를 짓부수는 것이다. 비밀 임무 집행자들은 당과 수령을 배반하고 공화국을 좀먹는 정치범들을 '인간'이라고 생각해서는 안 된다. 정치범은 언제든지 당과 수령을 배반하고 반기를 들 수 있는 악랄한 원수일 뿐이다. 그들은 호시탐탐 직무 집행자들의 생명과 안전을 위협하는 적이다. 앞에서는 절대 복종하는 척하지만 뒤에서는 기회만 있으면 칼을 빼들고 달려드는 반동분자들이다. 따라서 전사에게는 정치범을 무자비하게 탄압할 의무와, 도망치지 못하도록 경계선(철책선)을 철벽같이 지키고 한 명이라도 반항하거나 도주하면 사살할 의무밖에 없다. 직무 집행자의 의무는 한마디로 복종하지 않는 정치범, 즉 바이러스를 절멸하고 청소하는 것이다. 그들의 눈에 정치범은 사람이 아닌 동물 혹은 미생물일 뿐이다.

정치범을 절멸하는 직무를 다하는 것이 '전사의 도리', '인간의 도리'다. 그들에게 부과된 군사적 명령은 수용소의 법과 질서를 위배하는 사람들은 무조건 죽이는 것이다. 직무 집행을 위해 강제노역과 굶주림으로 서서히 죽이든, 쇠몽둥이로 때려죽이든, 노동현장에서 집단적으로 죽이든, 공개처형 및 비밀처형으로 죽이든, 군견에게 물도록 해서 죽이든, 성노리개로 부리다가 죽이든, 임신한 여성의 배를 가르고 태아까지 발로 밟아 죽이든 그 방법은 아무런 상관이 없다. 이 명령을 절대적으로 집행하는 것은 "당과 수령의 전사답게 살며 투쟁하는 것"으로, 충성심의 표현이다.

인간 정신기능의 적응범위를 넘어서는 환경을 경험하면서 안명철의 신경계는 서서히 무너져 내렸다. 안명철은 완전통제구역의 신병 시절에는 정치범의 죽음을 보면서 절반쯤 정신이 나간 상태로 말문이 얼어붙었지만 5년이 지난 시점에서는 감정을 느끼지 못했다. 그는 수기에서 "5년 이상 근무를 하고 나서는 한 사람이 죽는다는 게 그리 뜨끔하지 않았다. 그저 또 누가 죽었겠거니 했다. 내 감정도 차츰 변해 죽는 걸 대수롭지 않게 여기는 만성병에 걸린 것이다"[12]라고 증언하고 있다. 감당할 수 없는 고통을 도저히 피할 수 없는 상황에서 그의 신경계는 환경과 자신을 차단하는 방식으로 스

---

12   안명철, 『완전통제구역』, 170쪽.

스로를 지키고자 했던 것이다.

안명철의 수기에서 알 수 있듯이 수용소의 직무 집행자가 명령을 집행할 때 손이 떨린다든지 넋이 나가는 것은 당에 대한 충성심이 부족하다는 증거였다. 직무 집행자는 정치범을 동정하거나 먹을 것 또는 입을 것을 주면 즉각 처벌받는다. 정치범 여성과 사귈 경우에도 즉각 처벌받는다. 경중에 따라 탄광이나 광산으로 쫓겨날 수도 있고, 수용소 정치범으로 전락할 수도 있다. 이와 같은 극한 상황 속에서 안명철은 현실에 대한 감정을 느끼지 못하는 '만성병'에 걸려 '절대 절멸', '절대 공포'의 환경에서 스스로를 보호했던 것이다.

트라우마 피해자들은 두려움에 대처하기 위해, 또는 트라우마 자체에 대한 고통스러운 반응을 차단하기 위해 신체의 직관적인 느낌과 감정을 전달하는 뇌 영역의 기능을 정지시키는 법을 점차적으로 습득한다. 이 영역의 정상적인 기능이 유지되면 공포가 동반될 수 있고 그 공포가 또렷하게 느껴질 수 있기 때문이다. 그래서 살기 위해 끔찍한 감각을 차단하는 것이다. 비극적인 사실은 뇌 영역의 이 기능을 차단한 결과, 삶의 희로애락을 온전하게 느끼며 사는 기능마저 둔화된다는 것이다. 즉, 비밀 임무를 집행하는 자들 역시 트라우마로 인해 삶을 온전하게 느끼며 사는 뇌 영역의 기능이 손상될 수 있다. 정치범과 똑같이 트라우마 증상을 겪는 것이다.

(2) 비밀전사의 비인간화

안명철은 온성에 있는 정치범 수용소 탄광에서 일하는 정치범들의 폭동에 대해 고발하고 있다. 정치범들이 끔찍한 폭력과 테러에 저항하며 삽과

곡괭이, 도끼, 낫, 망치 등을 들고 폭동을 일으켰던 것이다. 가족마을을 덮친 정치범들의 보복 살상으로 보위부, 경비대 군관 가족이 거의 죽었다. 이 사건으로 정치범 5000명이 전부 몰살당하는 섬뜩한 참극이 벌어졌다. 그뿐만 아니라 종종 소소한 보복 살상이 일어나기도 했다.

이와 같이 끔찍한 환경에서 비밀전사들 역시 만성적인 공포에 내몰린다. 정치범들이 폭동을 일으키지 않을지, 너도 죽고 나도 죽자는 오기로 뒤통수에 칼을 박지 않을지, 돌로 머리를 가격하지 않을지 항상 불안에 떠는 것이다. 그래서 밀고자들을 발동해 위협적인 대상을 찾아내려고 늘 촉각을 곤두세운다. 자신 또한 불손한 사람으로 밀고당하지 않으려고 늘 살얼음판을 걷는 심정이다.

공포에 사로잡힌 비밀전사들은 항상 긴장하면서 정치범을 다루었고 "악랄하고 무자비하게" 직무를 집행했다. 그들은 항상 스스로 준비되어 있지 않으면 자신이 죽을 수도 있다는 공포에 이성을 잃고 더욱 무자비하게 정치범들을 죽이고 그들을 노예로 길들인다. 비밀전사가 정치범들을 상대로 격술훈련을 할 때 주먹이 떨린다든지 동정심 때문에 때리지 못한다면 사상성에 문제가 있는 전사로 간주된다. "동무들은 오늘 배운 격술동작을 실전같이 써서 저런 놈들이 아무 때건 달려들어도 가차 없이 단매에 때려눕힐 수 있도록 준비해야 합니다. 우리 인민의 철천지원수이며 짐승 같은 저 이주자(정치범) 새끼들을 단 한 번에 때려눕혀야 합니다. 만약 저 새끼들을 사람으로 본다든가 주먹이 떨리면 그땐 문제를 상기(혁명성, 사상성 검증)시키겠소."[13] 이렇게 을러대는 상관의 명령을 거역할 수 없다. 리얼한 격술 동작에 나가떨어져 정신을 잃고 코뼈가 부러지고 갈비뼈가 부러지고 입이 터지고 피 흘리며 쓰러진 정치범들을 보면서 어떤 전사들은 쾌감을 느끼며 좋아하기까지 한다.

특히 안명철은 수기에서 보위지도원들의 대화, 곧 가해자의 언어에 주목하고 있다. 보위지도원들이 긴장감이 다소 풀리는 사석에서, 혹은 술자리에서 "재미있었던 일"을 "너털웃음을 지으며" 이야기하는데, 이때 나누는 이야기는 온통 살인의 쾌감이나 살인의 추억과 관련된 것이다. 일례로 보위지도원들은 정치범의 "눈알을 뽑아 다마치기(베어링 공을 굴리면서 하는 따먹기 놀이)하면 얼마나 좋은데", "총으로 눈알을 맞힐 때의 기분이 얼마나 좋은지 아냐?"라며 살인의 쾌감을 자랑한다. 생매장 당하는 '종파분자'들의 눈에서 "시퍼런 불이 나오던" 순간을 "흥에 겨워서" 전해준다. 반복적인 살인 집행은 비밀전사의 기분을 돋우고 쾌감을 주는 "군대놀이" 정도가 된다. 아이히만이 아우슈비츠의 끔찍한 사태를 말할 때마다 의기양양해했듯이, 비밀전사 역시 끔찍한 살인의 기억을 말하는 순간 의기양양해지는 것이다.

안명철은 경비대에 근무하는 8년간 매일같이 들었던 살인현장의 이야기에 대해 처음에는 가슴이 섬뜩하고 온몸이 굳어졌으나 차츰 예삿일로 여겨져 무감각해졌다고 말한다. 8년간의 군복무 시절 동안 끔찍한 살인현장을 목격하고 그 현장에 간접적으로 노출되면서 그의 신경계는 고통스러운 트라우마 반응을 차단하기 위해 신체의 느낌과 감정을 전달하는 기능을 정지시켰던 것이다.

정치범 수용소에서 오가는 비밀전사의 언어는 끔찍한 가해자의 언어다.

---

13   같은 책, 114쪽.

끔찍한 살인의 추억을 떠올릴 때마다 "흥에 겨운" 기분은 살인자의 끔찍한 삶에 '혁명전사의 사명감'을 부여하며 자신을 합리화하는 데 관여한다. 그들은 끔찍한 공포환경에서도 이와 같은 합리화의 방어전략 때문에 제정신을 가지고 스스로를 지킬 수 있다. 이 비밀전사들 역시 정치범과 마찬가지로 거대한 트라우마에 갇힌 몸으로 살아가는 거대 공포의 피해자들이다. 정치범 수용소에서 거대 공포에 내몰린 모두 인간성이 발가벗겨져 비인간화가 완성되는 것이다.

(3) 악몽

"죽어서도 잊히지 않을 악몽." 이것은 안명철의 절규다. 한국에 온 지 10년이 지났지만 여전히 그는 반복적인 트라우마 악몽과 사투를 벌인다고 기록하고 있다. 정치범 수용소에서도 가장 악명 높은 완전통제구역의 경비병으로 근무한 8년 동안 "인간 인식 밖의 사태", "인간 언어 밖의 사태"를 직접 경험하고 목격하면서 안명철은 무감각함, 불감증과 함께 침습적 사고의 트라우마 증상을 보였다. 즉, 악몽에 시달렸다.

그의 악몽이 시작된 것은 정치범 수용소의 경비병 시절로 소급된다. 그의 수기에 따르면 "수십 개의 해골과 송장 속에서 헤엄치다 놀라서 깨어나면 등골이 땀에 절어 서늘해"지곤 했다. 어떤 때는 악몽이 한 주일이나 반복되며 지속될 때도 있었다. 죽은 자들과 원수진 일이 없었고 아직 살아있는 사람들도 자신이 인간으로 대해주고 도와준 사람들이었는데, 그들이 꿈속에 나타나 괴롭혔던 것이다. 지금까지도 가끔 꿈속에 나타나 왜 자기들을 데리고 가지 않았냐면서 운다고 한다. "송장 골의 해골들과 내가 알고 있는 수용소에 갇혀 있는 수십 명의 정치범들이 꿈에 나타나 늘 울었다." 그래서 잠자기가 무서울 지경이라고 한다. 안명철은 극적으로 수용소를 탈출해 한국에서 살아가면서 북한에서의 생활과 정치범 수용소에서의 악몽을 잊으려고 알코올에 의지하면서 무진 애를 썼지만 잊혀지지 않았다.

> 밤에는 수용소에서 있었던 환영과 고향과 가족들, 친구들을 버리고 왔다는 자책감으로 술의 힘을 빌려야만 잠을 잘 수 있었다. 그렇게 2년을 방황하니 알코올 중독자가 될 것 같았다. 밤마다 수용소 귀신들이 찾아와 목을 조르고 보위원들과 경비대가 수령님을 배신한 반역자라고 총을 들고 나타나 죽이려고 하니 정말 미쳐버릴 것 같았다.[14]

수용소에서 무수히 죽어간 죄 없는 정치범들, 지금도 자신들이 지은 죄가 무엇인지 모른 채 "그저 팔자려니 하고" 숙명처럼 굴복하며 죽는 날까지 모진 강제노역에 동원되어 서서히 죽어가는 정치범들을 생각하니 밥을 먹어도 먹은 것 같지 않았다. 고향에 두고 온 어머니와 동생들, 친척들에 대한 미안한 마음에 잠을 설치는 날이 며칠인지도 모른다. "북한을 떠난 지 10년이 넘은 지금도 전혀 잊혀지지 않고 오히려 더 생생하게 떠오르는 악몽을 무엇으로 설명할까?" 안명철은 절규하고 있다.

안명철의 생생한 트라우마 기억은 10년이 지난 시점에서도 정치범 수용소의 그 장소와 시간 속으로 집요하게 그를 소환한다. 그로 하여금 여전히

---

14 같은 책, 285쪽.

깊은 트라우마의 고통 가운데서 질척이게 만든다. 마치 과거의 끔찍했던 그 공간에서 시간이 멈춰버린 것처럼, 트라우마 기억은 깨어 있는 동안에는 플래시백으로, 잠자는 동안에는 외상성 악몽으로 거침없이 의식 속으로 침습하는 것이다. 그가 겪는 고통은 수많은 비밀전사와 직무를 집행하는 사람들이 겪는 집단적인 고통이기도 하다.

4. 거대 공포의 피폭자들

『정신질환의 진단 및 통계편람 제5판』에 따르면, 트라우마가 되는 사건을 본인이 직접 경험하거나 현장에서 목격할 때뿐만 아니라, 트라우마에 간접적으로 노출될 때, 즉 가족, 동료, 이웃과 같은 주요한 타인이 트라우마 사건을 경험했다는 사실을 알게 될 때, 그리고 직업적으로 트라우마가 될 만한 구체적인 사항에 지속적으로 노출될 때 또한 트라우마를 겪을 수 있다고 정의한다.[15]

『정신질환의 진단 및 통계편람 제5판』에 따르면 북한 정치범 수용소의 총체적 폭력과 테러를 직접 경험하는 정치범뿐만 아니라 직업적으로 직무를 집행하는 '비밀전사'들, 그리고 그와 같은 사건을 직접 목격하고 들어야 하는 그들의 가족, 즉 정치범 수용소 구역에 갇혀 있는 모든 사람들 역시 트라우마에 시달릴 수 있다.

15　APA, 『정신질환의 진단 및 통계편람 제5판』, 289~292쪽.

그뿐만 아니라 수용소 바깥세계에 살면서 가까운 이웃이나 동료가 정치범으로 사라지는 것을 보거나 전해 들으면서 지속적으로 정치범 수용소의 거대 공포에 사로잡힌 북한 사람들 모두 트라우마 사건에 내몰린다고 말할 수 있다. 즉, 주민감시통제 체계의 그물에 걸려 잠재적 정치범으로 살아가는 그들의 삶 자체가 트라우마라고 할 수 있다.

거대 공포는 전체주의 북한의 영속성과 지구력을 확립하는 '원자폭탄'급 위력을 과시한다. 북한 정치범 수용소는 이러한 거대 공포의 폭격을 직접 받는 지역으로, 그곳에 살고 있는 사람들은 "원자폭탄의 폭발로 피해를 입은 사람"으로 비유될 수 있다. 수용소 바깥구역에 살고 있는 일반 북한 사람들은 원자폭탄 폭발의 "방사능으로 피해를 입은 사람"으로 비유할 수 있다.

우리는 원자폭탄에 의한 피해자를 피폭자라고 부른다. 피폭자가 받는 피해는 열, 폭풍, 방사능에 의한 죽음에서부터 장애로 인한 노동력 상실, 가정의 파괴 및 결손, 트라우마, 방사선에 의한 질병과 그 후유증 같은 2차적인 피해까지, 그 손상이 다층적이고 복합적이다. 즉, 원자폭탄의 거대한 폭발과 방사능에 의한 피해는 신체적·심리적·정신적 죽음과 붕괴, 그리고 엄청난 사회적 재난과 위기, 끔찍한 고통을 수반한다.

전체주의 북한에 살고 있는 사람들은 거대 공포의 피폭자라고 말할 수 있다. 수용소에 갇힌 정치범이 공개처형, 비밀처형, 굶주림, 고문과 구타, 강제노역, 자살, 약탈, 성폭력 등으로 인해 겪는 고통은 상상을 초월한다. 그들 정치범은 완벽하게 비인간화를 경험하며 짐승처럼 길들여진다. 그들은 비인간적인 동물왕국에서 노역에 시달리면서 세상에 존재한 적이 없었던 사람처럼 서서히 지워진다.

수용소 직무를 집행하는 비밀전사와 그들의 가족 역시 트라우마 사건에 지속적으로 내몰린다. 모든 것이 가능한 비밀구역에서 살아가는 사람은 누구든지 트라우마를 피할 방도가 없다. 폭력과 끔찍한 살인행위가 일상화된 환경에서는 피해자나 가해자 모두 거대 공포의 피폭자다. 그곳에서 살아가는 사람들 모두 집단적으로 신체적·정신적·심리적·인격적 살해를 당하며 비인간화되는 것이다. 비밀구역에서 일상적으로 경험하는 극한적인 충격과 고통은 인간 인식 밖의 사건들이다. 그 같은 '절대 절망', '절대 공포'의 환경에서도 적응하면서 생존기능을 계속 유지해 간다는 사실이 경이롭기까지 하다.

거대 공포의 방사능은 수용소 바깥세계에까지 영향을 미쳐 전체주의 북한 전역을 피폭지대로 오염시킨다. 북한 사람 모두를 거대 공포에 오염된 피폭자로 만들어버린다. 정치범이 살아있는 자의 세계에서뿐만 아니라 죽은 자의 세계에서까지도 세상에 존재한 적이 없었던 것처럼 사라진다는 사실은 수용소 바깥사람들을 경악하게 만든다. 북한 사람들은 정치범 수용소라는 이름만 들어도 벌벌 떨며 얼어붙는다. 누군가의 '눈'이 정치범을 색출하기 위해 지켜본다고 느껴지면 자신의 자율성과 주도권을 포기하고 집단규범과 질서에 순응한다. 거대 공포에 민감해진 그들의 신경계는 자그마한 공포자극에도 쉽게 제압당하며 기가 질려 자발적으로 굴복하게 되는 것이다.

정치범은 정치범 수용소의 완전통제구역이 아닌 혁명화구역에서 10년 이상의 형벌기간을 마치면 매우 제한적으로 출소가 가능하다. 하지만 북한의 '잠금장치' 안에서 살아가는 한, 북한 사람들은 정치범들이 수용소 밖으로 다시 나올 수 있다는 사실 자체를 절대 알 수 없다. 한국에서 탈북민 출신

정치범들의 충격적인 증언을 접하면서 비로소 그 실체를 알게 된다. 그만큼 북한에서 정치범 수용소는 '절대 비밀', '절대 침묵'의 신성불가침의 영역이다. 이 공포는 북한 사람들의 신체와 정신에 트라우마 흔적을 새긴다. 거대 공포는 북한 사람 모두를 전체주의의 노예로 만든다. 이 노예들의 오케스트라가 체제 안정과 보장을 떠받치고 있는 것이다.

종장

/

북한 세습체제는 영속할 수 있을까?

'왜 북한에서는 민주화운동이 일어나지 않을까?', '북한 사람들은 진심으로 최고 존엄을 숭배하는 것일까?', '북한 사람들은 억압적인 체제에 절대적으로 순응하기만 할까?', '북한에는 어떤 형태의 저항도 존재하지 않을까?' 이것은 외부 세계의 사람들이 탈북민들에게 던지는 중요한 질문이다. 그들은 비정상국가 북한 권력의 영속성에 놀라며 호기심을 가진다.

남한 사람들은 권위주의 독재에 저항하며 민주주의를 일궈낸 자랑스러운 역사를 가지고 있다. 남한도 북한과 같은 독재정권 시절이 있었지만 민주화 항쟁을 통해 독재를 청산하고 민주적인 사회를 만들었다는 자부심을 가지고 있다. 죽기를 각오하고 독재에 저항해 한국사회의 민주화를 이뤄냄으로써 오늘날과 같은 작지만 강한 나라를 만들었다는 자긍심이 매우 높다.

대한민국이 민주주의의 꽃을 피우면서 세계 10위의 경제대국으로 부상하는 동안 북한은 수십만 명이 굶어죽는 식량위기와 빈사상태의 경제위기를 겪으면서 브레이크 없는 내리막길에 접어들었다. 1990년대에 직면한 극한적인 경제위기 때에도 외부 세계의 예단과 달리 북한에서는 어떠한 저항의 물결도 일어나지 않았다. 왜 북한에서는 대중적인 저항운동이 일어날 수 없을까? 북한에 일찍이 존재했던 생존전략 차원의 '일상의 저항'이 사회변혁의 요인으로 기능할 수 있을까? 이 장에서는 여기에 대해 고찰하려 한다.

1. 사회적 안전과 상호의존

진화론적으로 인간은 자신이 살아가는 환경과 상호의존하면서 생존과 안전을 추구해 왔다. 스티븐 포지스는 다윈 이후 140년 동안 과학적으로 밝혀진 결과를 분석해 '다미주 신경이론(Polyvagal Theory)'[1]을 발표했다.

---

1   다미주 이론은 척추동물 자율신경계 진화에 대한 연구를 통해 출현했다. '다미주 신경'은 다윈이 '폐위신경'이라고 칭한 신경으로, 뇌, 폐, 심장, 위, 장 등 수많은 신체기관을 서로 연결하는 여러 갈래의 신경을 가리킨다. 다미주 이론은 사회적 상호작용과 감정을 생물행동학적 과정으로 해석한다. 다미주 이론은 내장기관 조절에 관여하는 자율신경계 신경회로에 초점을 맞추는데, 이 신경회로들은 정서와 감정 및 사회적 의사소통 행위와 관련해 고유한 방식으로 적응적으로 기능한다. 다미주 이론에 따르면 자율신경계는 세상의 도전에 대해 미리 정해진 위계에 따라 순차적으로 반응한다. 스티븐 포지스는 인간이 자신이 속한 환경의 도전에 대한 상대적인 위험과 안전을 평가하는 능력을 '신경인지'라는 용어를 만들어 설명한다. 이 이론에서는 포유류의 자율신경계 발달에서 계통발생적으로 다르게 나타나는 세 단계를 구분한다. 즉, 자신이 안전하다고 느끼는 수준에 따라 세 가지 중 어느 쪽을 활성화할 것인가를 결정하는데, 첫 번째 단계는 '사회적 개입 유도', 두 번째 단계는 '싸움-도주 반응', 세 번째 단계는 '얼어붙은 상태'로, 반응하는 뇌 구조의 계통발생적 기원을 강조한다. 적응적인 사회적·감정적 행동에 관해 다미주 이론은 다음과 같은 가정을 따른다. ① 진화는 자율신경계 구조를 변화시켰다. ② 포유류 자율신경계는 계통발생적으로 오래된 자율신경계의 흔적을 지니고 있다. ③ 감정조절과 사회적 행동은 진화에 따른 자율신경계 구조의 변화로 인한 기능적 파생물이다. ④ 포유류에서 외부 도전에 대한 자율신경계의 반응전략은 계통발생적 위계를 따른다. 가장 최신 구조부터 활성화되며 상위구조가 적절하게 반응하지 못할 경우 가장 원시적인 체계로 거슬러간다. ⑤ 자율신경계의 계통발생적 단계는 환경 속에서 사람과 대상이 반

다미주 신경이론에서는 인간은 사회적 행동과 감정 장애에 대한 취약성을 이미 신경계에 내재한 채로 태어난다고 본다. 포지스의 신경이론은 신경계의 진화를 통해 감정 표현 및 의사소통의 정도가 결정될 뿐 아니라 스트레스에 반응하고 그로부터 회복하는 몸과 행동의 상태를 조절할 수 있는 능력, 즉 안전과 생존을 향한 생물행동학적 추구가 이미 형성된것이라고 본다. 또한 사회적 환경과의 상호작용을 통해 자율신경계 회로는 정서와 감정, 의사소통 및 사회적 행동과 관련해 고유한 방식으로 적응해 왔다고 본다. 우리가 어떠한 사회정치적·경제적·문화적 환경에서 살아가느냐에 따라 개인의 성격과 인격의 특징, 나아가 집단의 정서와 사회적 행동이 고유한 방식으로 발현된다고 보고 있는 것이다.

남북한 사람들의 집단정서와 사회적 행동화 역시 사회적 환경과 상호작용하며 안전을 추구하는 생물행동학적 과정으로 해석할 수 있다. 남북한 사람들이 각각 몸담고 살아가는 사회정치적 환경이 얼마나 안전한지, 즉 조금 위험한 수준인지, 아니면 생존을 위협할 정도로 위험한 수준인지 신체가 느끼는 정도에 따라 자율신경계는 스스로를 보호하기 위한 사회적 행동화를 발현하기 때문이다.

민주주의를 지향하는 남한은 권위주의 군사독재 시절에도 기본적으로 인간의 자율성이 보장되고 기본적인 욕구를 해결할 수 있는 환경이었다. 오늘날 민주화의 토대 위에서 경제대국으로 부상한 남한은 정의와 공정사

응하는 데서 나타나는 행동적·생리적·정서적 양상을 결정한다. 스티븐 포지스, 「정서인식과 표현에서 몸과 뇌의 상호작용」, 다이애나 포사·대니엘 시겔·매리언 솔로몬 외, 『감정의 치유력』, 노경선·김건종 옮김(서울: 눈, 2013), 49~59쪽.

회를 지향하며 성장하고 있다. 사람은 신경생물학적으로 친절한 얼굴 또는 마음을 달래주는 목소리만으로 감정이 극적으로 바뀔 수 있다. 또한 자신에게 의미 있는 사람을 보거나 그 사람의 목소리를 듣는 것만으로도 편안함을 느낀다. 그런 면에서 보면 남한사회는 안정감이 확립된 환경이다. 이와 같이 안전한 환경에서는 방어적인 변연계 구조가 억제되고 몸 상태가 평온해진다. 반면, 스탈린식 전체주의를 이식한 북한은 인간의 자율성과 기본적인 욕구를 말살하는 잔혹한 폭력 환경이다. 인간이 살아가는 데 가장 중요한 요인인 안정감과 안전감을 느낄 수 없는 환경으로, 생존에 위협적이다. 사람들은 반생명적인 환경에서 오로지 생존에 집착하며 동물 수준의 삶을 살아갈 수밖에 없다.

우리의 뇌는 환경과 신체에서 비롯되는 감각정보를 처리해 안전과 위험을 평가하며 생리학적 상태를 조절하는데, 지속적으로 위협적인 환경에 노출되었던 대부분의 북한 사람은 환경의 실질적인 위험성과 생리학적 상태의 불일치를 경험한다. 즉, 환경이 안전할 때에도 신경계는 위험하다고 평가하는 것이다. 이러한 불일치는 사회적 관여와 참여보다는 싸움-도주-얼어붙기에 특화된 사회적 행동을 반복적으로 발현한다. 이와 같은 신경계의 전략은 북한 사람들에게서 나타나는 생존전략 차원의 방어기능이다.

남북한 사람들의 집단정서와 집단적인 행동은 극명한 차이를 보일 수밖에 없다. 전체주의 북한은 인간의 적응능력을 넘어서는 폭력사회, 불안사회다. 북한 사람들은 국가와의 관계에서 만성적인 불안과 위험을 느끼면서 스스로를 지키기 위해 심각한 수동성, 습관적 의존, 복종행동 같은 정신적 붕괴 상태에 빠진다. 대체로 그들은 고통스러운 감정을 차단하는 전략을 통해 자신을 지키기 때문에 냉담하고 무정하고 무감각해질 수 있다. 자신의 안전을 확립하기 위한 이와 같은 생물행동학적 추구는 북한 사람들의 정서와 의사소통, 사회적 행동에 영향을 미친다.

2. 북한에서는 왜 조직적인 저항운동이 불가능할까?

1) 남한체제에서 민주화가 가능했던 이유

(1) 환경적 요인: 사회 연결망

인간의 안전을 위한 가장 중요한 요소는 생명과 이익이 보호되고 기본적인 인권이 보장되는 사회, 안정감을 느낄 수 있는 사회 환경이라고 할 수 있다. 특히 안전한 유대관계와 사회적 지지는 환경의 도전으로 인한 고통과 스트레스에 제압당하지 않도록 지켜주는 가장 강력한 사회적 구성 요인이다. 사회 연결망과 인간적 유대감은 우리가 몸담은 환경이 안심할 수 있다는 느낌을 주고, 서로 더 가까이 다가가게 하며, 자신들이 지향하는 상호적인 집단행동을 촉진시키는 중요한 동인이다.

남한은 자유민주주의를 표방하는 민주주의 체제로, 기본적인 인권이 보장되는 사회다. 하지만 불과 몇십 년 전만 해도 권위주의적인 군사독재정권이 지배하고 있었다. 그때는 남북한의 체제가 '권위주의', '독재', '폭력', '억압'이라는 특징을 공통적으로 내포하고 있었다. 그러나 전체주의 환경에서는 이 개념들이 다른 의미를 지닌다. 남과 북은 사회구조적으로 이념과 사상에서 근본적인 차이가 존재했던 것이다.

과거 군사독재 시절에도 남한사회에서는 대중들이 사회적 고통과 불평불만을 표현할 수 있는 자유가 보장되어 있었고, 언론, 출판, 집회, 결사의 자유가 보장되어 있었다. 독재정권이라는 제약이 있었지만 개인의 생각과 감정을 저항운동으로 표출할 수 있었던 것이다. 한마디로 남한은 개인의 안전과 이익을 위해 주변 사람들에게 도움과 연대, 협력을 촉구하며 저항세력을 규합할 수 있는 민주주의적인 토양을 지니고 있었다.

이와 같이 남한의 환경은 고립된 개인을 응집된 민중의 힘으로 엮어내고 적극적인 민주화운동을 추동할 수 있는 다양한 조직체의 구성이 가능한 사회였다. 실제로 사회변혁을 추구하는 민주화세력을 응원하며 호응해 주는 다양한 사회연결망과 지지그룹, 조직체가 존재했다. 독재 권력에 대항해 강력한 정치적 연대를 이룰 수 있는 정당, 종교, 언론, 학자로 구성된 강력한 반체제 그룹이 형성될 수 있었던 것이다. 덕분에 생존의 고통을 호소하는 민중과 함께할 수 있는 노동운동, 학생운동, 시민운동 같은 풀뿌리 연대가 가능했다. 이러한 환경적 요인으로 인해 남한 사람들은 자신의 감정을 표현할 수 있었을 뿐만 아니라 고통스러운 사회적 환경에 반응하고 안전과 이익에 적합한 집단행동화를 발현할 수 있었다.

기본적인 자유권이 허락되는 정치풍토에서 사람들은 사회정치적 환경의 폭력과 위협에 관해 사유할 수 있었고, 표현할 수 있었고, 거부할 수 있었고, 저항할 수 있었다. 삶을 힘들게 하는 고통스러운 상황을 피해서 언제든지 이동할 수 있었고 해외로 떠날 수도 있었다. 즉, 사람들은 정권과 맞서 싸우든지, 싫으면 피해서 떠나든지, 아니면 순응 혹은 체념하든지 자신의 처지와 형편에 맞게 주도적으로 선택하며 자신의 안전과 생존을 위해 살아올 수 있었다.

실제로 많은 사람들이 일상생활의 불평불만과 고통스러운 감정을 표현하고 생존을 위한 연대를 촉구하면서 뭉쳤다. 민중의 고통을 대변하는 다양한 사회적 집단이 그들의 목소리에 지지를 보냈으며, 개인의 외침을 거대한 광장의 외침으로 조직화하고 이끌어나갔다. 각계각층의 사람들이 조직화된 저항세력을 이루며 민주화운동의 긴 여정을 걸어왔다. 조직화된 민중의 힘으로, 즉 상호 연대하고 지지하고 떠받치는 단결된 힘으로 권위주의 국가권력을 약화시킬 수 있었고 정권교체를 이룰 수 있었다.

(2) 심리생리학적 요인

인간은 자신을 둘러싼 사회적 환경에서 친구와 적을 구분하며 다른 사람들과의 협력과 협동, 집단과의 의사소통 같은 생존과제를 관철하면서 진화해 왔다. 인간의 몸은 삶이라는 역경을 헤쳐나가면서 자신의 생존환경이 안전한지, 아니면 고통스러운지, 아니면 생존이 위태할 정도로 위협적인지를 시시각각 판단하며 반응하는데, 이러한 신체 경험은 사회적 행동화가 발현되는 데 근본적인 영향을 미친다. 계통발생학적으로 인간은 안전과 상호작용하는 자율신경계의 생리학적 조절을 통해 스스로를 지키며 생존해 왔는데, 이 생존전략은 아무리 절망적인 환경에서도 기능한다. 자율신경계가 위협을 느끼는 특정 지점에서 싸움-도주-얼어붙기 반응 중 어느 쪽을 활성화할 것인가 하는 것은 안정감을 느끼는 수준에 좌우된다.

남한 사람들의 강력한 사회적 연결망과 정치적 유대관계는 공포와 과도

한 스트레스에 제압되지 않도록 사람들을 보호해 주며 적극적인 행동으로 위협적인 상황에서 탈출할 수 있는 내면의 에너지를 모아준다. 남한의 사회 환경은 사람들이 국가의 위협으로부터 스스로를 보호하기 위해 저항적 행동으로 대응하는 전략을 세울 수 있는 환경이다. 남한사회에서는 군사독재를 피해 멀리 떠남으로써 안전을 확립하는 전략 역시 실행 가능하다. 이렇게 남한은 적극적인 행동전략으로 대응하며 자신의 안전과 이익을 지킬 수 있는 환경인 것이다.

안전과 생존을 위한 남한 사람들의 생물행동학적 추구가 변화해 온 과정을 보면, 군사독재 시절에는 싸움-도주 방어기제의 적극적인 행동화로 발현되었으나, 민주화된 오늘날의 안정적인 환경에서는 이와 같은 방어체계가 중단되고 사회체계가 관여하는 생리학적 조절단계로 바뀌었다. 사회관여체계가 작동하면 우리의 몸과 뇌가 위험을 감지해 싸움-도주 방어기제가 작동하더라도 이를 안심시키고 다시 편안한 상태로 돌아갈 수 있다.[2] 또한 사회관여체계가 작동하면 싸우거나 도망가기 방어기제를 놀이의 요소로 쓸 수도 있다. 실제로 사회정의와 공정의 가치를 지향하며 일어난 저항운동은 사회관여체계가 작동하는 '촛불문화제'로, 즉 자발적 참여와 놀이, 성장, 회복의 형태로 표현되고 있다.

신경생물학적 측면에서 보면 사람들이 몸 담고 살아가는 환경이 얼마나 안전한지 느끼는 수준에 따라 자율신경계의 3단계 생리학적 조절반응이 다르게 나타난다. 안정감과 안전감을 느낄 수 있는 환경에서는 우리 뇌의 사

---

2   권혜경, 『감정조절』(서울: 을유출판사, 2016), 82쪽.

회관여체계가 작동한다. 이때에는 위협을 감지해 자동적으로 싸움-도주 방어기제가 작동하더라도 상대방의 눈 맞춤이나 음조, 몸짓과 같은 사회적 신호를 통해 스스로를 안심시키고 다시 편안한 상태로 돌아갈 수 있다. 결국 우리가 인간답게 살 수 있으려면 우리가 몸 담고 살아가는 사회 환경의 안전이 관건이다.

2) 북한체제에서 조직적 저항이 불가능한 이유

(1) 환경적 요인: 사회 연결망의 붕괴

전체주의 북한은 자신을 둘러싼 생태체계에 대한 안정감과 안전감을 확립할 수 있는 정상국가의 사회 환경이 결코 아니다. 인간이 누려야 할 기본적인 인권이 말살된 사회다. 북한은 표현의 자유를 비롯한 언론, 출판, 집회, 결사의 자유권이 보장되지 않는 반인권적인 정치풍토를 지니고 있다. 또한 폭력적인 환경의 도전에 제압당하지 않도록 사람들을 보호하고 지켜줄 수 있는 어떤 사회적 지지체계도 존재하지 않는 구조다. 오로지 최고 존엄 중심의 종속적이고 복종적인 일방통행식의 관계망과 조직만 존재한다. 절대 권력을 옹호하는 조선노동당과 당의 정책과 노선을 절대적으로 받들어 집행하는 외곽조직만 있을 뿐이다.

문어발처럼 시공간을 지배하는 감시통제망은 한순간도 멈추지 않고 무서운 '눈'으로 사람들을 지켜보며 을러대고 있다. 무수한 조직체가 수령보위 결사옹위의 역사적 기능을 관철하며 완벽하게 작동하고 있는지, 당의 세포조직과 외곽조직을 이끄는 엘리트그룹이 충성경쟁에서 이탈하고 있지 않은지 불꽃같은 '눈'으로 지켜본다. 또한 일반 주민들이 끼리끼리 패당을 만들고 있지 않은지, 두세 명이 모여 작당하지 않는지, 합법적인 조직망에서 탈선하고 있지 않은지 열정적으로 살피며 팽팽하게 조인다.

공포정치의 지배와 감시통제 기능을 관철하기 위해 무수히 많은 사람들이 비밀감시요원으로 동원되어 열정적으로 활약하고 있다. 감시통제가 거미줄처럼 촘촘하게 짜여 있어 사람들의 말과 행동, 미세한 감정까지 통제하며 꼼짝달싹 못하게 을러댄다. 두세 사람이 모인 곳에는 거의 언제나 비밀감시요원이 끼어 있다. 비밀감시요원의 의심을 사서 고발당한 사람은 경중에 따라 쥐도 새도 모르게 사라진다. 가족까지 사라진다. 그래서 사람들은 가까운 이웃은 물론 자기 가족까지 의심하고 불신하게 된다. 그 누구도 믿을 수 없게 되는 것이다. 심지어 "내 등도 믿을 수 없다"는 우스갯소리까지 생겨났다. 이와 같이 극한적인 공포정치는 모든 관계의 망을 가리가리 찢어버린다.

절대 권력의 영속성을 추구하는 전체주의 본질 때문에 북한에서는 자의적 의지에 의한 조직적인 활동이나 상호 지지해 주는 관계의 망이 존재할 수 없다. 모든 사람이 하나의 강력한 중앙집권적 조직망에 연결되어야만 한다. 사람들은 감시통제의 그물망에 잡혀서 서로를 의심하며 고립된 객체로 존재할 수밖에 없다. 그들은 두려움 때문에 의심의 경계를 쌓아올리고 각자의 세계에 갇힌다. 홀로 떨어져 움츠리고 지내면서 서로를 불신한다. 서로 경계하며 적대시하는 것이다. 사회적 연결망이 붕괴된 취약한 사회구조 때문에 북한에서는 반체제 저항운동에 필요한 기초적인 조직화가 불가능하다. 외부 세계에 비치는 북한 사람들의 모습은 높은 집단주의 정신을 소유하고 있고 사회적 연대가 강하다는 느낌을 주지만, 실체는 그렇지 않다. 본질적으로 그들은 알알이 흩어지고 고립된 객체로, 취약한 사회적 존재로 살아가고 있다.

서로 연결되어 있다는 느낌이나 안전한 유대관계를 경험할 수 없는 사회 환경은 인간의 정신건강에 치명적인 영향을 미친다. 우리의 정신건강에서 가장 중요한 한 가지를 꼽는다면, 다른 사람들과 함께 지내면서 안심하고 살 수 있는 환경이라고 말할 수 있다. 안전한 유대관계는 의미 있고 만족스러운 삶을 꾸리는 데 필수적인 요소이다. 북한에는 사람들을 지켜주는 이처럼 중요한 사회적 자원이 부재하다. 상시적으로 생존을 위협하는 환경에서 극한적인 스트레스에 내몰리는 그들에게 사회연결망과 지지자원이 없다는 사실은 그들이 얼마나 정신건강에 취약한 환경에서 살아가는지를 잘 말해준다.

생존과 안전이 위협받는 북한에서 공포에 떨면서 고립된 개인은 마치 가해자에게 잡혀서 살려달라고 애원하는 사람처럼, 또는 엄마가 매를 맞으며 질러대는 비명소리를 잔뜩 겁에 질린 채 듣고 있는 어린아이처럼 몸을 마음대로 쓸 수 없는 상황에 내몰린 것이나 다름없다. 신경생리학적 측면에서 보면 이와 같은 상황이 대부분 트라우마의 근본 원인으로 작용한다. 그러한 상황에 처하면 생리학적으로 자기 자신이나 주변 환경과의 연결이 끊어지는 상태, 곧 '얼어붙기' 모드에 돌입한다.

정리하자면 북한체제는 자신과의 관계, 타인과의 관계, 세상과의 관계를 비롯한 모든 연결망을 체계적으로 산산이 붕괴시킨다. 전체주의 환경에서 북한 사람들은 모든 관계의 연결망과 안전한 유대관계가 심각하게 훼손된 채로 살아가고 있다. 공포환경의 도전으로부터 서로를 격려해 주고 보호해 줄 수 있는 사회적 지지망이 원천적으로 차단되어 있다. 북한은 사회적 관계의 망이 철저하게 부서진 사회로, 어떠한 형태의 조직적인 저항운동이든지 모조리 불태우는 지옥의 불구덩이와 같다. 1990년 북한 위기 이후 이와 같은 감시통제에 심각한 균열이 생겼지만, 그럼에도 불구하고 북한은 지금도 가장 억압적이고 폭력적인 사회로 기능하고 있다.

(2) 심리생리학적 요인

남한 사람들이 저항이라는 적극적인 집단적 행동화로 군사독재 환경에서 벗어나 자신의 안전과 이익, 인권을 지켜냈다면, 북한 사람들은 환경과 자신을 차단하는 기능정지의 '얼어붙기' 반응으로 체제에 순응하면서 자신의 안전과 생존을 확립해 왔다. 그들은 폭력적인 환경의 도전 앞에서 적극적으로 행동함으로써 그 상황을 탈출하는 것이 아니라 자신의 의식체계를 변형하거나 부정하는 전략으로써 스스로를 보호해 왔던 것이다. 마치 전투에서 패배한 포로병처럼 그들은 일체의 주도권과 분투를 포기한 채 절대적 복종과 의존, 심각한 수동성에 고착될 수밖에 없었다.

북한 사람들은 장기적인 사회적 불안과 결핍의 고통 속에 살아오면서 주체이념이 약속하는 공산주의 이상사회 건설에 회의를 품으면서도 순종하는 척, 따르는 척하는 속이기 전략과 의존적·수동적으로 복종하며 최고 존엄에게 맹목적으로 열광하는 전략의 이중사고를 통해 스스로의 생존과 안전을 지켜오고 있다. 외부 세계에 비춰지는 북한은 필승불패의 사상적 단결력을 보유한 듯 보이지만, 북한의 실상은 모든 사람이 불신과 의심, 증오와 분노에 사로잡혀 알알이 흩어진 불신사회, 불안사회다. 북한사회의 이와 같은 부식 현상은 전체주의가 함축하고 있는 치명적인 오류로 인해 이미 오래전부터 시작되었다. 다만 과시적이며 상징적인 극장국가의 완벽한 연출효과로 인해 그러한 현상이 잘 드러나지 않았을 뿐이다.

1990년대 북한 위기는 북한의 부식을 표면화시킨 결정적인 한 방이었다. 자생적인 장마당 경제체제 구축, 충성경쟁의 종언, 중간 엘리트의 생존논리에 따른 탈선, 감시통제 및 처벌기능의 마비 또는 둔화 등의 변화는 이러한 부식을 가속화하고 있다.

북한은 분명 변화하고 있지만, 사람들이 자신의 생존과 인권을 위한 사회단체 혹은 결사체를 결성하거나, 이러한 변화가 자유를 추구하는 일반 대중의 조직적인 저항으로 이어지기까지는 오랜 시간이 걸릴 수도 있다. 현재 북한의 감시체제와 억압통치체계가 상당히 균열되긴 했으나, 북한의 정치체제는 주민들이 국가의 정치행위에 영향을 미칠 수 있을 만큼 자유화되어 있지는 않다. 게다가 김정은은 독재자 김일성-김정일의 포악한 그림자를 투영하며 선대의 폭력성을 훨씬 능가하고 있다. 김일성의 외관과 닮으려고 노력하는 김정은의 모습은 거대 공포 표상인 김일성-김정일을 재현하며 북한 사람들에게 부정적인 영향을 미칠 수 있다. 지속적이고 반복적인 폭력 경험으로 인해 북한 사람들의 신경계는 공포와 관련된 자극에 더욱 민감화되어 있다. 그들의 손상된 신경계는 중립적인 자극에도 '얼어붙기' 반응모드로 쉽게 돌입하며 굴복의 상태로 돌아설 수 있다. 마치 고기를 구울 때 피어나는 연기를 보고 화재로 오인해서 소방대를 출동하는 것처럼 우리의 신경계가 과잉대응을 하는 것이다.

오늘날의 북한은 1990년대의 극한적인 사회적 충격으로 인해 기존의 억압체제와 감시통제의 그물망이 뚫려 너덜너덜해졌다. 그럼에도 불구하고 사람들이 공포의 그물망에서 벗어나는 데에는 한계가 있다. 대부분의 사람들은 여전히 두려움에 떨며 뚫려 있는 그물망조차 벗어나지 못한다. 그물망을 벗어나려고 노력하기보다는 여전히 그물망 내에서 생존하기 위한 밥그릇 챙기기에만 분투하고 있다. 그렇지만 그들에게 좀 더 여유가 생긴다면, 좀 더 인간적으로 살아갈 수 있는 기회가 주어진다면 조직적인 저항운동이 일어날 수 있을까? 만약 그들에게 자유의 기회가 주어진다면 그들은 자유를 찾아갈 수 있을까? 북한 사람들에게 자유의 기회가 주어지더라도 그들은 지속적인 트라우마 경험으로 인해 이 기회를 포기할지도 모른다. 트라우마에 사로잡힌 동물이나 사람은 도망갈 기회가 주어지더라도 자유를 찾아가지 않는다는 것이 실험으로 입증되었다.[3]

북한 사람들은 위험이 따를지도 모르는 새로운 방법을 택하는 대신 익숙

---

3   데어 콜크는 충격을 받은 동물에게서 나타나는 무기력감에 대한 연구를 소개한다. 그는 우리에 갇혀 있는 개들에게 고통스러운 전기충격을 반복적으로 가하고 그 환경을 '피할 수 없는 충격'을 주는 움짝달싹할 수 없는 환경이라고 가정한다. 그 실험에서 연구진은 개를 우리에 가둔 상태에서 몇 차례 전기충격을 가한 후 우리 문을 열고 나서 다시 충격을 가했다. 앞서 전기충격을 당한 적 없는 대조군 개들은 충격이 가해지자마자 얼른 달아났지만, 피할 수 없는 충격을 당했던 개들은 문이 활짝 열려 있는데도 달아날 시도조차 하지 않았다. 그냥 그 자리에 그대로 누워서 깽깽대며 배변을 했다. 이 연구는 반복적인 충격 경험으로 인해 트라우마에 사로잡힌 동물이나 사람은 도망갈 기회가 주어진다고 하더라도 자유를 찾아가지 않는다는 것을 보여준다. 생존의 위험이 따를지도 모르는 새로운 방법을 선택하는 대신 익숙한 두려움에 갇혀 있으려 하면서 기회가 주어져도 포기해 버리는 경우가 많다는 것이다. 트라우마를 입은 개에게 충격적인 경험의 영역을 벗어나도록 가르칠 수 있는 유일한 방법은 억지로 개를 우리 밖으로 끌어내어 어떻게 나갈 수 있는지 몸으로 직접 경험하도록 만드는 것이다. 반 데어 콜크, 『몸은 기억한다』, 66쪽.

한 두려움에 갇혀 있으려 할 수도 있다. 그들은 위험상황에 지속적으로 내몰리면서 극도의 불안과 붕괴를 느껴왔다. 정신적 외상을 입은 사람들에게서는 실질적인 위험이 사라지고 오랜 시간이 흐른 뒤에도 계속 다량의 스트레스 호르몬이 분비된다. 따라서 위험이 사라진 뒤에도 싸움, 도주, 공포로 굳어버리는 반응이 지속되고 정상적으로 회복되지 못한다.

북한 사람들이 트라우마를 회복하기 위해서는 안정감을 느끼며 안심하고 살 수 있는 환경을 몸으로 직접 경험하는 과정이 필수적이다. 김일성-김정일-김정은의 공포 그림자를 걷어낼 수 있는 새로운 신체 경험이 중요하다. 1990년대 위기 이후, 숨통을 조이던 감시통제 억압 수단이 크게 둔화되고 자유로운 시장 활동이 일상화되고 있는 오늘날의 환경은 회복을 위한 첫걸음이 될 수 있다. 북한 사람들의 정신기능을 회복하기 위한 가장 이상적인 방법은 김일성-김정일-김정은 3대 세습의 전체주의 정권이 막을 내리는 것이다.

3. 비조직적인 저항문화: 북한 사람들의 일상의 저항

1) "시간을 훔치는 게릴라"

수십만 명이 굶어죽으면서도 북한에서 체제를 바꾸기 위한 조직적인 저항이 일어나지 않았다는 것은 그들이 북한체제를 전적으로 수용하고 그 체제에 순응한다는 것을 의미할까? 북한에 일찍이 구축되었던 '낮에는 사회주의, 밤에는 자본주의' 사회현상을 어떻게 설명해야 할까? 충효의 사람처럼 '따르는 척', '순종하는 척'하는 일상의 태도와 불평불만, 합법의 경계를 아슬아슬 넘나드는 일상화된 위법행위를 어떻게 봐야 할까?

일상생활 속의 저항문화를 연구한 미셸 드 세르토는 권력이 '공간을 장악한 정규군'같이 규제하고 감시한다면 약자들은 '시간을 훔치는 게릴라'처럼 '순종하는 척', '모르는 척', '하는 척'하는 전술로 저항한다고 말한다.[4] 비슷한 맥락에서 말레이시아 농민들의 저항에 대해 연구한 제임스 스콧에 따르면 농민들의 일상의 저항은 공적인 목표, 상징적인 목표에 대한 '암묵적'인 부정을 특징으로 하며, 비공식적이고 은밀하게 행해지고 주로 즉각적이고 실질적인 이익을 목표로 한다는 특징을 가지고 있다.[5] 스콧은 농민들이 생존전략 차원에서 행하는 일상의 저항인 훔치기, 속이기, 비방하기, 꾸물거리기, 도망하기 같은 비행을 '약자들의 무기'라는 개념으로 설명한다. 스콧에 따르면 일상의 저항의 목표는 지배체제를 직접 변화시키거나 전복하는 것이라기보다는 체제 내에서 생존하는 것이자 체제 내에서 자신이 받는 불이익을 최소화하는 것이다. 이러한 일상의 저항이 그들이 처한 사회경제적 조건 속에서 어떤 요인이나 일련의 과정을 통해 체제 전복에 기여할 수도 있지만, 그들에게 무엇보다 절박한 요구는 생존을 유지하는 것이다.

북한은 전 세계 다른 억압적인 체제와 비교할 수 없을 만큼 주민감시통제

---

4   Michel de Certeau, *The Practice of Everyday Life* (University of California Press, 1984); 정병호, 『고난과 웃음의 나라』, 341쪽.

5   J. Scott, *Weapons of the Weak: Everyday Forms of Peasant Resistance* (New Haven: Yale Univ. Press, 1985), pp. 29~33, 273, 290~295; 조정아, 「특집: 북한 주민의 '일상의 저항': 저항유형과 체제와의 상호작용」, ≪북한학연구≫, 7권 1호(2011), 25~74쪽.

와 억압이 철저하고 잔혹하다. 국가 권력이 개인을 제압하는 억압구조에서 약자들은 '시간을 훔치는' 저항으로 맞서왔다. 북한은 개인의 생존과 이익을 위한 조직적이고 공식적인 저항운동이 직접적인 생존위협이 되는 곳이다. 이처럼 절대 권력이 '공간을 장악한 정규군'같이 지배하고 통제하는 환경에서는 오래전부터 생존전략 차원의 일상의 저항이 암묵적으로 용인되며 조용하고 넓게 확산되었다. 즉, 북한 사람들의 친사회적 행동화의 이면에는 무수한 익명의 저항이 존재해 왔으며, 자신의 불이익을 최소화하기 위한 일상의 저항이 장기적인 사회현상으로 지속되어 왔다.

외견상 평온해 보였던 1970년대에도 '순종하는 척', '하는 척', '따르는 척'하기, 훔치기, 사적인 공간에서 불평하기와 비방하기 등 일상적인 저항이 존재했다. 전체주의 틈새에서 '낮에는 사회주의, 밤에는 자본주의'를 추구하는 그들의 일상의 저항은 최고 존엄에 대한 충효와 순응의 언어로 포장된 저항이었고, 많은 경우 저항과 계산된 순응 간의 경계는 모호했다. 배급체계의 폐해인 만성적인 배고픔의 고통에서 탈출하기 위한 강력한 먹이사슬의 형성과 훔치기, 속이기, 꾸물거리기, 하는 척하기, 비방하기, 도망하기 등의 생존전략은 북한 사람들의 '무기'다. 특히 1990년대 북한 위기 이후에는 '낮이나 밤이나 자본주의'를 추구하며 훨씬 더 과감하고 적극적으로 '약자의 무기'를 활용하고 있다.

전체주의 틈새를 파고드는 사람들의 다양한 생존전략을 밝힘으로써 스탈린 체제를 분석한 일상사 연구에 따르면 체제에 대한 저항과 순응의 상호연관성은 삶의 다양한 측면과 맞물린다. 즉, 일상적 삶의 영역에서는 소련체제에 대한 저항과 수용을 표면적으로 드러나는 행위나 언어를 기준으로 규정할 것이 아니라 그 내면에 깃들어 있는 다양한 사회관계, 심적 상태 등을 고려해 평가해야 한다는 것이다.[6] 예를 들어 체제에 대한 저항의지를 분명하게 드러내 보이는 행동이 아니더라도 그 시대 삶의 전체적인 맥락에서는 그러한 행동이 최대한의 저항표시일 수 있으며, 행동 당사자가 인식하지 못하는 일상적인 노동생활이 체제의 공고화에 기여할 수도 있다고 분석한다.

마찬가지로 일상생활의 영역에서 북한 사람들의 생존전략과 맞물려 나타나는 저항과 순응을 외부 세계에 비춰지는 표면적인 사회적 현상으로만 규정할 수는 없다. 그들의 친사회적 행동화에 대해 '장군님 식솔의 충효일심', '핵 무력보다 강한 정신사상적 위력'이라고 선전하는 북한의 목소리를 기준으로 규정할 것이 아니라 그 이면에 깃들어 있는 사회적 관계, 주변 환경과 상호작용하는 인간 내면의 정신작용 등을 고려해 판단해야 한다. 전체주의 환경에서 살아남기 위한 그들의 행동은 체제에 대한 저항과 순응이 혼재되어 나타날 수 있기 때문에 그 둘을 명확하게 구분 짓기는 어렵다.

2) 1990년대 위기 이후: 일상의 저항 확산

1990년대 북한 위기 이후 북한 사람들의 일상의 저항은 큰 변화를 맞았다. 그 이전에는 극히 소수의 사람들만 은밀하게 소비하던 남한의 놀이 문화가 지금은 일반 대중에게 광범위하게 소비되면서 일상생활의 저항문화로

---

6   박원용, 「스탈린 체제 일상사 연구의 현황과 쟁점」, 《동북아 문화연구》, 1권 16호(2008), 756~776쪽.

확산되고 있다. 이전에는 극히 소수의 고위층 엘리트와 분계연선 군인들에게서만 나타나던 탈북행위가 지금은 일반 사람들의 '도망가기' 저항 문화로 대중화되고 있다. 특히 주목할 것은 그 이전에는 가족관계와 같은 지극히 제한된 관계와 공간에서만 가능했던 일상생활에 대한 불평하기와 비방하기가 관계의 벽을 허물고 공적인 영역에서 유통되고 있으며 사회적 공감대가 형성되고 있다는 사실이다. 북한 위기 이전에는 상상할 수도 없었던 '반혁명적', '반사회주의적' 비방하기가 장마당을 거점으로 광범위하게 소비되고 있다. 감시통제의 그물망에 걸려들면 언제든지 정치범으로 몰려 사라질 수 있는 현상들이 공공연하게 일상의 저항문화로 확산되고 있는 것이다.

북한 사람들에게서 나타나는 가장 일반화된 비방하기는 일상적·개인적 고통과 분노를 세상에 대한 푸념과 신세 한탄의 형태로 표출하는 것이다. 경제위기 이전에는 가족공간이나 죽고 못 사는 친구관계에서만 극히 제한적으로 이루어지던 불평불만이 지금은 장마당에서 공공연하게 이루어지고 있다. "이놈의 고생, 언제면 끝이 나려는지. 망하려면 빨리 망해라", "외국에서 주는 원조미를 간부들만 다 처먹는다", "더는 힘들어 못살겠다. 콱 망해라", "다 굶어죽게 생겼는데 이놈의 세상에서 어떻게 살아가나". 주변 사람들과 의기투합하며 거침없이 불평불만을 공유하는 것이다. 이와 같은 비방하기는 "세상에 부럼 없어요", "우리는 행복해요"라고 말하기를 명령하는 최고 존엄에 반하는 엄중한 범죄다. 그러나 지금은 그들을 감시통제하고 처벌하는 중간 계층의 관료들도 배고프고 힘들기는 마찬가지여서 그들의 불만에 암묵적으로 동조하고 내심 호응하며 눈감아주고 있다.

그렇지만 사람들은 여전히 감시통제의 '눈'이 시퍼렇게 지켜본다고 느낀다. 그렇기 때문에 스스로를 보호하기 위해 직설적인 표현보다는 완곡한 표현으로 조롱하며 비방하는 경우가 훨씬 더 많다. 일례로 "전쟁이나 콱 일어났으면 좋겠다"(이 말은 1970년대 이전부터 유행했던 것 같다)라는 말은 북한 사람들의 상투어다. 이 말은 끔찍한 감시통제와 압제 아래 갇혀 만성적인 배고픔으로 죽어가는 현 체제가 전쟁이라도 일어나서 뒤집혔으면 좋겠다는 강렬한 바람을 담아 대중적으로 소비되어 왔다. 그런데 만일 이 말을 들은 사람이 사상적으로 꼬투리를 잡으려고 한다면 한순간에 그 말의 의미를 전도해 버린다. 때로는 자신의 말을 주변에서 꼬투리 잡지 못하게 먼저 선수 치기도 한다. "전쟁이 일어나서 통일이 되어야 잘살 수 있을 텐데", "전쟁이 나면 인민군대가 이기는 게 당연하지" 같은 '언어놀이' 전략으로 자신을 보호한다. 장마당에서 물건을 팔면서도 "우리 당이 좋아. 장마당을 쫙 열고 돈 벌게 해주잖아", "로동당도 좋지만 장마당도 얼마나 좋은가"라면서 당을 칭송하는 듯 놀리는 듯 장난치기도 한다. 이 말에 호응하며 같이 장난치는 사람들은 그 말의 진짜 의미가 최고 존엄에 대한 비난 혹은 조롱이라는 것을 알고도 남을 것이다.

지금은 개인적인 삶에 대해 불평하는 데서 한 걸음 더 나아가 공적인 영역에서 정부 당국의 정책 집행과정에 대항하는 개인들이 많아졌다. 시장은 비싼 자릿세를 내기 때문에 대부분 돈 없는 사람들이 시장 주변과 골목의 메뚜기시장(상인들이 공권력 단속을 피해 메뚜기처럼 뛰어다닌다고 해서 붙여진 이름이다)을 이용한다. 안전원이 단속할 때마다 '메뚜기 전술'을 쓰던 사람들이 이젠 그 자리에서 떠나지 않고 '진드기 전술'을 쓰면서 안전원과 맞짱을 뜨기도 한다. "나라에서 하지 말라는 비사회주의를 왜 하는가?" 하고 안전원이 을러대면 상인들은 "먹고사는 것이 비사(비사회주의)면 뭐가 사회주의인지 가르쳐달라", "굶어죽을 일이 없으면 시장에 안 나온다. 돈이 있으면 왜 개고생 하겠느냐?"라면서 사생결단으로 저항한다. 오히려 단속하던 안전원들이 곤혹을 치르기도 한다.

특히 2009년 11월 단행된 화폐개혁으로 인해 생활이 더욱 어려워지면서 당에 대한 불신과 원망이 고조되었고, 곳곳에서 집단적으로 저항하기도 했다. "화폐교환 때문에 다 굶어죽게 생겼다", "돈 교환이 우릴 망하게 한다"라고 거세게 항의하는 일들이 발생했다. 사람들이 집단적으로 당 청사에 몰려간다든지, 동사무소에 몰려가 죽게 되었다고 항의하는 사건이 비일비재하게 일어나자 김정일은 격앙되는 민심에 두려움을 느끼고 계획재정부장 박남기에게 화폐개혁이 실패한 책임을 물어 공개처형했다.

탈북민들의 소식통에 따르면 북한에서는 장마당을 통해 개인들이 비밀리에 무기를 구입하는 사례도 발생하고 있다. 북한에서 2017년부터 개인의 무기 소지, 무기 유통 문제가 정부기관에서 논의되기 시작했다는 것이다. 그뿐만 아니다. 2020년 제9호 태풍 마이삭이 휩쓸고 간 태풍 피해 복구를 위해 수십만 명의 군대가 검덕지구에 투입되었는데, 그들 간에 벌어진 몽둥이 패싸움이 큰 사회적 물의를 일으켰다고 한다. 수마가 할퀴고 간 검덕지구에서는 수백 명의 인명피해가 발생하고 수많은 가옥이 파괴되었으며, 김정은의 외화 원천인 검덕광산이 초토화되어 엄청난 재산손실을 입었다. 식량과 부식물의 부족으로 만성적인 배고픔에 시달리다 보니 군부대 간 집단적인 쌀 창고 털기, 개인들의 도둑질 등 먹거리 훔치기가 성행했다. 더욱 큰 문제는 만성적인 배고픔이 발단이 되어 발생한 집단적인 패싸움을 통제하고 관리할 국가통제 기구나 수단이 없다는 것이다.

지금 북한에서는 1990년대 위기 이전에는 상상조차 할 수 없었던 일들이 발생하고 있다. 급기야 김정은이 2020년 조선노동당 창건 75주년 경축연설에서 "로동당 만세"가 아닌 "인민 만세"를 외친 것은 벼랑 끝에서 눈뜨는 민심이 그만큼 불안하다는 시그널이었다. 인민에게 찬사를 연발하며 울컥해하는 김정은의 눈물정치는 민심 이반을 반영한다고 볼 수 있다. 김일성-김정일-김정은 3대 세습의 폭력을 몸으로 경험한 계속혁명세대가 김일성의 감성정치에 동조했던 전쟁세대처럼 쉽게 북한 당국에 동조하지 않을 것이라는 사실은 자명하다.

정리하자면 여전히 억압적이고 잔혹한 환경에서 이루어지는 북한 사람들의 저항은 아직까지는 고통의 근원인 지배구조 자체를 부정하려는 의도를 갖고 있지 않다. 오로지 먹고살기 위해 최소한의 필요를 충족하기 위한 저항이다. 그것은 조직화된 집단적인 저항이 아니라 우발적이고 비조직화된 제멋대로의 저항이다. 그들의 저항은 지배체제 내에서 생존하기 위한 전략에 국한된 것으로, 지배체제에 적응하며 순응하려는 의도를 내포하기도 한다. 그러나 생존을 위한 지극히 우발적이고 비형식적인 행동일지라도 특정한 사회정치적 맥락에서 사회변화의 중요한 자원으로 기능할 수 있다.

3) 체제 변혁의 요인

(1) 사회적 공감대 형성하기

스콧에 따르면 일반적으로 진정한 저항은 조직화되고 체계적이고 협동적인 것이자 원칙에 입각한 사심이 없는 것으로, 혁명적 결과를 가져온다.[7] 진정한 저항은 지배구조의 기초 자체를 부정한다. 그에 반해 우발적인 저항은 생존전략 차원의 저항이자 비조직적이고 비체계적이고 개인적인 것으로, 혁명적 결과를 가져오지 않는다. 우발적인 저항은 지배체제를 수용하려는 의도를 내포한 개념으로 구분된다. 스콧은 전자가 진정한 저항이고 후자는 궁극적으로 사소한 저항이라고 규정하는 통념에 문제가 있다고 지적한다. 그는 행위의 결과뿐만 아니라 행위자의 의도와 행위자가 자신의 행위에 부여하는 의미, 의도하지 않은 역사적 결과 또한 중요하다는 점을 강조한다. 또한 개인적 행동과 규율화된 집단행동을 구분하는 것은 사회역사적 상황에 따라 때로 매우 모호하며, 양자 모두에서 저항의 근원으로 작용하는 것은 행위자의 자기이익이라는 점을 직시한다. 스콧은 어떤 형태의 대응이든 간에 일상의 저항은 국가의 정책 선택지를 변화시키거나 좁히는 결과를 가져올 수 있다고 강조한다.

특정한 사회역사적 맥락 안에서 거시적 사회구조의 변화를 가져올 수 있는 일상적 저항의 영향력은 단선적이지 않다. 북한 사람들이 생존전략 차원에서 벌이는 일상의 저항은 1990년대 고난의 행군 시에 먹이사슬의 붕괴라는 사회적 위기를 맞으면서 의도하지 않았던 사회정책의 변화를 이끌어 냈다. 북한에서 경제 위기 이전부터 일찍이 '낮에는 사회주의, 밤에는 자본주의'를 구축했던 일상의 저항은 체제 내에서 자신들이 받는 불이익을 최소

---

7   J. Scott, *Weapons of the Weak: Everyday Forms of Peasant Resistance*, pp. 34~36; 조정아, 「특집: 북한 주민의 '일상의 저항': 저항유형과 체제와의 상호작용」, 25~74쪽.

화했지만, 그들의 저항경험은 공유되지 못했고 절연되어 개인적인 불평이나 불만 정도에 그칠 확률이 높았다. 장기간에 걸쳐 일어났던 일상의 저항은 가시적으로는 북한체제를 위협하는 직접요인으로 작용하지 않는 것처럼 보였지만 북한체제를 천천히 부식시키고 있었다. 수십만 명이 굶어죽는 특정한 사회적 맥락 안에서 북한 사람들의 우발적이고 비조직적인 저항은 자생적인 장마당을 형성하며 국가정책에 영향을 미쳤다. 즉, 생존을 보장할 수 있는 장마당 경제체제 구축이라는 혁명적 결과를 가져왔고 자유로운 시장 활동이 일상화되었다. 이러한 저항은 철옹성 같은 국가감시통제 체계를 무시하거나 피하면서 자신을 묶었던 잠금장치를 풀어내고 있다.

브레즈네프 집권 후기인 1970년대 후반에 소련에서는 내부적으로 대중들의 불평불만 문제가 인텔리들의 반체제 행위보다 더욱 중요한 문제로 대두되었다.[8] 이 시기에는 점심시간, 공공장소, 버스나 기차역 등에서 나누는 대화의 주제가 주로 소련 주민들의 고달프고 결핍된 일상생활에 대한 불평불만이었다고 한다. 상점 앞에 늘어선 줄과 상점의 텅 빈 진열대, 소비품의 낮은 품질, 관료적 엘리트의 특권, 정권에 대한 풍자적 비판이 광범위하게 공유되면서 사회적 공감대를 형성했다고 한다. 반체제 성격을 띠는 것이 아니라 일상의 삶에 대한 절박한 쟁점을 중심으로 이루어진 대중들의 불평불만은 일관성이 없고 절충적이고 그 지향성에서 가부장적이었지만, 소련

---

[8]   V. A. Kozlov, S. Fitzpatrick and S. V. Mironenko, *Sedition: Everyday Resistance in the Soviet Union under Khrushchev and Brezhnev* (New Haven & London: Yale University Press, 2011); 조정아, 「특집: 북한 주민의 '일상의 저항': 저항유형과 체제와의 상호작용」, 25~74쪽.

체제가 붕괴하는 데 반체제운동에 버금가는 중요한 역할을 했다.

오늘날 북한의 장마당은 일상세계를 지배하는 절대 권력의 힘이 무시되는 경계적인 공간이다. 일상생활의 절박함을 중심으로 사적인 담론이 형성되는 '시간 훔치기', '공간 훔치기'의 장소다. 장마당은 전국적인 네트워크를 형성하면서 다양한 정보의 유통과 함께 불평불만도 광범위하게 소비하고 있다. 장터에서는 당의 정책에 저항하는 우발적인 집단행동이 종종 발생하기도 하는데, 이를 통해 사적 담론의 공간이 확장되어 간다.

주목할 것은 일상의 저항행위와 경험이 광범위하게 공유되면서 사회적 공감대가 조금씩 형성되고 있다는 사실이다. 전에는 일상의 저항이 대중과 단절되어 개인 수준에 머물러 있었다면, 지금은 경험을 공유하는 사람들이 하나둘 모이고 있고 비록 소수에 지나지 않지만 집단화의 흐름도 보이고 있다. 물론 이 흐름은 아직까지는 지배체제를 부정하려는 의도를 가진 것이 아닌, 생존전략 차원에서 불이익을 최소화하려는 우발적이고 비조직적인 저항행위일 뿐이다. 그럼에도 불구하고 북한 사람들은 일상적인 저항을 공유하며 유대감을 만들어가는 아주 새로운 경험을 하고 있다. 특정한 장소에서 끼리끼리 모여 불평불만을 토로하면서 비난하는 경험을 통해 서로 연대해 가는 새로운 경험을 하고 있다. 전체주의 환경에서 상호 불신하고 고립되어 살아오면서 전혀 경험한 적 없었던 놀라운 변화의 바람이 일고 있는 것이다.

(2) '시민군'의 시공간 확장하기

북한에서 일상적 저항의 거대한 집단흐름을 만들어내기 위해서는 절대 권력이 장악한 '정규군'의 시공간을 일반 대중의 '시민군'의 시공간으로 확장해 가는 경험이 중요하다. 지금은 일상생활의 결핍과 불평불만을 주제로 한 사람들의 정치적 대화가 장터라는 한정된 장소에서 활발하게 이루어지지만, 이제는 그 경계선을 넘어서야 할 것이다. 장터의 경계를 넘어 기차역이나 버스정류장에서, 공공장소에서, 점심을 나누는 자리에서, 길게 늘어선 가게 앞에서, 사람들이 모이는 다양한 생활공간에서 활발하게 소통하면서 삶의 불편과 고통, 생각을 나눌 수 있어야 한다. 억압적인 정부정책의 오류와 실패사례, 관료들의 특권에 대해 비판하면서 의견을 공유할 수 있어야 한다. 다수가 연대하는 변화의 시공간을 북한 사람들 스스로 만들어가며 자신을 묶은 '정규군'의 지배를 풀어내고 '시민군'의 안전지대를 확장해 나가야 한다.

북한 사람들이 겪는 일상의 저항경험이 광범위하게 공유되어 상승작용하면서 거대한 집단효과를 만들어낸다면 북한체제의 지배전략을 교란시키고 지배집단의 횡포를 차단할 수 있을 것이다. 나아가 북한사회의 민주화 열풍을 기대할 수 있을 것이다. 따라서 일상의 저항은 특정한 사회적 맥락 안에서 사회변혁을 일으키는 충분한 잠재적 요소가 될 수 있다. 변화의 바람이 궁극적으로 체제개혁을 위한 민주화운동으로 발전하려면 일상적 저항경험을 공유하고 사회적 유대관계를 만들어가는 변화를 다수가 체험하는 것이 중요하다. 다수의 체험을 다수가 공유한다는 사실을 다수가 알게 된다면 거대한 집단흐름을 만들어낼 수 있을 것이다. 이와 같은 연대감과 안전한 유대관계는 공포환경에서 스트레스나 트라우마에 제압되지 않도록 지켜주는 가장 강력한 자원이 된다. 생리학적 측면에서 사회적 지지는 마음을 안정시키고 자신이 안전하다는 기분을 강하게 느끼게 하고, 안심하고 서로에게 다가가게 하며, 적극적인 행동을 위한 에너지를 모아준다.

다수가 연대하는 '시민군'의 공간을 형성하고 확장하기 위해서는 생존을 위협하는 현재의 상황이 기본적인 생계를 보장하는 좀 더 안전한 환경으로 변해야 한다. 먹고사는 문제가 해결되어야 비로소 자신의 필요와 가치, 의미체계, 도덕에 대해 생각해 볼 여지가 생기는 것이다. 먹고살 만한 세상, 좀 더 자유로운 세상으로 만들기 위해서는 대중의 일상적 저항이 확산되는 것과 더불어 외부 세계의 압력에 의해 북한체제의 개혁개방이 병행되어야 한다.

중요한 것은 비조직적이고 우발적인 일상의 저항을 절대 권력의 적폐를 끝내기 위한 조직적인 저항운동으로 발전시키기 위해서는 그들을 민주화세력으로 결속시킬 수 있는 중심세력이 형성되어야 한다는 것이다. 비록 소수일지라도 시민사회운동가 혹은 반체제 인사들의 존재가 중요한 이유다. 현재 북한에서 비밀조직처럼 존재하는 지하교회가 지도자 양성 및 조직체 결성의 교두보로 기능할 수 있지 않을까 기대해 본다. 북한에서 '돈주'로 부상하는 신흥 중간 계층과 장마당 세대를 중심으로 조직화된 저항세력에 의해 북한에서도 민주화운동이 일어날 수 있는 날이 꼭 오리라는 것을 믿어 의심치 않는다.

북한 사람 이해하기

　최근에 한 탈북 여성이 종편방송에 출현해 최고 존엄의 북한을 비난했다는 이유로 탈북 남성들이 그 여성의 거주지에 몰려와 난동을 부리는 사건이 일어났다. 왜 북한을 나쁘다고 했냐며 거칠게 몰아붙이는 바람에 경찰까지 출동했다. 남한 사람들은 대부분 탈북 남성들의 '충성심'에 경악한다. "간첩 아니야?" 기겁하며 그들이 두렵다고 말한다. 북한이 그렇게 좋으면 돌아가라고 비난한다. 그들의 행위로 본다면 북한의 세뇌교육이 얼마나 무서운지 섬뜩할 정도다. 그들의 비이성적인 행동 때문에 남한 사람들은 탈북민을 꺼리게 되고 혐오감마저 느끼게 된다. 탈북민을 우리와 다른 인간으로 취급하며 우리 안에 포섭될 수 없는 집단이라고 몰아낸다. 표면적인 행동만 보고 탈북민을 규정짓는 지점에서 남한 사람들의 인지적 오류가 시작되고 편견과 고정관념이 더욱 강화된다. 만일 거친 행동 뒤에 숨겨진 그들의 내면을 들춰내 읽을 수 있다면 상처 깊은 그들의 진짜 모습을 볼 수 있을 것이다.

　탈북민은 한민족이라는 '우리'의 정서를 공유하지만 '주적' 국가 출신으로서 남한 사회의 소수자로 살아간다. 남한살이에 적응하기 위해서는 자의

든 타의든 적대국가 북한에서 이제껏 쌓아온 삶의 궤적들을 지우며 새롭게 남한 사람으로 만들어져야 한다. '나'만 배워야 하고 '나'만 변해야 하고 '나'만 사회통합의 대상이 되어야 한다는 주관적인 느낌은 이등국민이라는 느낌을 자아낸다. 거기에 취업의 어려움, 경제적 문제, 문화적응 스트레스까지 겹쳐 자신이 무가치하고 무기력한 존재라고 느낀다. 이 느낌은 수치심과 우울감, 분노를 키울 수 있다. 이렇게 마음이 손상되어 있기 때문에 북한을 나쁘다고 비난하면 자기 존재를 싸잡아 비난하고 거부한다는 기분이 들면서 화가 폭발하는 것이다. 우리 눈에 비친 그들의 '충성심'은 상처 입은 자존심을 지키려는 심리적 방어로, 약한 자의 몸부림에 불과하다.

외부 세계가 북한 사람들을 바라보는 시각은 남한 사람이 탈북민을 바라보는 시각과 매우 유사하다. 그들은 북한 사람들이 무지하고 맹목적이며 무비판적이라고 예단한다. 김 씨 왕조가 들어선 지 75년이 지났는데도 '위대한 거짓말의 나라'에 사는 북한 사람들에 대해 그들은 '벌거벗은 임금님'인 최고 존엄을 보고도 여전히 그의 새로운 옷이 너무 얇아 마치 '벌거벗은' 것처럼 보일 뿐이라고 믿고 있다고 말한다.[1] "어떻게 그처럼 부조리하고도 모욕적인 압제를 견딜 수 있단 말인가? 평양을 방문한 사람들이 증언하는 것처럼 어떻게 그런 상황이 강요된 것이 아니라는 듯 김 씨 일가에 대해 존경과 심지어 애정을 느낄 수 있단 말인가?" 외부 세계는 북한 사람들이 전체주의 공포환경에서 우상숭배의 상징적·과시적 혁명예술에 매혹되고 종속

---

1   파스칼 다예즈 뷔르종(Pascal Dayez Burgeon), 『붉은 왕조』, 김주노·원용욱 옮김(서울: 중민출판사, 2019), 421쪽.

되어 그것을 끊임없이 다시 요구한다고 믿고 있다.[2] 김일성광장에 모여들어 광란에 가까운 분위기 속에서 김정일의 핵 승리를 연호하고 김정은의 핵 협박에 의기투합한다고 확신한다. 한마디로 북한 사람들은 '자발적인 복종'을 통해 정권유지에 협력하는 공범자라고 믿고 있다.

마치 하나인 것처럼 발현되는 북한 사람들의 친사회적 행동화는 '자발적인 복종'으로 비춰지며, 이들은 전체주의 정권에 의기투합하는 '공범자', '협력자'처럼 보일 수 있다. 지난 시기에 홀로코스트의 후유증 속에서 유대인들은 자신들의 종교성과 정신적 특징으로 인해 심각하게 수동적이며 '공범자'로서의 운명을 지니고 있다는 논쟁이 벌어진 적이 있었다. 당시 역사가 루시 다비도비츠는 '공범'과 '협력'이라는 단어는 자유로운 선택의 기회가 주어진 상황에서만 쓸 수 있는 말이라고 지적하면서, 속박된 상황에서는 이 단어들이 다른 의미를 지닌다고 말했다.[3]

마찬가지로 북한 사람들의 '자발적인 복종'도 북한판 빅브라더의 절대 권력이 판치는 환경에서는 다른 의미를 지닌다. 몸을 마음대로 움직일 수 없는 폭력 환경에서 발현되는 그들의 친사회적 행동화는 주체이념이나 충효일심, 유교의 도덕주의에 세뇌당한 결과가 아니다. 자기 자신과 가족, 친인척의 생명이 위협을 받을지언정 자신은 사상적으로 투철한 영웅으로 살겠다고 결심한 사람이 아닌 이상, 대부분의 사람은 위협적인 환경에서 생존하기 위해 우리 신경계에 이미 내장되어 있는 환경적응적인 행동을 추구하게

---

2   같은 책, 425쪽.

3   L. Dawidowicz, *The War Against Jews* (London: Weidenfeld and Nicolson, 1975); 주디스 허먼, 『트라우마』, 201쪽.

된다.

신경생물학적 측면에서 볼 때, 자율신경계 회로들은 사회적 환경과의 상호작용을 통해 상대적인 안전도와 위험도를 판별하며, 정서와 감정, 의사소통 및 사회적 행동과 관련해 고유한 방식으로 사회 환경에 적응한다. 홀로코스트 당시 유대인들의 생존환경과 북한 사람들이 살아가는 생존환경의 공통점은 몸을 마음대로 쓸 수 없는 환경, 마치 가해자에게 잡힌 것처럼 꼼짝달싹할 수 없는 환경이라는 점이다. 이와 같은 환경에서는 대체로 동물의 뇌가 사람의 뇌를 제압하고 주도권을 쥐기 때문에 동물 수준으로 살아가게 된다. 즉, 이념이나 사상, 종교, 도덕 같은 인간의 정신적 가치나 의미체계가 무의미해진다.

사람의 뇌가 동물의 뇌에 주도권을 내어주지 않더라도 거울신경의 '전 방위적 자기통제' 메커니즘에 의해 우리의 행동은 상시적인 감시통제 환경에서 사회의 가치와 도덕에 순응하게 된다. 이러한 전 방위적 자기통제는 누가 자신을 볼지 모른다는 막연한 암시만 제시되어도, 심지어 자신을 관찰하는 사람이 아무도 없다는 사실을 알고 있을 때조차도 위력을 발휘하는데, 이 과정은 모두 우반구 복외측 전전두피질의 작용과 결부된다고 추론된다.[4]

같은 맥락에서 보자면 북한판 빅브라더의 '눈'이 감시통제하며 을러대는 환경에서는 대부분 북한 사람들의 거울신경이 스스로를 보호하기 위해 완벽하게 친사회적 행동화를 유도한다. 즉, 우리의 신경계는 사상과 이념, 도

---

4   매튜 D. 리버먼, 『사회적 뇌』, 349쪽.

덕 같은 정신적 가치와는 전혀 상관없이 상벌을 미리 예상해 절대 권력의 협박에 부합하는 방식으로 자기의 태도를 바꾸는 것이다.

홀로코스트의 유대인들이 죽음에 이르는 지시에도 복종하며 가스실로 행진해 걸어 들어간 "창백한 꼭두각시 인형" 같은 맹목적인 행위나, 75년 동안 북한 사람들이 최고 존엄에게 자발적으로 복종한 행위는 역사적·지리적·문화적·종교적·개인적 특수성에 제한된 반응이 아니다. 보통의 사람이라면 누구나 그와 같은 공포 상황에서 그렇게 반응할 수밖에 없다. 그것은 안전과 생존을 추구하는 인간의 생물행동학적 본능으로, 세계 어디에서나 인류 누구에게나 일어날 수 있는 일이다.

고정관념에서 벗어나기

바깥세계에서 북한 사람들을 잘못 이해하는 이유 중 하나는 북한의 언론이 왜곡되었기 때문이다. 일례로 최고 존엄의 죽음을 슬퍼하는 군중을 보여주는 방송 영상은 생업을 중단하고 조문행사에 참여하기 위해 거리로 뛰쳐나가지 않았던 수백만 명의 더 많은 북한 사람들의 모습은 비추지 않았다. 사실 대부분의 사람은 김정일의 죽음을 접한 그날에도 자신들의 일상적인 생업을 중단하지 않았다. 또한 절대 권력이 정규군처럼 시공간을 장악하고 을러대는 폭력 환경에서도 생존전략적 차원에서 저항을 전개하는 북한 사람들이 있지만, 이들에 대해서도 북한 매체는 소개한 적이 전혀 없다. 훔치기, 속이기, 비방하기, 위법행위 같은 일상의 저항이 이루어지는 사회현상을 북한의 언론은 결코 다루지 않는다.

한마디로 외부 세계가 알고 있는 북한의 모습은 많은 경우 과시적·상징적 정치가 만들어낸 결과물이다. 내가 살던 도시에서도 흥남항에 정박한 외국 선원들이 호텔에 머물면서 최고 존엄의 동상을 찾는 경우가 있었다. 그때마다 길 가던 일반 시민들은 뒷골목에 숨어야 했고 정치행사에 동원된 비밀경찰과 주민들만 동상 주변을 왔다 갔다 거닐거나 동상에 올라 참배해야 했다. 비슷한 맥락에서 1994년 제네바 합의에 의해 북한 핵개발 동결의 대가로 신포시에 경수로를 건설하던 때에 남한 사람들을 태운 차가 함흥시를 지나가는 경우가 종종 있었다. 그때마다 행인들을 단속해 뒷골목에 몰아넣고 비밀경찰만 거리를 배회했다. 그 당시에 도로 주변의 집들은 위생사업에 내몰려 그 어느 때보다 들들들 볶였다. 수시로 벽과 울타리를 회칠해야 했고 양동이를 들고 나와 물을 뿌리며 도로를 청소해야 했다. 이와 같이 극장국가 북한은 아주 사소한 것일지라도 절대 날것 그대로를 외부 세계에 보여주지 않는다.

북한 사람들이 장례식에서 '진심어린' 슬픔을 드러내는 것과 같은 친사회적 행위는 최고 존엄에 대한 애정에서 비롯된 비이성적인 행동이 아닐 수도 있다. 우리는 슬픈 영화를 보면 함께 슬퍼하며 눈물을 흘린다. 때로는 운구차량이 지나가는 것을 보고 눈물이 솟구칠 때도 있다. 하물며 거대한 인파가 모인 국가의 장례현장에 슬픔에 젖은 음악이 흐르고 슬픔에 흐느끼는 영결사가 흘러나오면 그 감정이 삽시간에 전염될 수 있다. 슬픔이 전이되어 군중심리로 나타날 수 있는 것이다.

동시에 속박 속에서 살아온 북한 사람들은 자기를 보호하기 위해 의식을 변형하는 이중사고의 숙련가일 수도 있다. 그들은 절대 권력이 무엇을 보여주기를 원하는지 이미 간파하고 있기 때문에 의식적·무의식적으로 진심 어린 슬픔을 보여주면서 그들이 원하는 충효의 집단효과를 활성화할 수 있다. 그것은 전체주의 폭력 환경에서 살아가는 사람들의 생존본능에 의한 방어행동일 뿐이다. 그러한 행위는 정권 유지에 기여하는 한편, 외부 세계에는 자발적인 복종으로 비춰진다. 그 결과 북한 사람에 대한 편향된 이미지가 굳어진다.

외부 세계가 북한 사람들에 대해 생각하는 방식은 그리 바람직하지 않다. 우리의 뇌는 의미적 지식과 다른 사람에 대한 선지식을 토대로 집단의 행동을 단번에 규정할 수 있는 이미지를 만들어낸다.[5] 이렇게 정형화된 생각은 많은 경우 "내가 북한에 가봤는데 말이야", "내가 북한 사람을 만났는데 말이야" 등등의 피상적인 경험을 근거로 한다. 이처럼 북한 사람의 삶의 경험과는 근본적으로 다른 외부인의 단기적인 경험에 의존해서 만들어진, 혹은 북한 매체를 통해 굶주림에 비쩍 마른 아이들이 행복하다고 노래하는 모습을 보면서 만들어진 북한 사람에 대한 정형화된 이미지는 북한 사람들의 실제와는 매우 다르다. 이렇게 한번 인식이 박히고 나면 그와 배치되는 새로운 정보가 머리에 입력되기가 어렵다. 뇌는 보통 자신의 판단을 바꾸는 데에는 크게 에너지를 쓰지 않으려 하기 때문이다.

일반적으로 서구의 문화와 서구의 미디어에서 다루는 북한에 관한 에피소드에 노출되어 온 외부 사람들에게는 북한 사람들에 대한 고정관념이 있어 틀에 박힌 생각을 만들어내고 이를 일반화시키는 경향이 있다. 외부 세

---

5   프란카 파리아넨, 『나의 뇌는 나보다 잘났다』, 309쪽.

계가 북한 사람들에 대해 자발적으로 복종하면서 김정은에게 열광하는 집단으로, 김 씨 왕조의 '공범자'이자 '협력자'로 단순화시키면 북한 사람들이 겪는 끔찍한 고통과 측정할 수 없는 트라우마의 흔적은 말끔히 가려진다. 자신을 잠근 철조망을 쥐어뜯으며 해방을 갈구하는 북한판 노예들의 절규가 들리지 않게 된다. 가공할 폭력정치로 사람들을 굴복시키고 비인간화하는 김정은의 끔찍한 악행과 살인행위가 흐려진다.

또한 지정학적 공포 속에서 발현되는 김정은의 폭력성과 야만성을 웃음거리로 희화화하고 한반도의 평화 구축을 위한 노력을 김정은의 기만전술에 놀아난 '가짜평화'라고 비난하면, 강대국의 이익관계에 의해 냉온탕을 오가는 한반도의 갈등과 위기, 뒤틀리는 분단의 고통이 흐려지고 보이지 않게 된다. 기나긴 고통의 역사를 끝내려는 분단민족의 부르짖음과 희망, 남북관계의 개선과 한반도 평화를 위한 남한 정부의 땀과 수고가 무(無)로 돌아가게 된다. 그 결과 폭력적인 한반도적 현상에 대한 국제사회의 관심과 공감대를 확보할 수 없게 된다.

타인의 입장에서 생각하기

우리에게는 희망이 있다. 우리는 능히 편견과 고정관념 또는 선입견과 맞서 싸울 수 있다. 우리가 능동적으로 타인의 입장에서 생각하다 보면 타인에 대한 선입견에서 벗어날 수 있다. 우리가 의식적으로 타인의 입장에서 공감하고자 노력하다 보면 외집단에 대한 편견과 이질감을 줄일 수 있다. 또한 적대관계에 있던 당사자들이 평화에 대한 의지를 가지고 다양한 만남과 접근을 통해 변화를 만들어가는 것이 중요하다. 이념과 사상, 성향이 서로 다른 북한 사람들과 어울리며 평화를 위해 노력하는 과정에서 신뢰를 쌓고 내집단과 외집단의 경계를 허무는 경험을 해나가야 한다. 우리가 미지의 나라인 북한과 북한 사람들에 대한 관점을 전환하고 공감할 때, 그들이 무비판적이고 맹목적이라는 정형화된 사고에서 벗어날 수 있을 것이다. 그 과정에서 편견에서 벗어나 북한 사람들도 남한 사람들과 다를 바 없는 보통의 사람들이라는 사실을 받아들이게 될 것이다.

진실로 그렇다. 북한 사람들도 남한 사람들처럼 가족을 사랑하고 가족을 위해 기꺼이 희생하는 사람들이다. 남한 사람들처럼 승진하기를 원하고 자식들에게 좋은 교육을 제공하고 싶어 한다. 병에 걸릴까 걱정하고 죽음을 두려워한다. 때로는 사랑에 빠져 감미로움을 맛보기도 하고 실연에 총 맞은 듯이 아파하기도 한다. 한 잔의 술도 마다하지 않고 흥겨운 가락을 뽑기도 한다. 대부분의 사람들과 마찬가지로 그들 역시 정치에 유달리 관심을 기울이지 않는다. 남한 사람들처럼 그들도 자유로움, 낭만, 좋은 음식과 좋은 책을 즐기는 평범한 사람이다.

남한 사람들이 이데올로기의 쳇바퀴에 갇힌 삶을 끔찍한 속박이라고 여기듯이, 북한 사람들도 진저리나도록 속박을 싫어하다. 남한 사람들이 기본적인 인권과 자유를 박탈당한 환경을 파괴하고 싶어 하듯이, 북한 사람들도 그와 같은 삶에 진저리치며 그러한 환경에서 탈출하기를 절실하게 원한다. 그들이 폭력 환경에서 포로병처럼 굴복의 상태로 돌아서서 심각한 수동성에 빠져 비인간화되듯이, 우리 대부분도 그와 같은 생존환경에서는 정신기능이 붕괴되고 인간의 존엄성이 무너져 내릴 것이다.

우리는 아직 끝나지 않은 한국전쟁의 어두운 터널에 갇혀 적대적인 두 갈래 길을 걸어오면서 외집단에 대해 경계의 벽을 쌓아올리고 상대를 비인격화했다. 국제 이념대결의 한복판에서 대국들의 이익관계에 휘둘리며 신음하는 한반도에 살고 있는 우리가 먼저, 분단인으로 살아가고 있는 내가 먼저 갈라진 길을 걸어온 사람들을 이해하기 위해 관점을 전환하고 공감의 태도를 가져야 한다. 무엇보다 전체주의 절대 권력이 지닌 폭력성과 비인간화되는 북한 사람들의 고통에 마음 아파하면서 북한 사람들을 제대로 알기 위해 애써야 한다.

'북한 사람은 누구인가?', '북한 사람으로 살아간다는 것은 무엇을 의미하는가?'를 다층적으로 이해할 때, 우리는 남한사회의 인식을 개선할 수 있으며 공감대를 확장해 나갈 수 있다. 인간으로서 마땅히 누려야 할 기본적인 인간조건을 말살당한 북한 사람들의 고통에 대한 남한사회의 깊은 이해와 공감은 국제사회를 향해 분단현실을 일깨울 것이며 국제사회의 공감대와 인도주의적 관심을 불러일으킬 수 있을 것이다.

지은이

감희

북한에서 태어나 자라나고 공부했다. 그러나 소위 적대계급 출신이었기에 많은 제약과 고
통을 받아오다가 북한을 탈출해 한국에 들어왔다.
2017년 연세대학교 연합신학대학원에서 탈북 여성의 폭력경험과 트라우마에 관한 연구로
박사학위를 받았다. 현재 전체주의 북한체제의 트라우마 및 북한 사람들의 트라우마와 치
유, 한반도의 트라우마와 평화 사상, 용서와 화해 등에 대한 연구를 하고 있다.
북한이라는 전체주의 체제에서 내부자로서 겪은 경험과 탈북 후 18년 동안 남한의 자유민
주주의 체제에서 겪은 경험을 토대로 북한 사람과 그들의 정신세계를 있는 그대로 이해하
도록 돕기 위해 이 책을 썼다.

북한 사람 이해하기
북한에서는 왜 민주화운동이 일어날 수 없는가
ⓒ 감희, 2021

지은이 ǀ 감희
펴낸이 ǀ 김종수   펴낸곳 ǀ 한울엠플러스(주)   편집 ǀ 신순남
초판 1쇄 인쇄 ǀ 2021년 11월 1일   초판 1쇄 발행 ǀ 2021년 11월 22일

주소 ǀ 10881 경기도 파주시 광인사길 153 한울시소빌딩 3층   전화 ǀ 031-955-0655
팩스 ǀ 031-955-0656   홈페이지 ǀ www.hanulmplus.kr   등록번호 ǀ 제406-2015-000143호

Printed in Korea.
ISBN 978-89-460-8126-0 03340(양장)
      978-89-460-8136-9 03340(무선)

* ※ 무선제본 책을 교재로 사용하시려면 본사로 연락해 주시기 바랍니다.